KB059496

유라시아로의
시간 여행

새롭게 쓴 실크로드 여행가 열전

# 유라시아로의
# 시간 여행

임 영 애
정 재 훈
김 장 구
주 경 미
강 인 욱
조   원

사계절

일러두기

1. 이 책의 외래어 표기는 기본적으로 국립국어원 외래어표기법 및 용례를 따랐으나,
   일부 지명 및 인명의 경우 필자의 견해를 존중해 관습적인 표기나 현지 발음에 가까운 표기를 허용했다.
2. 중국의 인명과 지명은 우리말 한자 독음으로 표기했다. 단, 현대의 인물인 시진핑習近平,
   장제스蔣介石, 마중잉馬仲英, 쑨원孫文은 예외로 했다.

# 유라시아 실크로드로의 시간 여행

유라시아 대륙의 중앙부에 위치한 건조지대를 통칭하는 소위 '중앙아시아'
는 최근 과거 어느 때보다 관심이 집중되는 곳이다. 소련이 붕괴하고 사반
세기가 지난 지금도 이 지역 개별 국가들의 독자적인 생존 문제와 함께 과
거의 기득권을 되찾으려는 러시아와 경제적 진출을 강화하려는 중국, 새로
운 질서를 구축하려는 미국을 비롯한 여러 국가들의 이해관계가 복잡하게
얽히면서 정치, 경제적 중요성이 크게 부각되고 있기 때문이다.

　　최근 중앙아시아를 둘러싸고 벌어지고 있는 각축전에 대해 혹자는
'그레이트 게임Great Game'의 재판再版이라고 부르기도 한다. 19세기 말부
터 영국 등 제국주의 국가들이 러시아와 중앙아시아를 놓고 본격적인 경쟁
을 벌인 것과 비슷한 양상이 지금 재현되고 있기 때문이다. 이런 움직임은

유라시아 대륙의 연결에 초점을 맞추면서, 과거 동서 간의 교통로이자 문명 교류의 장이었던 소위 '실크로드'에 대한 관심을 다시 불러일으키고 있다. 이것은 중국의 시진핑習近平 국가주석이 '일대일로一帶一路'(중국 주도의 '신新실크로드 전략'으로 중앙아시아와 유럽을 잇는 육상 실크로드와 동남아시아와 유럽, 아프리카를 연결하는 해상 실크로드를 함께 개발한다는 구상) 전략을 '신실크로드 전략'이라고 표현한 것에서도 확인된다. 한국 역시 지난 2013년 10월 한반도와 아시아, 유럽을 잇는 유라시아 대륙을 단일 경제권으로 발전시키려는 신유라시아 건설 구상, 이른바 '유라시아 이니셔티브Eurasia Initiative'를 제시한 이래로 정치, 경제적 진출을 적극 모색하고 있다. 또한 이는 문화적 관심으로도 이어져 2015년 8월 21부터 10월 18일까지 개최된 경주세계문화엑스포의 주제로 '실크로드 경주 2015 – 유라시아 문화 특급'이 설정되기도 했다. 실크로드와 유라시아에 대한 이런 관심은 한동안 남북 관계의 악화로 지지부진하다가 2018년 4월 27일 판문점 선언으로 새로운 동력을 얻게 되었다. 향후 남북이 철도로 연결되고, 이것이 중국과 러시아로 이어진다면 철의 실크로드가 현실화될 수 있을 것이다.

　　최근 새롭게 부각되고 있는 '실크로드'라는 개념은 원래 독일의 지리학자이자 여행가였던 리히트호펜Ferdinand von Richthofen(1833~1905)이 『중국, 몸소 여행한 결과와 그에 기초한 연구들China, Ergebnisse eigner Reisen und darauf gegründeter Studien』(이하 『중국』)에서 '실크로드Die Seidenstraße'라는 명칭을 처음 사용한 것에서 유래했다. 이 용어가 지리적 명칭 이상으로 중요한 의미를 갖게 된 것은 제국주의 시대 유럽인들이 세계 각지로 탐험을 시작하면서 고대 유럽 문화가 실크로드를 따라 멀리 동아시아까지 전파된 흔적을 발견한 이후부터다. 알렉산드로스 대왕(기원전 356~기원전 323)의 동방 원정으로 전파된 그리스 조각이 간다라에서 불교와 만나 실크로드를 타고 중국과 한국까지 전해졌다는 사실이 밝혀졌는데, 이는 당시 유럽인들의 가슴을 설레게 하기에 충분했다. 또한 스스로를 종착역이라고 여기는 일본도 제국주의 국가의 일원이 되는 과정에서 실크로드를 적극 받아들였다. 알렉산드로스의 위업을 재현하고자 했던 유럽 제국주의자들에게 실크로드가 아시아 식민 지배를 정당화하는 이념적 도구가 되었음을 잘 알고 있었기 때문이다.

이런 이유로 그동안 실크로드라는 개념은 중앙아시아라는 역사적 공간 자체보다는 중국과 유럽을 매개하고 연결하는 교통로 정도로 여겨졌다. 우리 역시 '대탐험'의 열풍이 남긴 유산을 그대로 받아들여 실크로드를 그와 같이 인식해왔다. 특히 우리에게는 1980년대 초 일본 NHK가 제작한 20부작 다큐멘터리 〈실크로드〉를 통해 사막과 오아시스, 초원을 가로지르고 험준한 설산을 타고 넘는 카라반(대상隊商)의 이미지가 강하게 남았다. 이후에도 그러한 이미지가 반복 재생되면서 실크로드는 한 번쯤은 탐험해보고 싶은 미지의 세계로 각인되었다.

이 미지의 땅과 우리가 오래전부터 문화적으로 연결되어 있었다는 증거가 확인되면서 이러한 동경은 더욱 깊어졌다. 그 증거의 대표적인 예는 우리 고대 문화의 정수를 보여주는 경주의 불교문화 유산이 간다라 미술이 동진東進한 결과라는 것, 경주 고분에서 발굴된 찬란한 황금 문화와 유라시아 초원 문화의 동질성, 한반도에서 온 사신의 모습이 우즈베키스탄 사마르칸드 아프라시압 궁전 벽화에서 발견된 것, 혜초慧超(704~787)의 『왕오천축국전往五天竺國傳』, 고구려의 후예로 알려진 고선지高仙芝의 중앙아시아 원정과 탈라스 전투 등이다. 9세기 동아시아 무역을 주도한 해상 세력 장보고 역시 같은 맥락에서 중요하게 다루어졌다.

하지만 실크로드를 단순히 문화 전달의 가교로만 보아서는 안 된다. 실크로드의 무대가 되었던 중앙아시아는 초원과 오아시스라는 독특한 인문 지리를 바탕으로 세계사의 전개 과정에서 다양한 역할을 했을 뿐 아니라 그 자체가 하나의 역사적 단위로서도 의미를 지닌다. 지금껏 우리는 우리 역사와 직접 관련된 것에만 관심을 갖거나 유럽이나 중국 중심적 시각에서 실크로드에 접근했을 뿐이다. 이제는 실크로드 나름의 독자적 역사에 대한 객관적 접근과 평가, 새로운 이해가 필요하다.

그 출발점은 자국중심주의에서 벗어나 세계에 대한 보편적 시각으로 중앙아시아 자체의 문화적 가치를 확인하는 것이다. 이런 노력이야말로 수평적 교류를 가능하게 할 미래지향적 태도이며, 과거 제국주의 세력의 침략을 경험한 우리가 중앙아시아의 국가들과 공감대를 형성하며 협력 관계를 만들어갈 토대가 될 것이다.

최근 남북 관계의 개선으로 동아시아에 평화 분위기가 조성되면서 한반도가 유라시아로 직접 연결되는 상상이 한층 현실에 가까워졌다. 이와 함께 고조될 실크로드에 대한 관심에 부응하기 위해 이 책에서는 그곳을 바라보는 새로운 방법을 제시해보려 한다. 그 방법이란 독자들이 비교적 쉽게 접근할 수 있는 실크로드 여행가들의 발자취를 따라가 보는 것이다. 역사적으로 실크로드 여행은 아주 복잡한 양상을 보여왔다. 여행의 목적이 정치적 교섭, 무력 정복, 경제적 이익, 선교와 구법, 20세기 제국주의자들의 탐험

등 아주 다양한 데다가 이동 방식 역시 한두 차례의 여행부터 완전한 이주
에 이르기까지 각양각색이기 때문이다. 이동 경로도 오아시스를 연결하는
사막의 길만이 아니라 초원, 산악, 밀림, 바다 등 다양했다.

　　이와 같은 복잡하고 다양한 성격을 염두에 두고 실크로드 여행가들
을 살펴볼 것이다. 잘 알려진 인물들에 대해서는 편견과 오해를 불식시키
고, 나아가 지금까지 알려지지 않았던 새로운 인물을 발굴하여 소개하려 한
다. 이들은 우리 역사와 깊은 관련이 있는 인물일 수도 있고, 우리에게는 좀
낯설지만 세계사적 의미를 지닌 인물일 수도 있다. 이를 통해 실크로드를
단순한 호기심이나 여행의 대상이 아니라 세계사에서 중요한 역할을 했던
공간으로 이해하고, 나아가 진정한 '유라시아 이니셔티브'를 한국이 주도
할 수 있는 기초를 마련해보고자 한다.

　　이 책의 필진은 중앙아시아 연구가 본격화된 1990년대 이후 다양한
분야에서 실크로드에 새롭게 접근한 전문 연구자들이다. 이들이 함께 활동
해온 (사)중앙아시아학회의 축적된 연구 성과를 바탕으로 새로운 관점과
경향을 제시해보려 한다. 이 책이 그동안 비주류로 취급되어온 중앙아시아
연구에 대한 관심을 높이는 좋은 계기가 되기를 기대한다.

(사)중앙아시아학회 회장 정재훈

# 1장 다른 세계를 향한 호기심

# 실크로드 5000년의 여행자들

강인욱

## 실크로드, 통하다

실크로드를 이해하려면 중국의 신강위구르자치구新疆維吾爾自治區와 그 안에 있는 사막을 알아두는 것이 좋다. 실크로드는 신강위구르자치구의 타클라마칸 사막을 사이에 두고 남쪽과 북쪽으로 갈리는데, 각각 서역남로와 서역북로라고 불린다. 서역북로의 북쪽에는 다시 준가르 초원과 칼라마이 사막이 있고, 그 위로 유라시아 초원길이 지나간다. 한마디로 실크로드는 사람들이 사막을 뚫고 도시를 만들면서 형성되기 시작했다. 특히 서역남로는 지금도 사막 폭풍이 제대로 몰아치면 며칠간 고립되는 것은 기본이요, 유적조사도 쉽지 않아서 현지 학자들도 여간 조심하지 않는 코스다.

사정이 이렇다 보니 약 1만 년 전 빙하기가 끝나고 전 세계적으로 신석기시대 농경 생활이 시작되었지만 이 지역은 여전히 텅 빈 황무지였다. 이 거친 사막에 본격적으로 사람이 살기 시작한 것은 기원전 3000년경부터다. 사람들이 이 황량한 지역으로 올 수 있었던 것은 당시 새롭게 시작된 목축경제 덕택이다. 풀을 먹는 동물들을 키우면 농사를 지을 수 없는 황량한 초원지대에도 사람이 살 수 있었기 때문이다. 게다가 당시는 지금보다 기후가 온화했던 까닭에 사막 군데군데 오아시스와 목초지가 발달하여 목축민들의 터전이 되어주었다.

　　'실크로드'라는 이름 때문에 사람들은 길을 떠올리지만, 원래 실크로드의 시작은 사막과 초원 군데군데 세운 거점이었다. 즉 실크로드는 한나라 장건張騫(?~기원전 114)에 의해 갑자기 생겨난 것이 아니라, 기원전 3000년경부터 형성된 거점들이 교역로로 이어진 것이다. 누란(크로라이나), 투르판 등 우리가 알고 있는 도시들은 바로 수천 년 전 강인한 생활력으로 사막에 터전을 잡은 유목민들의 노력으로 형성된 곳이다.


## 죽음의 사막에 숨겨진 진주, 룹 노르

이 최초의 유목민들은 우크라이나 지역의 얌나야 문화Yamnaya culture에서 발원했다. 얌은 러시아어로 '구덩이'라는 뜻으로 구덩이를 파서 만든 무덤을 지칭했다. 실크로드 지역에도 이 유목민의 일파가 유입되었다. 그들은 형질적으로는 지중해 연안 계통의 유럽인이라고 한다. 이 최초의 실크로드인들의 대표적인 유적은 소하小河 묘지이다. 실크로드에 관심이 있는 독자들 중에도 이 이름을 처음 들어본 사람이 제법 될 것이다. 이전에는 '룹 노르'라

소하 묘지의 전경(이디리스 제공).

는 이름으로 알려졌던 이 유적은 헝가리 출신의 영국 탐험가 마크 오렐 스타인Marc Aurel Stein(1862~1943)이 조사했던 곳으로 중화인민공화국 성립 이후 소하로 개명되었고, 최근까지도 조사가 활발히 이루어지고 있다.

　　이 유적은 당시 목축민들의 공동묘지로, 배 모양으로 만든 나무 관들을 안치한 선관장船棺葬의 모습을 띤다. 마치 저승 세계를 헤엄쳐 가듯이 가운데의 큰 나무를 중심으로 배 모양의 관들이 배치되어 있는데, 그 안에서 생존 당시의 모습 그대로인 미라들이 발견되었다. 스타인의 발굴 이후 도굴꾼들에 의해 미라가 사방에 팽개쳐지는 등 야만적인 행위의 표적이 되었지만, 지금은 전면적인 조사가 이루어져 이곳에 대해 많은 정보가 알려져 있다.

　　이 유적에서는 미라는 물론 의복과 약초들도 고스란히 발견되어 녹

록치 않은 사막 생활을 견뎌낸 당시 사람들의 지혜를 엿볼 수 있다. 특히 무덤 안에서 마약의 주재료로 알려진 마황이 많이 발견되었다. 마황에 들어 있는 에페드린은 환각을 일으키는 부작용이 있지만, 진해와 거담의 효능이 탁월해 전통적으로 감기약으로 많이 사용되었다. 20~30년 전까지만 해도 감기약을 과다 복용하여 환각을 느끼려는 청소년들에 관한 뉴스가 종종 보도되었는데, 바로 에페드린 때문이다. 하지만 5000년 전 실크로드인들에게 마황은 모래바람이 몰아치는 건조한 지역에서 살아남을 수 있게 해준 고마운 치료제였을 것이다.

소하 묘지의 남성 미라(이디리스 제공).

### 토하라인, 최초의 인도-유럽 계통 사람들

5000년 전 인구어족印歐語族 계통의 유목민이 실크로드로 유입된 것은 유목, 야금 등 새로운 경제를 기반으로 하는 아파나시에보 문화Afanasevo culture가 유라시아 전역으로 확산된 결과이다. 학자들은 이들을 실크로드 토하라인Tokharian의 기원으로 간주한다.

토하라인은 중앙아시아의 토착 인구어족으로 토화라吐火羅, 토하르, 토차리안, 토카리안, 토콰르 등 다양하게 불린다. 이 명칭은 그리스 문헌의 토하로이Tokharoi(Τόχαροι)에서 비롯한 것으로, 기원전 2세기~기원후 1세기의 박트리아 왕국을 지칭하는 말에서 기원했다. 그들의 글자가 실크로드에서 발견되었는데, 그 언어는 크게 토하라 A어와 B어 두 종류로 나뉜다.

기원전 3000~2000년 무렵에 실크로드로 유입된 아파나시에보 문화가 신강의 서역남로까지 유입한 흔적은 없다. 서역남로에서 발견된 가장이른 시기 인구어족의 흔적은 바로 기원전 2000~1500년에 만들어진 소하묘지이다. 즉 두 차례에 걸쳐 인구어족 계통의 유목민이 신강의 실크로드일대로 유입되었는데, 먼저 기원전 3000년대에 신강 서역북로로 유입되고, 그 이후 기원전 2000년대에 신강 서역남로까지 확산된 것이다. 토하라어가두 종류로 나뉜 것도 인구어족의 누층적 전파에 따른 결과인 셈이다.

## 사카인, 중국으로 간 고깔모자의 사람들

기원전 6세기 서아시아에 대제국을 건설한 페르시아. 그들의 수도 페르세폴리스의 궁전 벽면에는 당시 왕에게 인사하러 온 여러 나라 사신들이 묘사되어 있다. 그중에는 고깔모자를 쓰고 단검을 허벅지에 찬 일련의 사람들이 있었다. 그들은 '사카Saka'라고 불렸고 중국어로는 '색인塞人'이라고 했다. 이들은 기원전 8~3세기에 중앙아시아 실크로드 지역에서 넓게 번성하던 이란 계통의 유목민이다. 사카 문화는 스키타이 문화Scythian culture와 함께 유라시아의 유목문화를 대표한다. 고깔모자를 쓴 사카인들은 북쪽으로는 알타이 지역의 파지리크 문화Pazyryk culture, 남쪽으로는 차마고도 지역까지 널리 퍼졌다.

최근 중국 감숙성甘肅省의 마가원馬家塬에서 고깔모자를 쓴 인물상이 사카 문화의 황금 유물, 마차, 유리병 등과 함께 발견되었다. 마가원 유적이 형성된 시기는 기원전 4세기로, 당시 중국 북방은 흉노匈奴가 발흥하기 전 임호林胡, 누번樓煩 등의 유목민들이 발흥하고 있었다. 이들은 장건이 서역으로 가기 훨씬 전부터 하서회랑을 건너서 중국의 북방에 거주했고, 중국 사람들은 그들을 '융적戎狄'이라 불렀다. 감숙성의 마가원 유적은 융적 중에서도 서융西戎의 것으로 보는 견해가 지배적이다.

실크로드를 넘어온 이 이란계 사람들은 황금으로 자신들만의 독특한 동물 장식을 만들었다. 동물 장식은 원래 스키타이 문화를 대표하는 것으로 기원전 7세기경부터 유라시아 초원 일대에 널리 퍼졌다. 스키타이와 사카족의 동물 장식은 얼핏 보면 비슷하지만 자세히 보면 차이가 있다. 사카족의 동물 장식은 뿔이나 부리가 비현실적으로 과장된 괴수문怪獸紋이 특징이다. 기원전 4세기에 중국 북방에는 이런 환상적인 괴수로 장식한 황금 장식이 널리 유행했는데, 바로 실크로드를 타고 들어온 것이었다.

실크로드의 사카인들이 중국으로 들어온 길로는 감숙성의 마가원 유적 말고도 그보다 훨씬 남쪽의 차마고도도 있다. 현재의 중국 사천성四川省 서남부에서 티베트와 인도 북부를 거쳐 중앙아시아로 가는 길이다. 티베트와 사천성 산악지대에서 사카인들의 전형적인 철제 거울, 동물 장식, 황금 장식이 심심치 않게 발견된다. 지금도 함부로 접근하기 어려운 중국 남부 산악지역까지 사카 문화가 진출한 이유는 중국과의 교역이 엄청난 이익을 낼 수 있었기 때문이다.

장건이 목숨을 걸고 서역의 험한 길을 거쳐 대하국大夏國에 도착했을 때의 재미있는 기록이 『사기史記』 「서남이열전西南夷列傳」에 남아 있다. 장건

중국 남방으로 퍼져나간 사카인의 모습. 운남성 석채산 문화 출토 청동 장식(중국국가박물관 소장).

이 중국인 최초로 서역에 진출한 감격을 누리며 저잣거리를 산책하던 중 놀라운 광경을 목격했다. 대하국의 시장에서 촉蜀(지금의 사천성)의 포布와 공邛(사천성 서부)에서 만든 대나무 지팡이들이 버젓이 팔리고 있었던 것이다. 알아보니 이 물건들은 신독身毒(인도)을 거쳐서 들어온다고 했다.

이렇듯 2500년 전의 사카인들은 실크로드와 차마고도의 주역으로 유라시아의 경제를 움직였다고 해도 과언이 아니다. 그들의 흔적은 고고학 자료에 잘 남아 있다. 특히 운남성雲南省 석채산石寨山 문화에서는 다양한 헤어스타일을 한 인물형 청동기들이 발견되었는데, 그중에는 고깔모자를 쓰고 춤을 추는 사람들이 있다. 이들, 즉 사카인들이 바로 서쪽으로는 페르시

1장 다른 세계를 향한 호기심

아에서 동쪽으로는 하서회랑까지 왕래하면서 활동한 2500년 전 실크로드의 진정한 주역이었다.


## 로마 군인은 실크로드를 건너 중국으로 갔을까

성룡이 주연한 〈드래곤 블레이드〉(2015)라는 영화가 있다. 로마의 부대가 실크로드를 건너와 중국인들과 갈등하며 한 마을에 정착하는 내용이다. 이 이야기가 전적으로 영화인들의 상상에서만 온 것은 아니다. 자신들이 로마 부대의 후손이라고 믿는 사람들이 살고 있는 감숙성 여헌驪軒 마을 이야기가 이 영화의 모티프가 되었다. 중국과 전쟁을 하다가 포로가 된 로마 부대가 중국 감숙성에 거주하게 되었다는 스토리는 제법 그럴듯하지만, 사실 이는 한 대중 강연에서 제기된 가설에 불과하다.

영국의 중국학자 호머 덥스Homer Dubs(1892~1969)가 1955년 런던에서 열린 중국학회에서 로마 군인에 관한 가설을 주장했고, 그 내용이 1957년에 「고대 중국의 로마인 도시A Roman City in Ancient China」라는 정식 논문으로 나왔다. 그의 주장은 곧바로 영국과 미국의 중국학계에 큰 반향을 일으켜 래티모어Owen Lattimore를 비롯한 연구자들의 서평 10여 편과 덥스의 반박문이 잇달아 나올 정도였다. 그의 가설은 구체적인 자료로 입증되지 못했기 때문에 1970년대 이후에는 거의 논의되지 않지만, 호사가나 일반 대중들 사이에서는 반복적으로 소개되고 있다.

덥스의 설을 요약하면 다음과 같다. 첫째, 기원전 53년 크라수스가 이끄는 로마군과 파르티아군이 벌인 카레 전투에서 로마가 대패했다. 둘째,

파르티아는 로마군 포로들을 파르티아의 동쪽 변경(현재의 투르크메니스탄 근방)에 경비대로 재배치했다. 셋째, 로마군 포로들은 동쪽으로 탈출을 감행하여 흉노의 부대에 편입되었다. 넷째, 기원전 36년 흉노는 한나라와의 전쟁에서 패하여 서쪽으로 도망갔다. 다섯째, 마지막 흉노 부대에 서양인의 모습을 한 병사들이 있었고, 이들이 특이한 진법과 성지로 방어하는 바람에 당시 한나라 장수 진탕陳湯은 고생을 해야 했다. 여섯째, 한나라 장수는 흉노 부대의 용맹함에 탄복하여 생포한 병사 145명이 마을을 이루어 정착하게 했다. 일곱째, 감숙성 영창현永昌縣의 여헌은 중국어 발음으로 리첸liqian 또는 리한lihan으로 이미 한나라 때부터 등장한 로마, 더 정확히는 알렉산드리아를 의미하는 지명이다.

덥스 교수는 선교 활동을 하던 부모님과 함께 중국에 살면서 중국 역사를 전공한 상당히 유명한 학자였다. 특히 그는 반고班固의 『한서漢書』를 번역한 것으로 잘 알려져 있었다. 그의 한나라 연구는 널리 호평을 받아 50대 중반 이후에는 옥스퍼드대학교로 자리를 옮겨 말년을 보낼 정도였다. 덥스의 '로마 용병 중국 거주설'은 『한서』를 번역하고 연구하는 과정에서 중국 서북방에서 서양계로 추정되는 일련의 집단이 나오는 것에 착안한 주장이다. 그의 설 가운데 첫째와 둘째는 로마사에 기록된 사실이다. 그리고 넷째부터 여섯째 한나라와 북흉노의 전쟁도 역사적 사실이다. 하지만 유라시아 서쪽 끝의 로마와 동쪽 끝의 중국을 잇는 결정적인 증거가 될 셋째와 일곱째는 억측에 불과하다.

먼저 로마 용병이 흉노 부대에 편입될 가능성을 보자. 덥스의 설은 훈Hun과 흉노를 혼동했기 때문에 나온 것이다. 그가 언급한 기원전 36년의 전투는 북흉노의 질지골도후 선우와 한나라의 전쟁을 말한다. 남흉노와 분열된 후 한나라에 쫓긴 북흉노의 질지골도후 선우는 카자흐스탄 남부로 진출하여 강거康居를 점령했으나, 그들을 추격해온 한나라와 남흉노 연합군에 패해 역사에서 사라진다. 그 와중에 파르티아를 지키던 로마군이 북흉노에 편입될 가능성은 매우 낮다. 북흉노가 카자흐스탄 남부 지역까지 떠밀려 이동하기 전까지 흉노는 주로 아시아 지역에서 살았으며, 이때까지는 유라시아의 서쪽과 관계가 거의 없었기 때문이다.

흉노가 훈으로 바뀌어 동유럽 근방에 출현한 시점은 질지골도후 선우가 전쟁에서 패하고 300년이 지난 이후로, 기원후 290년 훈이 알란족 Alans을 공격한 때이다. 즉 파르티아와의 카레 전투에서 포로가 된 로마 병사들이 파르티아 변방으로 끌려갈 무렵 훈(흉노)은 중국 북방과 몽골 일대에 거주하고 있었다. 이 엄청난 거리를 로마 병사들이 지나갔을 가능성은 거의 없다. 기원후 3세기 후반에 '훈'이 동유럽 근처까지 갔으니 기원전 1세기에도 그곳에 있었으리라 추측한 것에 불과하다.

또 다른 근거로 덥스는 흉노 최후의 전투에서 살아남은 145명의 용맹함은 바로 로마군 특유의 전술에서 나왔다고 주장했다. 즉 질지골도후 선우의 부대는 로마군의 독특한 진법인 어린진魚鱗陣, fish-scale formation을 펼쳐 진탕의 한나라 부대에 끝까지 저항했고, 그 용맹함에 탄복한 진탕의 은전으로 로마 병사들이 목숨을 건지고 마을을 이루어 살았다는 것이다. 한마디로 로마 부대는 당시 최고의 부대였기에 유라시아를 가로질러 가서도 제 모습을 유지했고 중국에서도 살아남았다는 이야기다. 중국 당나라 초기의 학자 안사고顏師古는 어린진에 대해 글자 그대로 '물고기 비늘처럼 생긴 진법'이라고 했다. 다시 말해서 소규모 수비 병력이 방패로 물고기 비늘 모양을 만들어 막아내는 방식이다. 그러나 『한서』 「진탕전」에 언급된 어린진을 로마 부대의 독특한 진법인 귀갑진testudo(방패를 든 병사들이 촘촘히 벽을 쌓는 거북 대형)과 동일하게 보는 것은 분명 상당한 비약이다.

다음으로 카레 전투와 한-흉노 전쟁의 시간 차가 제법 된다는 점도 무시할 수 없다. 카레 전투는 기원전 53년, 한-흉노 전쟁은 기원전 36년에 벌어졌다. 카레 전투의 용맹한 전사들이 파르티아의 부대로 편입되고, 이후 엄청난 거리를 이동해서 흉노의 부대에 편입되었다고 치자. 그렇다고 해도 두 전쟁 사이에는 17년이라는 시간이 있으니 카레 전투에서 용맹을 떨친 젊은 전사들도 한-흉노 전쟁 때는 마흔에 가까운 나이가 된다. 과연 그들이 여전히 용맹을 드러낼 수 있었을지는 극히 의심스럽다.

이쯤 되면 유일한 돌파구는 형질 연구 및 고고학적 발굴밖에 없다. 덥스의 주장대로라면 로마 부대는 포로로 잡혀서 특정 지역에 억류되어 정착한 것이 아니라 마치 자치주自治州처럼 자신들의 고유문화를 지키며 수천 년간 존속했다는 뜻이 된다. 그렇다면 부적이나 동전 같은 로마의 유물이 많든 적든 나오는 게 합리적이다. 하지만 여헌 마을 일대에서 한나라 시기의 고분을 수백 기 발굴했으나 로마와 관련지을 만한 유물은 전혀 발견되지 않았다. 또한 여헌 사람들이 로마와 같은 진법을 구사했다면 로마 계통의 무기와 방호구가 나와야 하지 않을까? 그런 흔적 역시 없다.

사실 여헌 마을 주민들을 로마인의 후예로 보는 가장 핵심적인 근거는 그들의 외모가 서양인의 모습에 가깝다는 점이다. 이는 여헌 마을은 물론 지역 정부가 대대적으로 홍보하는 부분이기도 하다. 하지만 여헌은 수십

여헌 마을의 주민(오른쪽).

개의 민족이 잡거하는 실크로드상에 위치한다. 지금도 신강의 외딴 마을에 가면 완벽한 유럽인 계통의 사람들을 쉽게 볼 수 있다. 그들은 수천 년 전부 터 최근까지 다양한 경로로 이 지역에 들어와 사는 사람들이다. 가장 최근 에 이 지역으로 이주한 러시아인이 1만 5000명을 넘어선다. 유럽 계통이라 고 해서 멀리서 왔다고 생각할 근거는 전혀 없다. 여헌이 실크로드의 주요 한 통로인 하서회랑에 위치한다는 점을 감안하면 그들에게서 유럽 인종의 특징이 남아 있게 된 원인은 수백 가지는 될 것이다. 여하튼 외모만 가지고 로마 군대와 연결시키는 것은 어불성설이다.

　　혹자는 DNA 조사를 하면 로마인의 흔적이 나오지 않을까 기대한 다. 실제로 중국 학자들이 여헌 마을 주민을 대상으로 부계의 계통을 파악하기 위한 DNA 조사를 실시한 적이 있다. 결과는 로마인과의 관련성은 찾기 어려우며, 오히려 중국인과 친연성이 높다고 나왔다. DNA 조사의 특성상 샘플의 문제, 분석 방법, 연구 시각 등에 따라 결과가 천차만별일 수 있기 때문에 교차 검증은 필요할 것이다. 하지만 어떤 방식으로 조사를 하더라도, 그리고 설사 로마인들이 2000년 전에 거주했다 하더라도 그것이 실제 결과로 나오기는 거의 불가능하다. 로마의 장군 크라수스의 부대에 소속된 사람들은 '로마의 용병'이지 순수한 로마인이 아니다. 로마 변방에서 모집한 다양한 민족 집단이 섞여 있었을 것이다.

특수한 상황에서 외부에서 유입된 민족 집단이 자신의 문화를 지키며 수천 년 동안 살아남는 경우는 제법 있다. 대표적인 예가 중국 운남성의 산악지역과 러시아 캅카스 북부의 산악지역이다. 두 지역 모두 외부와 단절된 험난한 지대로, 마을 사람들은 과거 그곳으로 흘러 들어갈 때의 헤어스타일을 지금까지 고수하고 있다. 이 사례를 여헌 마을에 대입한다면 로마 문화의 특징이나 헤어스타일 같은 물질문화가 고스란히 남아 있어야 한다. 하지만 여헌 마을에서는 그런 증거가 전혀 없다. 여헌 마을은 수천 년 동안 다양한 집단이 상호 교류하던 실크로드의 길목에 위치해 있기 때문에, 주민들이 그들만의 순수한 혈통을 2000여 년간이나 지킬 가능성은 제로에 가깝다.


## 실크로드의 진정한 주인공

덥스의 가설은 중앙아시아의 역사와 동서 교류사에 대한 이해가 부족했던 1950년대에 나온 것이기 때문에 허점이 많다. 이런 주장이 등장한 배경에는 실크로드의 주인공은 로마와 중국이라는 관점이 있다. 사실 로마와 중국은 '실크로드'라는 것을 만들지 않았으며, 두 나라 사이의 관계는 극히 단편적이었다. 그들은 자신들 사이에 어떠한 교역로가 있는지 알지 못했다. 한마디로 실크로드의 주역은 실크로드 위에 거점을 만들고 도시를 세워 교역한 사람들이지 로마인과 중국인이 아니다. 하지만 근대 이후 로마와 중국을 실크로드의 중심에 놓는 정주민적 사고가 지금까지 영향을 미치고 있다. 덥스의 주장이 21세기에 다시 등장하고, 심지어 영화의 모티프가 된 것은 서양과 중국의 이해가 맞아떨어졌기 때문이다.

사실 동서 교류가 활발한 실크로드에 서양인들이 와서 마을을 이루고 사는 일은 전혀 이상할 것이 없다. 그들이 로마, 더 멀리 이집트에서 왔다고 해도 별로 놀랄 일은 아니다. 실제로 최근 몽골의 흉노 무덤에서 이집트에서 만든 유리 제품이 다수 발견되었다. 문제는 전혀 개연성이 없는 가설이 대중들 사이에 회자되다가 어느덧 정설이 되어 실크로드에 대한 그릇된 환상을 심어준다는 것이다.

서양인 우월주의는 지난 100여 년간 내내 실크로드 연구의 기저에 깔려 있었다. 수천 년의 실크로드 역사에 대한 연구들을 보면 대부분 서쪽에서 사람들이 왔다거나 그들이 서양인 계통이라는 것에 방점이 찍혀 있다. 처음 목축이 시작된 곳이 유라시아 서부이고 그곳에 살았던 이들이 유럽 인종임은 명확하지만, 그것을 지나치게 확대 해석하는 것은 인종주의를 배경으로 20세기를 풍미한 서양인 중심주의의 발로일 뿐이다. 실크로드를 따라 유라시아 서쪽에서 동쪽으로 온 이들은 '죽음을 각오한 서양인 여행가들'로 표현된다. 하지만 반대로 동양인이 유라시아를 건너가면 '악마의 자손

(아틸라)', '황화yellow peril' 같은 식으로 표현된다.

　　실크로드 연구가 본격적으로 시작된 시점은 바로 이러한 서양인 중심주의가 극대화되었던 20세기 초반이다. 당시에는 중국사 연구에도 서양 중심적 시각이 많이 퍼져 있었다. 예컨대 19세기 말~20세기 전반에는 중국 문명의 기원을 메소포타미아 지역으로 보는 견해가 지배적이었다. 영국의 볼C. J. Ball(1851?~1924)은 자신의 저서 『중국인과 수메르인Chinese and Sumerian』에서 두 지역을 언어적으로 비교하며 중국어의 기원을 메소포타미아에서 찾았다. 그리고 1960년대까지도 중국을 대표하는 신석기시대의 채도가 서방에서 기원했다는 설이 유력했다. 한국과 일본에도 메소포타미아 지역과의 관련성을 주장하는 유사 역사서들이 나와 있는데, 20세기 초반에 유행한 동양문명의 서양 기원설에서 유래한 것이 많다.

　　이러한 서양 중심적 사고방식은 우리 안에 깊숙이 자리 잡고 있다. 아메리카 대륙을 처음 발견해 인간의 땅으로 개척한 사람은 3만 년 전 베링 해협을 건넌 시베리아의 매머드 사냥꾼이다. 그럼에도 불구하고 아메리카 대륙의 발견자로 콜럼버스를 떠올리는 것은 20세기 이후 우리를 지배해온 서양, 특히 미국과 서유럽 중심의 역사관 때문이다. 실크로드에 대한 우리의 인식도 여기에서 자유롭지 않다. 실크로드에 관심 있는 사람들은 기껏해야 스벤 헤딘Sven Anders Hedin(1865~1952), 스타인 등 100여 년 전 실크로드를 탐험한 서구 여행가들만 떠올린다. 하지만 실크로드의 진정한 주인공은 5000년 전 황량한 이 땅을 개척한 사람들이었다. 그들은 목축이라는 새로운 경제에 기마술이라는 기술을 장착하고, 사막에 거점을 만들고, 교류의 길을 이었다. 20세기 서양의 팽창으로 윤색된 '로마와 중국의 실크로드'라는 이미지는 중국에 간 로마 병사들이라는 해프닝을 만들어냈다.

　　실크로드는 하나의 길도 아니고, 갑자기 생긴 길도 아니다. 실크로드의 역사란 지난 5000년 동안 척박한 환경을 딛고 그 일대에 널리 거주했던 사람들의 역사이다. 따지고 보면 이태백도 키르기스스탄 출신이고, 수많은 서역 출신 사람들이 동아시아 역사의 곳곳에 숨어 있다. 실크로드의 진정한 주인공은 바로 이들이지 그 위를 지나간 소수의 여행자가 아니다.

# 흉노를 넘어 저 멀리 서쪽으로 가는 길을 뚫은 장건

정재훈

## 흉노의 성장

기원전 3세기 말 전국시대의 분열을 극복하고 중국에 새로운 제국이 건설될 무렵, 몽골 초원에는 흉노라고 불리는 유목 세력이 월지月氏를 물리치고 성장하고 있었다. 이에 큰 압박감을 느낀 진 시황제秦始皇帝(재위 기원전 246~기원전 210, 황제 재위 기원전 221~기원전 210)는 이들을 제압하여 중국의 통일을 공고히 하기 위해 흉노를 황하黃河 북쪽으로 밀어올리고, 장성을 수축해 신진중新秦中이라는 지역을 확보했다.

흉노는 진나라의 공세에 밀려 물러났지만 중국이 다시 분열하고 중원이 혼란에 빠져들자 또 한 번 고비 사막을 넘어 남쪽으로 세력을 확대했다. 다시 중국을 통일한 한나라 고조高祖(재위 기원전 206~기원전 195)가 그 여

몽골국 노용 올(노인 울라) 유적 6호 무덤에서 출토된 카펫의 기마 인물상.

세를 몰아 흉노를 공격했지만, 오히려 흉노의 계략에 속아 백등산白登山에서 포위되었다가 뇌물을 주고 가까스로 풀려나는 참담한 지경에 이르렀다. 이후 고조는 흉노와 화친하는 조건으로 형제 관계를 맺었을 뿐만 아니라 막대한 물자를 제공해야 했다. 양국의 이런 불평등한 관계는 상당 기간 지속되면서 중국과 초원 세력 관계의 한 전형이 되었다.

흉노가 중국을 굴복시킬 수 있었던 것은 가축을 기르기 위해 계절 이동을 해야 하는 유목이라는 생산양식의 한계에도 불구하고 자신의 강점을 극대화했기 때문이다. 그 강점이란 말을 수레에 연결해 교통 및 군사적 수단으로 사용했던 정주 농경 세계와 달리, 초원의 유목민들은 말을 길들여 직접 올라탈 수 있었다는 점이다. 기동력을 극대화하기 위해 경장을 한 상태로 말 위에서 활을 쏘는 '기마궁사騎馬弓士'의 등장과 이들을 활용한 전술 운용은 대포가 등장하기 전까지 상당 기간 유목민들에게 군사적 이점을 가져다주었다.

흉노는 고조와 설정한 새로운 관계를 바탕으로 한나라로부터 많은 물자를 얻어내고자 했는데, 이를 동서 교역에 이용하여 경제적 이익을 취하기 위해서였다. 이는 유목국가가 기존의 초원 유목이라는 경제적 기반에 더해, '땅이 넓고 물자가 풍부한地大物博' 중국의 물자를 오아시스 주민들을 통해 서쪽으로 유통시켜 막대한 이익을 얻기 시작했음을 뜻한다. 흉노라는 새로운 유목국가는 중국에서 획득한 비단을 서쪽 오아시스 도시들과 인도, 그리고 지금의 이란 지역인 파르티아를 거쳐 멀리 로마까지 유통시켜 비단길(실크로드)을 활성화하는 데 크게 기여했다.

## 장건의 서방 여행

한편 수세에 몰린 한나라는 무제武帝(재위 기원전 141~기원전 87)가 등극한 이후 황제권을 강화하고, 대외적 위상을 제고하기 위해 새로운 대응을 한다. 즉 가장 강력한 경쟁자인 흉노를 제압할 준비를 시작한 것이다. 그러던 어느 날 무제는 흉노 포로에게서 다음과 같은 정보를 얻는다.

"대월지 왕이 흉노의 선우에게 죽임을 당해 그 두개골이 술잔이 되었고, 백성들은 서쪽으로 도망가 흉노를 원망하면서 함께 흉노를 공격할 나라를 찾고 있다."

이에 고무된 무제는 서쪽으로 이주한 대월지와 연합해 흉노를 공격

돈황敦煌 막고굴 323굴 북쪽 벽에 그려진 〈장건출사서역도張騫出使西域圖〉. 장건이 서역으로 파견되기 전 한 무제에게 하직하는 장면이다.

하기로 결정하고, 사신으로 가겠다고 지원한 장건을 파견한다. 이는 흉노 협공이라는 목적을 달성하기 위한 외교 전략에 따른 것이었다. 즉 흉노를 약화시키기 위해 "흉노의 오른팔을 잘라버린다"는 장건의 언급과 관련된 것으로, 이후 흉노를 도운 오아시스 지역에 대한 분리 정책으로도 이어졌다. 장건은 기원전 139년 통역 감보甘父를 비롯한 일행 100여 명을 이끌고 장안長安(지금의 서안西安)을 출발했다. 그러나 얼마 되지 않아 하서河西를 지나다가 흉노에 사로잡히고 말았다. 이후 그는 억류된 채 10여 년을 초원에서 살았고, 심지어 현지 여인과 결혼까지 했다.

기원전 129년경 마침내 탈출에 성공한 장건은 서남쪽으로 이동하여 천산 산맥天山山脈의 거사車師(지금의 신강위구르자치구 짐사르)와 구자龜玆(지금의 쿠차)를 거쳐 현재 키르기스스탄 페르가나에 위치한 대완大宛에 도착했다. 그다음 다시 현지인의 도움을 받아 현재 사마르칸드에 위치한 강거를 지나고 아무다리야를 건너 월지의 본영에 도착했다. 이는 중국의 공식 사절이 중앙아시아에 도착한 역사적 순간이었다. 하지만 장건이 생각한 월지와의 군사 동맹은 이루어지지 않았다. 당시 대하국(지금의 타지키스탄)을 차지하고 번영을 누리던 월지 왕이 더 이상 흉노에 복수할 뜻이 없어 무제의 제안을 거절했기 때문이다.

장건은 할 수 없이 그곳에 1년여를 머물다가 귀국길에 올랐다. 이번에는 흉노를 피하기 위해 지금의 청해성靑海省에 위치한 강羌 지역을

장건의 서방 여행.
→ 1차 여행
→ 2차 여행
→ 3차 여행
- - → 3차 여행 (부사 파견)

경유해 귀국했지만, 다시 흉노에게 사로잡히고 말았다. 다행히 선우가 죽고 흉노에 내분이 일어난 틈을 타서 겨우 탈출에 성공, 기원전 126년 장안으로 귀환했다. 13년에 걸친 장건의 여행을 통해 무제는 중국의 서방, 즉 당시 '서역西域'이라고 부르던 로마, 파르티아, 대월지, 강거, 대하, 그리고 타림분지 오아시스 국가들의 사정을 알게 되었다.

이에 고무된 무제는 자신의 지배력을 서역까지 떨치기 위해 다시금 장건을 파견했다. 그는 과거 흉노의 포로가 되었던 경험을 상기하며 다른 길을 선택했다. 그리고 지난 여행길에 보았던 촉의 물건이 대하에서 유통되는 장면을 떠올리며, 지금의 운남성과 미얀마 등지에 있었던 서남이西南夷 지역을 지나 신독을 경유하는 노선을 골랐다. 하지만 두 번째 시도는 경유

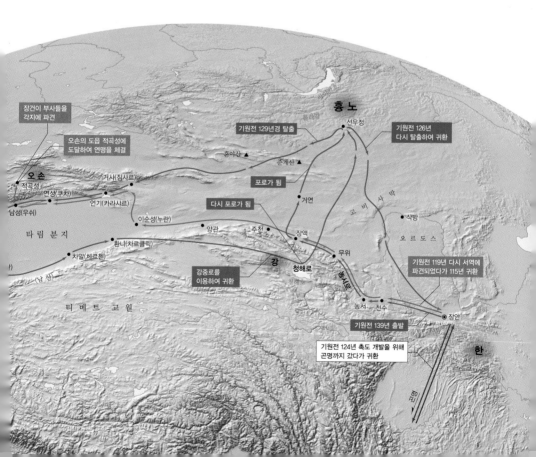

말이 흉노인을 밟고 있는 석조각. 중국 서안에 있는 곽거병霍去病(한 무제 시대의 명장)의 묘 앞에
세워진 석각이다.

지인 신독, 즉 인도에 가지 못했기 때문에 결국 실패로 끝나고 말았다.

　　장안으로 돌아온 장건은 교위校尉 신분으로 대장군 위청을 따라 흉노 공격에 나섰다. 그가 "물과 풀이 있는 곳을 잘 알고 있었기 때문에 병사들이 불편 없이 지냈다"는『한서』의 기록처럼 장건은 흉노에서의 오랜 경험을 바탕으로 군사 운영에 도움을 줄 수 있었다. 그 공으로 박망후博望侯에 책봉되기도 했으나, 이후 이광李廣 장군과 만나기로 한 기일을 맞추지 못한 죄로 서인이 되어 더 이상 원정에 참여하지 못했다.

　　그러다가 그는 다시 무제의 부름을 받고 흉노 정책을 자문했다. 이때 장건은 흉노 서쪽에 있는 오손烏孫 왕 곤막昆莫과의 연합을 강력히 주장했다. 그는 오손 국왕의 탄생 설화를 얘기할 정도로 이들에 대한 자신의 식견을 자랑하면서 무제를 설득했다. 이에 고무된 무제가 그를 다시 오손에 파견하기로 결정하자 장건은 새로운 임무를 맡아 세 번째 여행을 떠났다. 그만큼 그의 정보는 정확한 부분이 많았고, 무제를 설득하기에 충분했다.

　　기원전 119년 오손에 도착한 장건은 현지 왕의 환대를 받았지만 흉노를 협공하기 위한 동맹 체결이라는 목적은 달성하지 못했다. 당시 오손은 내부적으로 권력 다툼이 심했고 흉노에 대한 두려움도 여전히 커서 한나라와의 동맹을 주저했기 때문이다. 소기의 성과를 거두지 못한 장건은 서쪽에 위치한 여러 나라로 부사들을 파견하고, 자신은 기원전 115년에 장안으로 귀환했다. 이후 그는 외국 사절을 맞이하는 대행령大行令이 되었다가 이듬해인 기원전 114년에 세상을 떠났다.

## 장건의 여행, 실크로드 착공

장건의 세 번에 걸친 파란만장한 서방 여행에 대해 거의 동시대인인 사마천司馬遷은 『사기』에서 "구멍을 뚫었다(착공鑿空)"고 평가했다. 이는 장건과 그의 부하들이 가지고 온 다양한 정보를 통해 이제까지 닫혀 있던 서방 세계와의 연결 통로가 열렸다는 점을 평가한 것이다. 실제로 그의 여행 이후 한나라는 서방의 여러 나라와 '공식적인' 교류를 시작했다. 이는 과거의 간헐적이고 비밀스러운 사적 교류가 공적 교류로 발전하게 되었음을 의미한다.

장건의 착공 이전에도 중국은 분명 서방의 존재를 인식하고 있었고, 실제로 교류도 했음을 입증하는 다양한 고고학적 증거들이 속속 발견되고 있다. 이런 증거들을 통해 우리는 장건 이전에도 이미 교통로가 있었고, 그 덕분에 그의 여행이 가능했음을 알 수 있다. 그럼에도 장건의 여행이 높은 역사적 평가를 받는 것은 한나라가 이때 획득한 정보를 바탕으로 서방 경영을 본격적으로 시작했기 때문이다. 실제로 한나라는 그동안 흉노로 인해 막혀 있거나 지리적으로 멀어 교류가 없던 나라들에 공식 사절의 입국을 허락하는 등 관계 강화를 위해 적극 노력했다.

한편 일부 논자들은 장건을 보낸 이유를 다르게 설명하기도 한다. 흉노 대책 때문만이 아니라, 불로장생의 욕심이 있던 무제가 "서북으로부터 신령스러운 말이 온다"는 점괘를 믿고 천마를 얻기 위해 장건을 서쪽으로 보냈다는 것이다. 실제로 무제는 장건이 돌아온 이후 한혈마를 얻기 위해 이광리李廣利를 대완 원정에 파견하기도 했다. 또한 무제가 하신河神의 소재지를 탐색하기 위해 장건을 보냈다는 해석도 있다. 무제의 이런 개인적 취향이 장건의 여행을 가능하게 했을 개연성이 없지는 않지만, 장건의 여행은 그보다는 장성 너머로까지 영역을 확장하려 한 무제의 야심과 맞물려 있었다고 보는 편이 타당할 것이다. 무제는 흉노 원정에 그치지 않고 동으로 조선을 무너뜨려 한사군漢四郡을 설치하고, 서로는 하서사군河西四郡을 설치해 하서회랑을 장악하고, 남으로는 서남이와 월남에 대한 원정도 벌였기 때문이다. 이런 전방위적인 확장의 단초가 바로 장건의 서방 여행이었던 것이다.

　장건의 여행 이후 한나라는 서방과의 교류가 비약적으로 증가했고, 이는 과거와는 다른 양상으로 전개되었다.

먼저 흉노를 견제하기 위해 장건이 제안했던 오손과의 동맹이 실현되었다. 이로 인해 서방과 단절된 흉노는 내분에 휩싸였을 뿐 아니라 권력 다툼에서 밀린 호한야 선우가 한나라에 들어와 신속했다가 다시 세력을 회복하는 등 일련의 사태가 이어졌다. 한나라가 서방과의 교류를 통해 흉노를 약화시키려고 한 전략이 맞아떨어진 것이다.

　흉노 견제 정책의 성공은 장건의 위상을 확고히 하는 것에 그치지 않았다. 서방과의 교류가 활발해지면서 지금까지 볼 수 없었던 다양한 문물과 문화가 중국에 소개되었다. 예를 들어 보석류, 공예품, 향료, 석류, 포도, 목재 등과 같은 새로운 물자뿐 아

돈황 양관陽關에 있는 장건 동상.

페르시아에서 중앙아시아를 거쳐 유입된 서커스를 묘사한 전한 시대의 도용(중국 제남시박물관 소장).

니라 페르시아에서 전해진 서커스 공연도 한나라에서 크게 유행했다. 반대로 서방에서도 중국 비단에 대한 수요가 엄청나게 발생해 이를 유통시키는 교통로가 아시아 내륙을 따라 활성화되었고, 이는 이후 소위 '실크로드'로 명명되었다. 실크로드는 단순한 물자 교역로만이 아니라 문화적 측면에서도 여러 문명권을 연결하는 중요한 통로로 자리 잡았다. 이러한 변화에 장건의 여행이 기폭제 역할을 했음은 분명하다. 사람들이 장건을 서방으로 여행을 떠난 최초의 인물로 기억하는 것도 바로 그런 이유 때문일 것이다.

## 중국 정부의 신실크로드 구상과 장건

이런 맥락에서 최근 중국 정부가 '신실크로드'라 불리는 대외 확장 정책을 추진하면서 장건의 역할을 강조하는 것은 지극히 자연스러운 일이다. 중국이 동서 교류를 주도적으로 이끌었다는 점을 드러내기에 장건의 이야기가 안성맞춤이기 때문이다. 하지만 중국이 실크로드의 역사를 자신들의 것인 양 독점하고 정책에 활용하는 것은 온당치 않다. 실크로드 노선에 자리했던 수많은 오아시스의 역사적 의미도 함께 기억해야 한다. 오아시스는 단순히 전달자나 매개체 역할만 한 것이 아니라 그들 자신의 역사를 스스로 써왔다.

동서를 연결하는 길이 활성화되는 과정을 살펴볼 때 반드시 염두에 두어야 할 것이 있다. 바로 초원을 통일하고 오아시스를 지배하며 성장한 흉노와 같은 거대 유목국가의 존재다. 흉노는 단순히 초원을 차지한 정도에 그친 것이 아니라, 초원을 중심으로 400년 넘게 아시아 내륙을 지배하는 강력한 국가를 형성했다. 흉노는 중국과의 관계를 바탕으로 동서 교통로를 장악하고, 여기서 발생한 이익을 취하며 성장했다. 이들의 이런 움직임이 동서 교류를 크게 촉발시켰다는 점을 기억해야 한다.

이런 모습은 이후에도 반복되었다. 흉노에 이어 여러 유목제국이 계속해서 등장했고, 그때마다 중국의 각 왕조는 이를 견제하기 위해 다양한 노력을 기울였다. 실크로드의 발전 과정에는 정주 농경 세계와 유목 세계가 대립하고 갈등한 역사가 늘 함께했던 것이다. 이는 실크로드가 단순히 '선'의 역사가 아니라, 두 세계의 서로 다른 '면'이 충돌하는 역사의 현장이었음을 보여준다. 실크로드에 대한 새로운 이해는 바로 이에 대한 인식에서 출발해야 할 것이다.

# 자유무역지대를 꿈꾼 소그드 상인 마니악

정재훈

## 투르크의 성장

6세기 전반, 유라시아 대륙 중앙부의 준가리아 남부 초원과 알타이 산지에 아사나阿史那라고 불리는 집단을 중심으로 한 세력이 등장했다. 이들은 이제까지 몽골 초원을 지배하던 유목국가 유연柔然을 무너뜨리고 552년 새로운 국가를 세우면서 역사의 무대에 화려하게 등장했다. 중국 사서에서는 이들을 돌궐突厥이라고 했는데, 중국식 해석에 따르면 "알타이 산맥의 모습이 투구와 비슷했는데, 이들이 투구를 '돌궐'이라 했기 때문에 마침내 이름을 [돌궐로] 했다"라고 한 것에서 유래했다고 한다. 돌궐 자신들의 기록에서는 스스로를 고대 투르크어로 '쾩 투르크'라고 불렀는데, 이는 '푸른 투르크'라는 뜻이지만 '성스러운 투르크'라고도 해석된다.

돌궐 제2제국의 군주 빌게 카간(왼쪽)과 그의 동생인 퀼 테긴(오른쪽)의 업적을 기리는 비석(몽골 호쇼차이담박물관 소장).

초원의 패자가 된 돌궐은 세력을 확대하면서 새로운 국가를 건설하려 했다. 여기에는 당시 중국의 상황도 작용했다. 북중국의 북위北魏가 동서로 분열되면서 돌궐을 견제하지 못했던 것이다. 당시 동위東魏(→북제北齊)와 서위西魏(→북주北周)는 상대를 견제하기 위해 신흥 세력인 돌궐을 자기편으로 끌어들이려 했다. 이는 이전에 북위가 초원의 유연에 대해 계속 약탈을 벌여 그들의 성장을 막은 것과는 완전히 다른 양상이었다. 신생 돌궐은 북중국과의 안정적 관계를 바탕으로 물적 지원을 받으며 몽골 초원과 그 주변 세력을 장악할 수 있었을 뿐만 아니라 서방 진출도 적극적으로 시도할 수 있었다.

유목제국으로 발전해야 하는 돌궐에게 중앙아시아로의 진출과 초원 확보는 매우 중요했다. 돌궐의 서방 진출은 중앙아시아 초원과 북인도 등지에서 강력한 세력을 이루고 있었던 에프탈Hephtalite과의 전면전을 촉발했다. 이때 돌궐은 에프탈의 배후에 있던 사산조 페르시아와 동맹을 맺고 양동 작전을 펼쳐 결국 에프탈을 무너뜨리고 서방 진출에 성공했다. 한편 에프탈의 잔여 세력은 서방으로 이동하여 비잔티움제국(동로마제국)뿐 아니라 동유럽 지역까지 쳐들어간 아바르Avar라 불리는 집단과 연결되는 것으로 추정된다. 그만큼 돌궐의 등장과 서방 진출은 세계사를 뒤흔들 정도의 대사건이었다.

　　에프탈을 무너뜨린 돌궐은 중앙아시아의 초원과 오아시스를 아우르는 거대한 유목제국으로 성장할 수 있었다. 이는 13세기 몽골이 서방으로 진출하며 호레즘 왕조를 무너뜨리고 제국으로 발전한 것과 같은 양상이다. 이 과정에서 중앙아시아는 과거와 달리 분절되지 않고 모두 연결되면서 유라시아 대륙의 중심 역할을 할 수 있었다. 돌궐은 주변의 거대한 정주 문명 세계를 연결하여 이전까지 존재하지 않았던 활발한 동서 교류를 주도했다. 이제 돌궐은 달라진 상황에 걸맞은 시스템을 갖추기 위해 노력하기 시작한다.


## 투르크와 소그드 상인

초원을 기반으로 한 유목민들은 대개 자급자족이 가능할 만큼의 생산력을 갖지 못했다. 그렇다 보니 국가를 건설하게 되면, 잉여 확보를 통해 국가 시스템을 고도화하기 위해 교역에 집중하는 양상을 보였다. 특히 중국이라

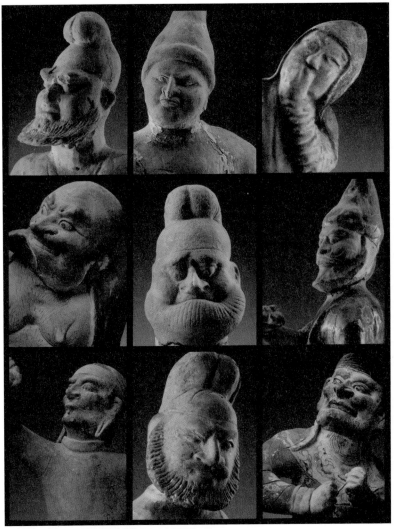

당삼채에 묘사된 소그드인의 다양한 얼굴(중국 섬서성박물관 소장).

는 안정적 공급지에서 확보한 물자를 새로운 시장으로 이동시켜 판매하는 방식을 적극 활용했다. 이를 효과적으로 이루어내기 위해서는 유목민에게 부족한 경영 능력을 보완해줄 오아시스 상인들의 협조가 절대적이었다. 돌궐은 그 역할을 소그드 출신 상인들에게 맡겼고, 이들은 자신의 이익을 확대할 수 있는 기회를 얻자 돌궐에 적극 협조했다.

서안의 안가묘安伽墓에 그려진 소그드 상인과 돌궐인의 모습. 모자를 쓴 이들이 소그드 상인이고, 머리를 늘어뜨린 이들이 돌궐인이다.

돌궐에게 편입된 소그드 지역은 유라시아 대륙의 가장 중심부에 위치한 오아시스 지역을 말한다. 이곳은 파미르 고원으로부터 서북쪽으로 흘러 아랄해로 들어가는 아무다리야와 시르다리야에 둘러싸여 있다. 특히 파미르 고원에서 발원해 사막으로 흘러 들어가는 자라프샨 강과 카쉬카다리야를 끼고 발달했다. 현재는 대부분 우즈베키스탄 영역에 속해 있는데, 동쪽 끝의 일부만 타지키스탄 영역에 위치하고 있다. 이곳 주민들은 대부분 동부 이란계 방언을 사용하는 인구어족 계통으로 자급자족에 필요한 농경과 함께 주변 지역과의 원격지 무역에 종사했다. 중국에서는 이들을 "소무구성昭武九姓"이라고 불렀다. 이것은 소그드 지역에 있는 오아시스 도시들마다 각각 하나의 성을 붙여 구분한 것에서 연유한다.

　이곳 출신 상인들은 돌궐이 등장하기 전부터 많은 식민 취락을 만들어 중국에서 페르시아로 이어지는 교역로를 무대로 활동하고 있었다. 그런 가운데 돌궐이 거대한 국가를 건설하자 적극 동참해 이익을 확대하려 했다. 특히 그중 일부는 행정, 외교 등 다양한 분야에서 유목제국의 운영에 참여했다. 돌궐은 소그드 상인과의 정경유착을 통해 동서 교역을 장악하는 새로운 국가로 도약할 수 있었다.

　그러나 돌궐은 에프탈 멸망 이후, 함께 에프탈을 공격했던 사산조 페르시아와 획득한 영토를 어떻게 나눌 것인가를 두고 대결을 벌이게 되었다. 돌궐이 약속했던 영토를 페르시아에게 넘겨주지 않고 그대로 차지해버렸기 때문이다. 이 대결로 인해 돌궐은 자신의 의도대로 발전해가는 데 차질이 생겼다. 이 무렵 서방의 비단 무역을 장악한 페르시아 상인과 돌궐의 지원을 받는 소그드 상인 사이에 충돌이 벌어졌다. 특히 당시 동서 교역에서 가장 중요한 품목이었던 비단의 유통과 관련해서는 양측 모두 양보할 수 있는 상황이 아니었다. 따라서 돌궐로서는 현안 해결을 위해 페르시아에 사절을 파견할 수밖에 없었다.


## 소그드 상인 마니악

이때 돌궐을 대표해 페르시아에 간 소그드 상인이 바로 마니악Maniak이다. 그의 출신이나 구체적인 지위에 대해서는 알려진 것이 별로 없다. '마니악'이라는 이름으로 그가 마니교를 믿는 상인이었을 것이라 추정하기도 하나

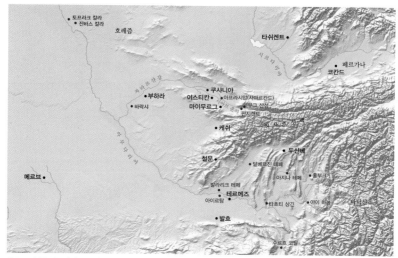

소그드의 주요 오아시스 도시들.

정확한 사실은 알 수 없다. 그럼에도 불구하고 이렇게 추정하는 것은 이 무렵 중앙아시아에서 마니교 선교가 활발하게 이루어지고 있었기 때문이다. 이와 상관없이 그가 돌궐의 고위 관리로서 서면카간西面可汗의 신임을 받는 중요한 위치에 있었다는 점은 분명하다.

　　페르시아에 도착한 마니악은 샤Sháh(군주, 제왕)에게 비단의 수출과 수입을 금지한 조치를 철회해줄 것을 요구했다. 이때 양국은 에프탈 붕괴 이후 영토 분쟁을 벌이고 있었을 뿐 아니라, 자신의 경제적 이권이 침해당했다고 판단한 페르시아의 강경한 입장 때문에 교섭을 진척시킬 수 없었다. 돌궐은 567년에 페르시아로 다시 사신을 파견하여 문제를 해결하려 했지만 사신 일행이 오히려 독살당하고 일부만 귀환하는 사태가 벌어졌다. 이때 페르시아에서는 돌궐 사절이 풍토병에 걸려 죽었다고 변명했는데, 이는 페르시아가 돌궐과의 교섭을 원하지 않았다는 뜻이다. 페르시아로서는 중앙아시아에서 비잔티움으로 연결되는 비단 교역권을 독점하는 것이 무엇보다 중요했다.

양국의 교섭이 완전히 파탄나면서 결국 전면전으로 치달았다. 이에 마니악은 568년에 비잔티움으로 갔다. 비잔티움제국 황제를 설득해 페르시아를 협공하고, 비단 교역 등 경제적 욕구를 해소하고자 한 것이다. 이 무렵 비잔티움 역시 페르시아를 견제해야만 하는 상황이라 양자의 교섭은 성공적으로 진행되었다. 비잔티움은 돌궐 상인이 페르시아를 경유하지 않고 직접 물자를 반입하는 것을 허락했다.

568년의 교섭 이후 마니악이 귀환할 때 비잔티움은 제마르코스 Zemarchos를 돌궐에 답사로 파견했다. 이는 동방 초원의 유목국가인 돌궐과 동유럽의 제국 비잔티움이 새로 연결된 중앙아시아 초원을 가로질러 만난 세계사적 사건이다. 제마르코스는 당시 서돌궐 카간이었던 이스테미Istemi 를 만나서 받은 인상을 기록으로 남겼는데, 이 기록은 당시 돌궐 유목제국에 대한 이해를 돕는다는 점에서 큰 의미가 있다. 그가 본 돌궐은 이후 비잔티움의 역사가 메난드로스Menandros의 기록을 통해 지금까지 전해지고 있다. 당시의 교섭은 멀리 중국에서부터 비잔티움까지 돌궐을 매개로 거대한 교역망이 구축되었음을 보여주는 예라는 점에서도 의미가 크다.

비잔티움과 돌궐의 사절들은 비잔티움 군대의 도움으로 페르시아와의 교전 지역을 거쳐 돌궐 본영에 도착했다. 이곳에서 벌어진 교섭의 결과를 가지고 571년 양국 사신들은 다시 비잔티움으로 돌아갔다. 이때 돌궐

몽골국 바얀 노르에서 발견된 8세기 후반 투르크 추장의 무덤 속 소그드 상인의 모습.

의 사신이 누구였는지는 정확하게 알 수 없지만, 그는 비잔티움에 페르시아
와 맺은 화의를 파기할 것을 요구했다. 이를 받아들인 비잔티움은 페르시아
와 20년(571~590)에 걸친 지난한 전투를 벌이게 된다.

    그러나 576년 돌궐과 비잔티움의 관계는 파국을 맞는다. 돌궐에서
이탈한 유목 부락을 비잔티움에서 받아들이는 사건이 발생했기 때문이다.
사실 이는 하나의 빌미에 불과했고, 실제로는 이미 비단을 자체 생산하기
시작한 비잔티움이 자국에서 생산한 비단을 보호하기 위해 돌궐과의 교역
에 미온적인 태도를 보인 것이었다. 비잔티움으로서는 페르시아를 견제하
기 위해 돌궐과 우호적 관계를 맺는 일도 중요했지만, 비단을 매개로 한 교
역의 측면에서는 돌궐의 성장을 받아들이기 어려웠다.

돌궐의 전략은 다음과 같았다. 비잔티움과의 동맹으로 페르시아를 견제하여 동서 교통로를 확보하고, 북중국과의 우호적인 관계를 통해 공급받은 비단을 서방과 교역하여 거대한 유목제국으로 발전하는 것이다. 당시 돌궐이 경제적 이익을 극대화하는 중상주의적 교역 국가 체제를 지향했음을 알 수 있는 대목이다.

## 모범 사례가 된 돌궐의 교역 체계

이와 같이 동서가 직접 연결되는 새로운 시대가 열린 것은 자유로운 왕래와 안전한 교역이 가능한 새로운 통합 체제, 즉 '자유무역지대Free Trade Area'라고 부를 만한 거대 통상권이 중앙아시아 초원과 오아시스에 형성되었기 때문이다. 이는 과거 인위적 장벽 때문에 활성화되지 못했던 '초원길'이 중국의 주요 수출품인 비단이 유통되는 '비단길'로서 본격적인 역할을 하게 되었음을 보여준다. 즉 초원의 안정이 동서 교류를 폭발적으로 확대한 가장 중요한 토대가 되었던 것이다.

돌궐은 물자 공급지인 중국을 출발해 거대한 중앙아시아 초원을 거쳐 서방의 페르시아와 비잔티움으로 이어지는 교역로를 독점할 수 있는 하드웨어를 만들어냈다. 이에 동조한 소그드 상인은 외교적 협상력, 이익을 극대화할 수 있는 유통망 운용 경험, 국가 내에서 이를 통제하고 조절할 수 있는 행정 능력 등을 담당하는 소프트웨어 역할을 했다. 마니악처럼 유목 권력과 결탁한 정상政商들에 대해서는 단편적 기록만 남아 있을 뿐이지만, 그들의 역할과 비중은 결코 가볍게 볼 수 없다.

돌궐의 교역 체계는 하나의 모범 사례가 되었다. 이후에 등장한 유목국가들에 큰 영향을 미쳐 결국 훗날 몽골제국 건설의 토대가 되었다. 6세기 후반 유라시아 대륙에서 돌궐이 에프탈을 무너뜨린 후 페르시아와 대결하고, 이것이 확대되어 비잔티움과 페르시아가 장기간에 걸쳐 전쟁을 치르는 과정은 가히 세계대전이라 할 만큼 큰 사건이었다. 이를 통해 유라시아 대륙에는 새로운 세계 질서가 형성되었으며, 그 중심엔 동서를 연결하며 교역을 주도하고자 했던 돌궐 유목제국이 있었다. 자유로운 무역 체제를 구축하여 이익을 극대화하려 한 돌궐인과 소그드인의 처절한 노력에서 우리는 이익을 좇아 끊임없이 대결을 벌이며 성장하고 몰락하는 현대 기업의 모습을 떠올려볼 수 있다.

# 위구르의 수도를 방문한 아랍 여행가
# 타밈 이븐 바흐르

정재훈

## 위구르의 등장

740년대 중반 돌궐이 멸망했다. 6세기 중반 유라시아 초원을 통합한 거대 제국으로 발전했다가 630년 당나라에 멸망당해 50년간 지배를 받았음에도 이를 극복하고 다시 국가를 세웠던 돌궐의 지배 집단 아사나는 그 화려한 역사에 종지부를 찍고 당나라에 투항하는 처지가 되었다. 이는 돌궐의 부흥 이후 계속된 당나라의 견제가 가져온 결과로, 새로운 세력이 등장하는 계기가 되기도 했다. 위구르Uyghur를 이끄는 야글라카르藥羅葛라는 집단이 몽골 초원의 새로운 패자가 된 것이다.

　　사서의 기록에 따르면, 이후 위구르라 불리게 되는 이 집단의 조상은 5세기 중반 북위의 통제를 받던 5부 고차高車의 추장 출신이다. 그 후 이들은 돌궐의 지배를 받는 투르크 유목 부락의 하나로 존재하다가 646년 당나라가 몽골 초원의 패자였던 설연타薛延陀를 무너뜨리고 유목민들에 대한 기미지배(중국의 이민족 지배 방식으로 부족 통치에 직접 개입하지 않고, 관직을 주거나 조공을 요구하는 등 느슨하게 통치하는 체제)를 추진하자 이에 동조하며 세력화에 성공했다. 이를 통해 초원을 대표하는 세력으로 성장한 위구르는 당나라의 기미지배에 적극 협조했고, 추장이 도독都督으로 임명되어 다른 부락들을 통솔했다.

돌궐이 당나라에 50년간 지배를 받다가 687년 몽골 초원으로 돌아와 나라를 재건하자, 당나라와 공조를 이어가던 위구르는 남하하여 하서 지역에서 당나라의 통제하에 북방 방어에 참여하기도 했다. 하지만 727년 다시 당나라의 견제를 받게 되자 초원으로 이탈해 돌궐의 통제 아래로 들어가는 등 세력 유지를 위한 노력을 계속했다. 744년 위구르는 돌궐의 지배 집단이 내분에 빠지자 바스밀Basmïl, 拔悉密이 주도하는 반反돌궐 봉기에 참여해 돌궐을 무너뜨린 다음 세력화를 시도했고, 연합 세력이던 바스밀과 카를룩Qarluq, 葛邏祿마저 격파하여 초원을 차지했다. 이는 위구르가 몽골 초원에서 세력을 회복하는 계기가 되었다.

위구르는 이렇게 몽골 초원을 차지하긴 했지만, 곧바로 당나라를 위협하는 존재가 되지는 못했다. 그저 책봉을 받은 세력의 하나로 인정받는 수준이었다. 건국 이후 10여 년간 국가를 건설하기 위해 노력했지만 당나라의 지원이 없어 성과를 거두지 못하고, 몽골 초원의 일부를 차지하고 있을 뿐이었다. 하지만 755년 안녹산安祿山이 당나라 조정에 반기를 들고, 숙종肅宗(재위 756~762)이 이를 막기 위해 위구르의 군사 원조를 적극 받아들임에 따라 새로운 전기가 마련되었다. 즉 1차 원조를 계기로 758년 카를륵 카간Qarlïq qaγan, 葛勒可汗(재위 747~759)과 숙종의 딸 영국공주寧國公主가 혼인을 하게 된 것이다.

이제까지 돌궐을 상대로는 단 한 차례도 혼인을 허락한 적이 없던 당 황실이 위구르와의 혼인 관계를 수용한 것은 충격적인 일이었다. 더욱이 숙종이 친딸을 보냈으니 그것만으로도 의미가 크다. 위구르의 땅에 공주가 거주할 수 있는 시설이 만들어졌는데, 당시 카간의 하영지夏營地에 세운 바이발릭Bay Baligh, 富貴城이 바로 그곳이다. 카간은 자신의 비문에서 위구르에 들어온 소그드인과 중국인을 위해 성채를 만들었다고 했는데, 지금도 그 유적이 초원에 남아 있다.

그 후 당나라의 내부 혼란이 가속화되는 상황에서 위구르의 3대 카간인 뵈귀 카간Bögü qaγan, 牟羽可汗(재위 759~780)이 762년 당나라에 대한 직접 원정을 시도했다. 그는 허약해진 당나라를 약탈하는 것에 그치지 않고, 이 기회를 십분 활용해 당나라로부터 자신의 위상을 인정받고자 했다. 또한 당시 뵈귀 카간은 부족민들에게 당나라를 직접 약탈할 수 있는 기회를 제공하여 내부적으로도 자신의 능력을 과시했다. 그리고 당나라 대종代宗(재위 762~779)과도 형제관계를 맺었는데, 이런 새로운 관계 설정을 통해 당나라로부터 더 많은 공납을 챙겨 성장의 발판으로 삼았다.

뵈귀 카간은 일시적으로 당나라와 갈등을 빚기도 했지만, 769년 5월 투르크 유목 부락 출신으로 일찌감치 당나라에 투항해 삭방군朔方軍 장군으로 복무하던 복고회은僕固懷恩의 딸 영휘공주永徽公主와 결혼했다. 이를 계기로 본격화된 견마 무역은 위구르에게 엄청난 경제적 이익을 가져다주어 당나라의 재정에 부담이 될 정도였다. 이는 당나라를 압박해 좀 더 큰 경제적 이익을 얻고자 했던 위구르가 당시 중앙아시아에서 활동하던 소그드 상인과 적극 결합하는 계기가 되었다. 이 무렵 뵈귀 카간은 사사명史思明의 난을 진압하기 위해 중국에 내려왔다가 만난 마니교도를 데리고 초원으로 복귀해 개종을 했다. 마니교를 믿던 소그드 상인은 뵈귀 카간의 지원을 받아 당나라와의 무역에 적극적으로 나서게 되는데, 이는 초원에 큰 변화를 몰고 왔다. 비문의 기록에 따르면 일부 과장은 있겠지만 "육식하는 습속이 없어졌다"고 할 정도로 마니교의 수용은 초원에 큰 영향을 미쳤다.

## 수도 카라발가순

위구르의 수도 카라발가순은 그들의 동영지가 있는 오르콘강 서안에 위치해 있었다. 유목 생활을 하는 초원에 정주민들의 고정적인 주거 시설이 들어선 모습은 이질적으로 보일 수도 있다. 하지만 이는 유목제국을 구성하고 유지하는 데 반드시 필요한 요소이다. 현재 몽골국의 수도 울란바토르에 초원과 전혀 어울리지 않는 현대식 아파트와 유목민의 이동식 가옥인 게르ger가 공존하고 있는 것도 그 연장선상에서 생각해볼 수 있다.

유목민들은 국가를 건설하고 문명 세계를 모방해 생활할 수는 있어도 직접 문화를 창조하고 생산할 능력은 갖추지 못했다. 따라서 유목국가의 건설이 본격화되면서 자신들의 부족한 부분을 채워줄 존재가 필요했다. 특히 문화적인 부분은 문명권인 소그드(또는 이란)나 타림분지의 오아시스, 혹은 중국에 의지할 수밖에 없었다. 자연히 초원에 유입된 정주 지역 출신자

1장 다른 세계를 향한 호기심

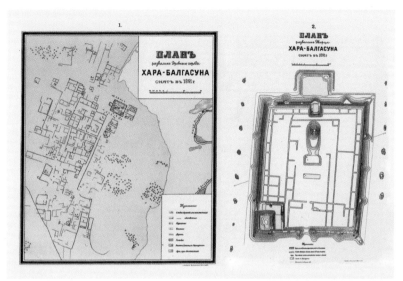

러시아의 연구자 라들로프Vasily Vasilievich Radlov가 그린 카라발가순 유적도.

구성회골가한 비문의 이수螭首(건축물 등에 뿔 없는 용의 모양을 아로새긴 형상).

들을 위한 거주 시설을 확보하는 일이 매우 중요했다.

이전에도 초원의 유목 세계에는 정주민을 위한 시설이 사회의 구성 요소로서 줄곧 존재했다. 기존의 고고학적 발굴 성과를 봐도 흉노 이래 초원에는 도시라 부를 만한 정주 시설 및 농경 지역이 늘 있었는데, 군대의 주둔이나 정주민의 거주를 위한 것이었다. 다만 돌궐 시기의 정주 유적은 발견되지 않았는데, 이는 돌궐의 초기 발전이 단기간에 이루어졌고 부흥 이후에도 당나라의 지원을 받지 못해 정주 시설 건설이 제한적일 수밖에 없었기 때문이다.

반면 수도를 의미하는 오르두발릭Ordu Baligh(군주의 궁장宮帳, 즉 오르두가 있는 도시라는 뜻)이라 불린 카라발가순의 건설은 앞 시기와 비교할 수 없이 엄청난 규모로 이루어졌다. 기존의 발굴 조사에 따르면, 전체 시가지가 반경 25제곱킬로미터의 광대한 면적에 걸쳐 있다. 도시 구역은 오르콘강 서안에 위치하는데, 그중 시가 구역은 주로 궁성에서 서남 방향으로 난 길을 따라 늘어서 있다. 도시의 외곽을 둘러싸고 있는 전체 성곽의 규모와 형태는 아직 발굴이 완전히 이루어지지 않아 분명치 않다. 궁성 유적에서 약 500미터 떨어져 있는 지역에서 발견된, 820년대에 만들어진 것으로 보이는 3.38미터 높이의 거대한 기공비인 '구성회골애등리라골몰밀시합비가가한성문신무비九姓回鶻愛登里羅汨沒蜜施合毗伽可汗聖文神武碑(약칭 구성회골가한 비문)'는 이 도시의 존재 사실과 그 의미를 잘 설명해주고 있다.

## 타밈 이븐 바흐르가 본 카라발가순

카라발가순의 모습에 대해서는 아랍 여행가인 타밈 이븐 바흐르Tamim ibn Bahr가 남긴 여행기에 그 일부가 남아 있다. 그는 자신이 몽골 초원에 위치한 토쿠즈구즈Toquzguz 부족의 카간, 즉 위구르 카간이 살고 있는 곳을 방문했다고 기록했다. 이곳이 당시 위구르의 수도였으리라 추정되는 이유는 도시의 가장자리에 100여 명이 올라갈 수 있을 만큼 거대한 군주의 황금 궁장이 있었다고 기록되어 있기 때문이다. 주거 시설과 유목 군주의 거대한 궁장이 함께 있는 모습이 그의 눈에는 굉장히 신기한 광경이었을 것이다.

　　타밈 이븐 바흐르는 이곳으로 가기 위해 투르크 유목민의 땅을 거쳤다. 그는 지나온 곳은 고정적 주거지가 없는 유목민의 땅이었지만 카라발가순 주변은 다른 초원과 달리 농경이 발달했다고 기록했다. 이를 통해 당시 정주 지역 주민을 지원하기 위해 오르콘강 주변에서 농경이 이루어졌음을 추정해볼 수 있다. 실제로 이 지역은 과거부터 초원의 중심이라 불릴 정도로 땅이 비옥해 농경도 충분히 가능하다. 6개월 이상의 혹독한 겨울을 나야 하는 조건에서 위구르는 겨울 수도의 건설을 통해 안정적인 국가 발전을 도모하려 했는데, 그 결과가 바로 카라발가순이었던 것이다.

　　타밈 이븐 바흐르는 자신이 방문한 곳에 거대한 철문이 12개 달린 성곽이 있고, 그 안은 상점이 즐비하여 사람들로 넘쳐 났다고 썼다. 이는 위구르에 종사하는 소그드인, 중국인을 비롯해 자신과 같은 외국인도 많았음을 뜻한다. 카라발가순의 이와 같은 번성을 통해 위구르 시기에 초원을 중심으로 하는 무역이 활성화되었음을 짐작할 수 있다. 중앙아시아 초원 지역에 대한 고고학적 발굴에 따르면, 8세기 이후 초원에 정주 시설이 많이 들어

서면서 상업 취락이 본격적으로 형성되었다. 특히 정주민 출신 상인들의 교역 거점인 카라반사라이caravan sarai(대상隊商의 휴식 및 교역을 위한 식민 촌락 또는 숙영지)의 건설이 본격화되었다. 타밈 이븐 바흐르도 이런 시설을 이용해 중앙아시아의 오아시스와 초원을 거쳐 가는 장거리 여행을 할 수 있었다.

　　카라발가순 역시 이런 상업 거점으로서의 성격을 잘 보여준다. 이 도시는 위구르 시기에만 이용된 곳이 아니다. 카라발가순은 840년에 위구르가 키르기스의 공격을 받아 멸망하면서 수도의 기능은 상실했지만, 도시로서는 계속 기능을 했다. 이는 파괴 이후 궁성이 새로운 모습으로 재건된 흔적을 통해 추정해볼 수 있다. 파괴된 궁성은 10세기 전후로 북쪽 부분만 재건되어 사용되었다. 현존하는 성채 유적은 계속 침식이 진행되어 원형을 알아보기가 어렵기 때문에 100년 전 조사를 실시한 라들로프의 기록을 통해 확인해야 하는데, 성채의 규모는 7.5~8.5미터 정도의 높이(위구르 시기에는 12미터 높이로 추정)와 약 1600미터(라들로프의 측량에 따르면 동벽 341미터, 서벽 350미터, 남벽 478미터, 북벽 448미터이지만 측량 시기에 따라 오차가 있다)의 둘레로 판축을 해서 쌓은 성벽으로 둘러싸여 있다. 현존하는 성채에 동남과 서북 방향으로 문이 나 있는데, 서북 방향의 문은 옹성으로 둘러싸여 있고 동남 방향의 문은 출입문만 나 있다. 이는 서북쪽으로 난 문이 성채의 정문이고, 동남쪽으로 난 문은 다른 시설과 연결되는 문임을 보여준다.

　　성채의 내부 구조물 가운데 주목할 만한 것은 서북쪽 문을 들어서면 나타나는 높은 단으로 그 위에는 약 12.8미터 높이의 탑이 있었던 것으로 추정된다. 또한 그 옆에 함께 있는 건물 유구遺構 역시 눈여겨볼 만하다. 유구에는 회색과 재색의 와당이 널려 있고, 제법 큰 건물이 존재했던 것으로

1장 다른 세계를 향한 호기심

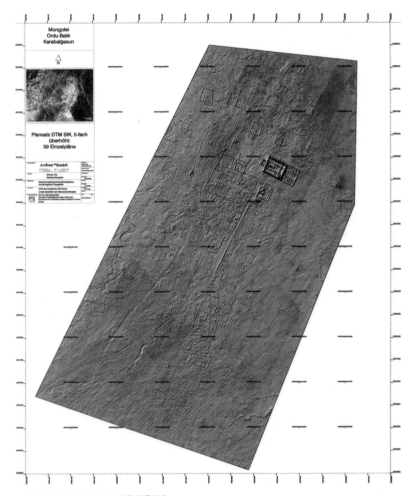

독일 본대학교의 카라발가순 발굴 항공사진.

추정되는 터가 있다. 이곳은 최근 독일팀의 발굴을 통해 사원지로 확인되었다. 현재 남아 있는 성채로 둘러싸인 유적 중앙부에는 탑과 사원 건물 등 종교 시설이 있었고, 이를 중심으로 주변에 숙박과 여흥을 위한 혹은 가축을 돌볼 수 있는 부속 건물이 있었다. 이는 카라반사라이의 전형적 구조와 일치한다.

그러나 현존하는 성채 바로 옆의 영역이 거의 실체를 알아볼 수 없을 정도로 훼손되어 카라반사라이의 구조를 육안으로 확인하기는 어렵다. 파괴된 모습으로 추정해볼 때, 위구르 시대에는 지금 남아 있는 유적 바로 옆에 궁성이 더 있었던 것으로 보인다. 이 파괴된 궁성은 본래 소그드 상인들이 거주했던 성채와 이어진 카라반사라이로서 도시의 가장 핵심적인 시설이었음이 분명하다. 이곳은 카라발가순이 파괴될 때 함께 불타버렸는데, 여기서 발견된 당대의 와당이 심하게 불에 탄 것에서도 확인해볼 수 있다. 이 유적이 지금과 같은 모습이 된 것은 궁성이 없어진 이후 이곳을 다시 복구하는 과정에서 카라반사라이의 구조를 변경했기 때문으로 보인다.

궁성의 재건은 위구르가 멸망한 이후 한동안 비어 있던 몽골 초원에 10세기 무렵 거란이 진출한 것과 관련이 있다. 거란은 초원을 지배하게 되면서 과거 위구르 시대에 만들어진 카라발가순뿐만 아니라 소위 카툰발릭 Qatun Baligh, 皇后城이라 불리는 다양한 성채를 재건해 동과 서를 연결하는 교통로를 구축했다. 예를 들어 몽골 초원의 친 톨고이 유적에 남아 있는 성채는 거란이 이곳으로 이주시킨 발해인들이 조성했음이 온돌의 발견을 통해 확인되었다. 이는 현존하는 카라발가순 성채가 이 무렵에 새롭게 재건되면서 지금과 같은 구조로 만들어졌음을 추측케 한다. 실제 거란 시대의 성채들은 동서로 일직선으로 뻗는 양상으로 만들어졌고, 대부분이 과거 위구르 시기의 성채를 재활용한 것이었다. 파괴된 카라발가순 자리에는 거란의 통제를 받던 조복阻卜의 왕부가 들어섰다. 이곳은 유목민의 궁장과 새롭게 만들어진 카라반사라이가 공존하며 이전과 마찬가지로 중심지 역할을 했다. 다만 과거처럼 공주가 거주하는 시설이 필요하지는 않았기 때문에 상업적 성격의 건물들이 세워졌다.

카라발가순은 몽골제국 시기로 접어들면서 더 이상 제 역할을 하지 못한다. 몽골은 오르콘강 동안에 제국의 새로운 수도인 카라코룸을 건설한다. 아랍의 여행가 타밈 이븐 바흐르가 8세기 중반 건설되어 1세기가량 번성했던 카라발가순을 방문해 남긴 기록은 당시 동서 교역의 활성화를 보여주는 중요한 증거다. 카라발가순과 그곳을 매개로 한 동서 교역은 이 무렵 유라시아 초원에 등장한 다양한 교역 도시들과 궤를 같이한다. 이는 제한적으로 이루어질 수밖에 없었던 오아시스 길을 통한 교역과는 질적으로 다른 변화였다. 이 시기 유라시아는 유목제국의 통제 아래서 안정화된 초원길을 따라 활발한 동서 교류를 전개했고, 이는 이후 거란, 몽골 시기 초원 교통로가 발달하는 출발점이 되었다.

# 티베트 왕과 결혼한 당나라의 문성공주

주경미

## 실크로드에서 가장 어려운 길, 티베트 고원

실크로드 여행이 붐을 일으키고, 한국의 매스컴에서 실크로드 이야기가 나오기 시작한 지는 20여 년도 채 되지 않았다. 1980년대까지만 해도 한국인이 해외여행을 하기란 상당히 어려운 일이었다. 1989년 해외여행이 자유화되면서 대학생들이 배낭을 메고 유럽과 미국, 일본 등으로 여행을 떠나기 시작했지만 이때에도 유라시아 대륙 중앙부를 여행하는 것은 여전히 어려운 일이었다. 미국과 소련의 냉전이 시작된 이래 중국 정부가 쳐놓은 철의 장막으로 인해 그곳을 육로로 통과할 수 없었기 때문이다. 중국은 1994년부터 외국인들에게 자유 여행을 허가했다. 그렇다고 해서 중국의 모든 지역을 자유롭게 다닐 수 있게 해준 것은 아니었다.

중국령 실크로드의 여행 경로 중에서 비교적 일찍 개방된 지역은 신강위구르자치구에 위치한 타클라마칸 사막 북쪽의 오아시스를 연결하는 서역북로였다. 지금이야 서역남로도 제법 개발되었고, 북로와 남로를 연결하는 사막 관통 고속도로까지 개통되었으니 신강의 사정은 20년 전과는 완전히 달라졌다. 특히 시진핑 정부의 일대일로 정책에서 신강을 관통하는 여행 경로가 매우 중요하게 다루어지고 있기 때문에, 그 일대의 교통로는 적극적으로 개발되고 있다.

실크로드의 여러 경로 중에서 옛날부터 지금까지 외국인이 접근하기 가장 어려운 곳은 신강 남쪽의 티베트 고원으로 들어가는 길목이다. 해발고도가 평균 4000미터에 이르는 티베트 고원은 유라시아 대륙에서 가장 높은 곳으로, 일찍부터 '아시아의 지붕'으로 불렸다. 티베트는 중앙아시아 지역 중에서도 아주 독특한 문화를 꽃피우며 독자적인 고대 국가가 발전했던 곳이다. 그러나 해발고도가 높아 접근이 어렵고 올라갈수록 점차 산소가 희박해지기 때문에, 대부분의 방문자가 고산병을 비롯한 각종 풍토병에 시달리며 힘들게 여행해야 하는 곳이기도 하다.

티베트 고원에서 발원한 거대한 강들은 아시아 대륙을 흘러 내려가면서, 일찍부터 아시아의 여러 고대 문명의 모태가 되었다. 물이 만물의 기원이라는 점을 생각해보면, 사실상 아시아의 모든 생명체가 티베트 자연 환경의 영향을 받고 있다고 해도 과언은 아니다. 티베트 고원에서 발원한 주요 강으로는 중국의 양대 강으로 알려진 황하와 장강長江, 인도차이나 반도를 관통하는 메콩강, 타이와 미얀마를 거쳐 내려오는 살윈강과 이라와디강, 인도를 거쳐 방글라데시로 내려오는 갠지스강과 브라흐마푸트라강, 인도

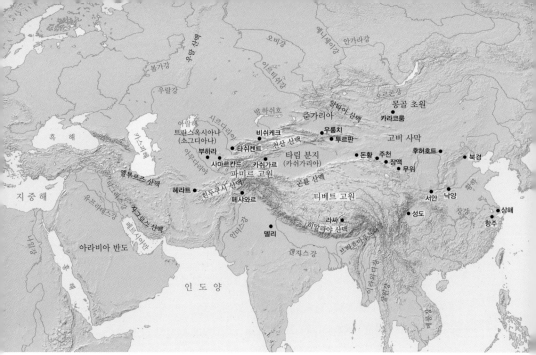

티베트 고원에서 발원한 아시아의 주요 강.

와 파키스탄을 가로지르며 고대 인더스 문명의 발상지가 되었던 인더스강
등이 있다.

　　티베트의 수도 라싸는 해발 3600미터에 위치한 도시로, 브라흐마푸
트라강의 상류이자 티베트 고원을 가로지르는 가장 중요한 강인 얄룽창포
강의 지류인 라싸강 연안에 자리 잡고 있다. 아시아 대륙 주요 강들의 수원
지가 있다는 점에서 티베트의 자연환경 변화는 곧 국제적 환경 문제가 된다
는 점을 기억할 필요가 있다. 티베트 고원 일대는 현재 중국령 서장자치구西
藏自治區에 해당한다.

## 문성공주와 송첸감포 왕 이야기

티베트를 거쳐 인도나 다른 중앙아시아 지역으로 가는 길은 대체로 티베트 민족이 대제국을 이루는 7세기경부터 본격적으로 발전하기 시작했다. 티베트 고원 일대를 최초로 통일하여 거대한 제국을 세웠다고 알려진 송첸감포Songtsen Gampo, 松贊干布(618?~650?)는 치송젠Khri Srong btsan 혹은 기종농찬棄宗弄讚이라는 이름으로도 알려져 있다. 그는 불교를 적극적으로 받아들여 티베트 고원에서 불교를 흥륭시킨 위대한 왕이다. 송첸감포 왕은 티베트의 수도를 라싸로 정하고, 티베트 최초의 궁전인 포탈라 궁전을 건설했다고 한다. 티베트에서는 지금도 송첸감포 왕을 관세음보살의 화신으로 추앙하고, 그의 두 왕비를 관세음보살의 배우자인 타라Tara와 브리쿠티Brikuti 여신으로 존경하고 있다. 송첸감포 왕의 두 왕비 중에서도 특히 최근 유명해진 인물은 중국 당나라에서 머나먼 길을 떠나 티베트로 시집을 온 문성공주文成公主(?~680)이다.

문성공주와 송첸감포 왕의 결혼 이야기는 중국 사서인『구당서舊唐書』와『신당서新唐書』뿐만 아니라 티베트의 문헌과 전통 악극에도 전해질 정도로 매우 유명하다. 2008년에는 둘의 결혼 이야기가 말레이시아 극단에 의해 현대 뮤지컬로 재창작되었으며, 이 작품은 한동안 중국과 한국 등 여러 나라에서 공연되었다. 한국에서 이 뮤지컬이 처음 공연된 것은 2013년 11월이다. 〈프린세스 웬쳉Princess Wen Cheng〉이라는 이름으로 진행된 이 공연은 2014년 '말레이시아 방문의 해' 행사의 하나로 부산 영화의전당 하늘연극장에서 3일간 진행되었다. 당시 연출과 제작은 말레이시아의 화교계 극작가 호 린 후웨이Ho Lin Huay가 담당했으며, 40여 명의 말레이시아

송첸감포 왕과 두 왕비의 조상(티베트 라싸 조캉 사원).

배우가 출연하여 150분간 진행되었다. 이 공연은 2008년 말레이시아 쿠알
라룸푸르에서 초연된 이후 타이완, 중국, 싱가포르 등에서도 여러 차례 열
렸다.

이 작품은 1300년 전 웬쳉공주, 즉 당나라의 문성공주가 정략결혼
을 위해 실크로드를 거쳐 티베트의 송첸감포 왕에게 이르는 험난한 여정과
둘의 사랑, 그리고 문성공주가 중국의 발달한 문명을 티베트에 전하는 과정
을 표현했다. 전체적으로 실화를 바탕으로 재구성했다고 하지만 중국 문화
의 우수성을 지나치게 강조하고, 티베트와 중국의 문화적 융합에 초점을 맞
춘 인상이 강하다. 뮤지컬에서 환상적이고 낭만적으로 그려진 것처럼 7세

기의 송첸감포 왕과 문성공주는 서로 사랑하는 사이였을까? 이조차도 역사적 사실로서는 근거가 부족하다. 즉 이 작품은 단편적인 역사 기록을 낭만적으로 변형 및 재창작한 픽션이며, 당시 티베트와 당의 역사적 관계와는 부합하지 않는 면도 많다.

『신당서』에 따르면 당 태종唐太宗(599~649, 재위 626~649) 연간인 634년에 송첸감포는 처음으로 당나라에 사신을 보내 조공을 하고, 당나라 공주와 결혼하기를 청했으나 거절당했다. 이후 그는 토욕혼을 정벌하고 중국 서쪽의 송주松州 지역까지 들어와, 공주와의 결혼을 허락해주지 않으면 중국 땅을 점령하겠다면서 당나라를 공격했다. 이어진 여러 차례의 전쟁 끝에 다시 사신을 보내 당나라에 청혼을 하니, 당나라 태종이 국혼을 허락하여 문성공주를 보내기로 했다.

640년에 티베트는 재상 가르동첸Gar Tongtsen Yulsung(590~667)을 보내 당나라 황제에게 황금 5000냥과 진귀한 물건들을 혼수품으로 선물했다. 중국 사서에 '녹동찬祿東贊'이라는 이름으로 기록된 가르동첸은 현명하고 뛰어난 사신으로 알려져 있다. 당나라의 유명한 화가였던 염입본閻立本(?~673)은 가르동첸이 당 태종에게 예물을 올리는 장면을 〈보련도步輦圖〉라는 그림으로 남겼다.

현재 북경고궁박물원에 남아 있는 〈보련도〉를 보면, 당 태종은 시녀들이 에워싼 평상 위에 앉아 있고, 티베트 사신 녹동찬은 붉은색 옷을 입은 중국 관리 뒤에서 태종을 마주하며 서 있다. 그는 모자를 쓰지 않고 서역식 연주환문聯珠環文으로 깃과 소매를 장식한 호복胡服을 입은 채 태종에게 예를 올리고 있다. 그의 옷과 머리는 좌우에 서 있는 중국 관리들의 복식과는

당나라 화가 염입본이 그린 〈보련도〉(송대 모사본 추정, 북경고궁박물원 소장).

상당히 다른 양식을 보여준다. 이 그림은 후대인 송대의 모사본으로 추정되지만, 당시 중국과 티베트 관리들의 복식 문화를 알려준다는 점에서 상당히 귀중한 자료로 평가된다. 중국 사서에서는 당 태종이 이후에도 여러 차례 당나라를 방문한 녹동찬의 현명함에 탄복하여 당나라 관직을 주고 황족 여성과 결혼을 시키려 했으나 녹동찬이 거절했다고 전한다.

　　641년 문성공주는 녹동찬과 함께 티베트로 떠났다. 이때 당나라에서는 당시 예부상서였던 이도종李道宗(600~653)에게 혼인을 주관하는 역할을 맡겨 공주를 티베트까지 호송하도록 했다. 문성공주와 이도종, 녹동찬이 당나라의 수도 장안을 떠나 어떤 경로로 티베트까지 갔는지는 자세히 알려져 있지 않다. 그러나 사서의 기록과 710년 티베트로 시집간 금성공주金城公主(698~739)의 여정을 통해 유추해본다면, 문성공주는 장안에서 서쪽으로 길을 떠나 사천성의 송주, 즉 지금의 송반현松潘縣을 거쳐 청해성으로 들어가 티베트 고원으로 올라갔을 것이다.

　　당시 송첸감포 왕은 청해성의 백해柏海 근처에서 머무르다가 하원河源 지방에서 문성공주를 맞이했다고 한다. 백해는 청해호靑海湖 서남쪽에 있는 두 개의 담수호인 악릉호鄂陵湖와 찰릉호札陵湖 일대를 뜻하며, 하원은 황하의 수원지이자 토욕혼의 근거지였던 청해성 공화현共和縣 일대이다. 황하의 수원지로 알려진 황하원黃河源의 표지석은 청해성 공화현 용양협龍羊峽 저수지 인근에 세워져 있는데, 아마도 문성공주와 송첸감포 왕이 만났던 하원이라는 곳이 이 일대 어딘가였을 것으로 추정된다. 청해성 일대에서 티베트 고원으로 올라가는 길은 해발 3500미터 이상의 험한 길로, 당시 티베트 사람들이 지나다니던 길이 정확히 어느 경로였는지는 여러 가지 견해가 있다. 이후 문성공주 일행은 일월산日月山과 옥수현玉樹縣을 거쳐 남초Nam co, 納木錯 혹은 텡그리 노르Tengri nuur라고 부르는 호수를 지나 라싸에 도착했을 것으로 추정된다.

## 현대 문성공주 이야기의 허구성과 화번공주

현대 중국에서는 문성공주가 티베트로 향했던 길을 복원하면서 여러 가지 기념물과 유적 안내판을 조성하고 있다. 그중에서 가장 대표적인 것으로 문성공주가 산을 넘다가 고향이 그리워 울었다고 하는 일월산 유적, 문성공주가 가마를 타고 가다가 산이 험해서 말로 갈아타면서 흘린 눈물이 강이 되었다고 전하는 도류하倒流河 유적이 있다. 그 밖에도 옥수 지역에는 문성공주의 사당을 건립했고, 송주 고성 앞에는 송첸감포 왕과 문성공주가 나란히 티베트로 가는 조각상을 세웠으며, '한장화친漢藏和親'이라는 비석을 만들어 문성공주를 중국과 티베트의 우호를 위해 기꺼이 한 몸을 희생한 애국 영웅으로 묘사하고 있다. 그렇지만 이런 유적들의 안내판에 쓰인 문성공주 이야기는 지나치게 과장된 허구이다.

문성공주는 641년 송첸감포 왕과 결혼했다고 알려져 있지만, 티베트 문헌에서는 원래 그가 결혼하기로 했던 상대는 송첸감포 왕의 아들인 궁송궁첸gung srong gung btsan(?~646)이었다고 전한다. 그녀가 왜 궁송궁첸과 결혼하지 않고 송첸감포 왕과 결혼했는지는 확실하지 않으나, 아마도 티베트 내부의 정세 변화와 관련이 있을 것이라 추정할 뿐이다. 송첸감포 왕은 문성공주와 결혼한 지 채 10년이 되지 않은 649~650년경 사망한다. 문성공주와 송첸감포 왕 사이에는 자식이 없었으며, 송첸감포 왕의 유일한 아들이었던 궁송궁첸의 어머니는 티베트 출신의 다른 부인이었다. 문성공주는 남편인 송첸감포 왕이 죽은 이후에도 중국으로 돌아가지 않고, 계속 티베트에서 지내다가 680년에 사망했다.

현대의 뮤지컬과 유적 안내판에서는 송첸감포 왕과 문성공주의 사랑만을 이야기하고 있지만, 티베트의 역사서에 따르면 송첸감포 왕에게는 문성공주 이외에도 여러 명의 부인이 있었다. 부인의 수는 정확하지 않으나 적어도 다섯 명 이상이었다. 그 가운데 제일 유명한 인물은 송첸감포 왕의 첫 번째 국제 정략결혼 상대였던 네팔의 치쭌K'ri btsun공주이다. 치쭌공주는 관세음보살의 배우자인 브리쿠티 여신의 화현化現이라 여겨지며, 티베트 왕실에 불교를 처음으로 전한 인물로 알려져 있다. 네팔 공주와 중국 공주를 배우자로 맞이한 송첸감포 왕은 불교를 적극적으로 장려했으며, 지금까지 관세음보살의 화신化身인 법왕法王으로 존숭받고 있다.

티베트의 수도 라싸에 세워진 거대한 포탈라 궁전을 처음으로 건립한 이는 송첸감포 왕이었다고 전한다. 유네스코 세계문화유산으로 등재된 포탈라 궁전은 티베트의 역대 법왕이 거주했던 거대하고 아름다운 성이다. 현재의 궁전은 17세기 중엽에 재건된 것으로, 1959년 14대 달라이 라마가 중국의 침공을 받아 티베트를 떠나기 전까지 모든 달라이 라마가 거주했던 곳이기도 하다. 일설에는 송첸감포 왕이 문성공주를 위해 포탈라 궁전을 세웠다고도 하지만 진위는 확실하지 않다.

송첸감포 왕 때의 티베트는 티베트 고원과 중앙아시아 일대뿐만 아니라 북인도 인근에 이르기까지 넓은 강역을 차지하고 있었다. 송첸감포 왕은 토욕혼을 무찌르고 중국 사천성 일대까지 영역을 넓혔으며, 648년 당나라 사신 왕현책王玄策이 서역으로 갔다가 인도에서 약탈을 당하여 위기에 처했을 때 군사를 보내 도와주기도 했다. 송첸감포 왕의 정략결혼은 당시 티베트 국력의 우위를 알려주는 것으로 해석된다. 네팔과 중국의 공주를 부인으로 맞이했다는 것은 당시 티베트의 군사력이 네팔과 중국을 능가할 정도로 매우 강성했다는 뜻이다. 송첸감포 왕과 정략결혼한 외국 공주들 사이에는 자식이 없었기 때문에, 이 결혼이 실제 결혼이었는지 아니면 정략적으로 인질을 잡아온 것에 불과했는지에 대해서는 논란이 있다. 확실한 것은 당시 티베트가 중국 사서에 기록된 것과는 달리 국력과 군사력 면에서 중국 당나라보다 훨씬 강성했으며, 인도와 중국 양쪽에서 받아들인 불교를 바탕으로 독자적인 사상과 문화를 발전시키고 있었다는 점이다.

중국 공주가 외국 왕과 결혼하여 두 왕실이 인척관계를 맺는 방식의

티베트 라싸의 포탈라 궁전.

외교를 '화친和親'이라고 하며, 이렇게 정략결혼으로 보내진 중국 공주를 '화번공주和蕃公主'라고 한다. 중국에서 먼 이국에 화번공주를 보내 화친을 맺는 정책은 기원전 200년 한나라 고조 유방劉邦이 흉노의 선우에게 공주를 보내면서 시작되었다. 화번공주는 중국의 군사력이 이민족에 비해 뒤쳐질 때 보내는 경우가 많았으며, 황실의 진짜 친인척 공주가 아니라 먼 친척이나 일반 여성을 공주로 위장해서 보내는 일도 종종 있었다. 7세기에 강성해진 티베트와 당나라 사이에는 두 차례의 화친이 이루어져, 문성공주와 금성공주가 티베트로 시집을 갔다.

문성공주는 정확한 생년월일과 가계가 알려져 있지 않기 때문에, 당 태종의 딸이 아니라 먼 방계의 여성을 공주로 봉하여 결혼시킨 것으로 추정된다. 중국 공주들의 정략결혼은 여성 자신이 선택한 것이 아니라 국제 정세 및 국내의 정치 상황에 의해 강제로 결정되었기 때문에 이들의 신행길은 당사자에게는 매우 불행한 여정이었다. 문성공주보다 나중에 시집간 금성공주의 경우에는 나이 어린 공주를 멀리 보내는 슬픔을 이기지 못하여 황제가 직접 섬서성陝西省 북쪽까지 나가 환송하며 오랫동안 흐느껴 울었다고 사서에 기록되어 있다. 당시 화번공주의 여행길은 일반적인 여행과는 달리 매우 무겁고 침울한 분위기였을 것이다. 현대 중국에서는 이들을 나라를 위해 희생한 애국적 인물로 추앙하지만, 화번공주들이 실제로 어떤 마음으로 신행길에 올랐는지는 누구도 알 수 없다.


## 문성공주와 현대 티베트 불교

티베트의 기록에 따르면 문성공주와 금성공주 모두 불교를 독실하게 믿었고, 중국의 불교문화를 티베트에 처음 전했다고 한다. 특히 문성공주는 관세음보살의 화신인 송첸감포 왕의 배우자로서, 관세음보살의 배우자 중 하나인 타라 여신의 화신으로도 알려져 있다.

티베트 라싸에서 가장 유명한 사찰 가운데 하나인 조캉 사원은 대소사大昭寺라고도 불리며, 지금도 수많은 티베트 불교도들이 오체투지를 하며 순례하는 중요한 불교 성지이다. 이 사원은 네팔의 치준공주가 창건했지만, 석가모니의 12세 때 모습을 표현한 사원의 본존불상은 문성공주가 티베트로 올 때 가져왔다고 전한다. 일설에 의하면 이 불상은 원래 인도에서 처음 만들어졌는데 중국으로 전해졌다가 이후 문성공주가 티베트로 가져온 것이라고 한다. 이 불상은 문성공주가 발원해서 건립한 라모체 사원, 즉 소소

조캉 사원의 본존불. 7세기에 문성공주가 가져왔다는 설이 있다.

사小昭寺에 봉안되었다가 송첸감포 왕이 죽은 후에 조캉 사원으로 옮겨졌다. 이후 또 다른 화번공주인 금성공주가 8세기부터 조캉 사원의 본존으로 모셨다고 알려져 있다.

현재 티베트의 정치, 문화의 중심지인 라싸는 티베트어로 '신의 땅'이라는 뜻이다. 7세기 문성공주가 당나라에서 온 이래로 라싸는 중국 서안에서 사천성과 청해성을 거쳐 인도로 가는 또 다른 실크로드의 중심지가 되었다. 8세기에는 금성공주가 이곳을 중심으로 중국과 인도를 왕래하는 구법승求法僧과 전법승傳法僧들을 보호하고 그들의 여행을 도와주었다고 한다.

그렇지만 이러한 화번공주 이야기와는 달리, 실제 티베트의 불교는 중국 불교의 영향보다는 오히려 네팔과 인도 불교의 영향을 훨씬 강하게 받으며 발전했다. 11~12세기경 이슬람의 침공으로 인도에서 불교가 절멸絶滅되었을 때, 상당수의 인도 승려들은 티베트 고원으로 이주하여 티베트 불교를 중흥하였다.

1959년 티베트가 중국에 강제로 합병되면서 티베트의 정치적, 정신적 지주였던 14대 달라이 라마는 포탈라 궁전을 떠나서 피난길에 올랐다. 현재 그는 인도 다람살라에 거주하고 있으며, 세계의 티베트의 문화와 불교를 알리고 있다. 아쉽게도 티베트의 독립 문제는 현대 중국의 '하나의 중국' 정책에 의한 끊임없는 탄압으로 국제 사회에서 별다른 논의가 되지 않고 있다. 티베트는 7, 8세기경부터 독자적인 언어와 문자를 가지고 있었으며, 중국보다 강성했던 독립 국가였다. 현대 중국에서는 문성공주 이야기 같은 오래된 전승을 꺼내 낭만적인 픽션으로 재생산하며 티베트가 7세기부터 중국에 종속되어 있었다고 주장하지만, 이는 중국과 티베트의 오랜 교류를 왜곡하기 위해 지어낸 허구일 뿐이다.

티베트의 기록에 따르면, 문성공주는 티베트 고원을 통일한 위대한 제왕이자 관세음보살의 화신으로 여겨지는 송첸감포 왕의 여러 부인 중 한 명이었을 뿐이다. 오히려 티베트에서는 문성공주 및 치준공주와의 정략결혼을 송첸감포 왕이 중국과 인도까지 아우르는 드넓은 지역을 통치하는 위대한 제왕이었음을 드러내고, 관세음보살과 타라, 브리쿠티로 구성된 관음 삼존觀音三尊의 화현이 실제 역사에서 이루어져 티베트 불교의 세계관이 완성되었음을 상징하는 사건으로 이해하고 있다. 7세기 송첸감포 왕 시대에 본격적으로 전해진 인도, 네팔, 중국 불교와 토착 종교인 본Bon교가 결합한 티베트 불교는 지금까지도 티베트인들에게 가장 중요한 종교이자 사상으로 그들의 생활문화에서 큰 비중을 차지하고 있다.

　　티베트는 1959년 이후 중국의 지배를 받기 시작하면서 환경오염과 고유문화의 쇠퇴 같은 사회적 난제를 맞닥뜨리게 되었다. 최근 달라이 라마는 티베트의 정치적 독립보다 티베트인의 자치와 발전이 더 중요하다는 성명을 발표하였다. 달라이 라마가 주장하는 자치와 발전은 불교적 세계관, 혹은 사상적인 면을 기반으로 한 것이기 때문에 물질문화를 중심으로 한 중국 정부의 티베트 개발 정책과는 상당한 차이가 있다. 중국에서는 티베트의 발전을 위한다는 명목으로 산을 뚫어 도로를 놓고, 협곡을 막아 댐과 수력발전소를 짓고 있다. 문성공주가 말을 버리고 울면서 넘어갔다는 그 험한 산길은 청장青藏고속도로와 청장철도를 건설하면서 원래의 모습을 잃었고, 주변 생태계는 완전히 파괴되었다.

　　중국의 무자비한 티베트 개발은 티베트 고원의 생태계뿐 아니라 거기서 발원하는 수많은 강과 그 강들이 품은 다양한 생태계를 위협하고 있다. 특히 인도차이나반도로 흘러 내려오는 메콩강과 인도, 방글라데시로 흐르는 브라흐마푸트라강의 생태계 파괴는 현재 국제적으로도 큰 논란이 되고 있다. 중국 정부는 자국민의 이익만을 우선할 뿐이기 때문에 티베트 고원에서 발원한 강들의 중하류 생태계에 대해서는 아무런 관심도, 대책도 없다. 티베트 고유의 불교적 세계관과 사상을 부정하고, 환경 파괴적이고 물질 중심적인 형태로 추진되는 중국 정부의 개발 정책은 이제 아시아 전체의 생태적 관점에서 재논의되어야 한다.

7~8세기에 만들어진 관세음보살, 타라, 브리쿠티의 삼존상(인도 날란다박물관 소장).

그 옛날 힘없는 여성의 신세를 한탄하며 티베트로 시집갔을 문성공주는 이제 현대 중국의 강력한 정치적 영향력 아래서 위대한 애국적 영웅이자 사랑과 종교적 열정으로 충만한 낭만적인 여성으로 새롭게 그려지고 있다. 그러나 중국 정부의 매서운 검열 속에서 고산병과 싸우며 티베트를 여행한 경험이 있는 사람들은 현대 중국이 그려내고 있는 문성공주 이야기가 얼마나 비현실적이고 낭만적으로 포장되어 있는지를 온몸으로 느낄 수 있다. 다시 그 옛날처럼 중국에서 출발해 세계의 지붕인 티베트를 거쳐 인도와 중앙아시아 내륙으로 가는 긴 여정을 육로로 자유롭게 오갈 수 있는 날이 올지, 티베트 고원이 언제까지나 청정 지역으로 남아 아시아의 생태계를 유지할 수 있을지 궁금하기도 하고 걱정되기도 한다. 한국인들도 티베트의 환경파괴 문제가 먼 나라의 이야기가 아니라 아시아 대륙 전체의 미래가 걸린 일임을 기억하면서 티베트의 고유한 문화와 사상에 대해 관심을 가지면 좋겠다.

2장 진리의 법을 찾아 떠난 구법승

# 설산과 대양을 건너 붓다의 계율을 찾아간 법현

주경미

## 불교의 전래

기원전 6세기 석가모니 붓다가 인도에서 깨달음의 법을 가르치기 시작하며 발전한 불교는 그 후 500년이 훨씬 지난 기원후 1, 2세기경에야 아시아 대륙 동쪽의 중국에 전래되었다. 중국에 전래된 불교가 동아시아 전역으로 퍼진 것은 역시 몇 백 년이 더 지난 후로 한반도에는 4세기경, 일본에는 6세기경에 전래되었다. 불교를 전한 이들은 인도 및 서역에서 동아시아로 건너온 사람들, 특히 승려들이었다. 당시 처음 포교하러 온 승려들은 '부처님의 말씀을 전하러 온 승려'라는 의미에서 '전법승'이라고 부른다. 전법승들은 언어와 풍습 및 세계관이 동아시아, 특히 중국과 매우 달라서 불교의 가르침을 전하는 데 여러 가지 어려움을 겪었다.

2장 진리의 법을 찾아 떠난 구법승

유교와 도교라는 전통 종교가 있던 중국에서는 죽으면 모든 것이 끝이라 생각하여 현세의 삶을 중시했고, 자신이 죽은 뒤에는 후손들이 제사를 지내며 선조의 뜻을 계승하게 하는 전통이 있었다. 동아시아의 전통적 세계관에 옥황상제나 서왕모 같은 여러 천신天神이 있기는 했지만, 죽지 않고 영원히 살아가는 신들의 세상과 산 사람의 세상, 그리고 죽은 사람이나 귀신의 세상은 각각 별개로 존재했다. 신들은 산 사람의 세상에 그다지 적극적으로 개입하지 않았으며, 인간의 삶 속에서 다른 세상과의 만남은 그다지 흔한 것도 바람직한 것도 아니라고 여겼다.

이와 달리 인도에서 발달한 불교는 사람을 비롯한 모든 존재가 죽은 후에 다시 다른 존재로 태어나 또 다른 삶을 지속하고 각자의 존재가 업業, karma을 쌓으며 살아간다는 '윤회輪廻, samsāra'의 세계관을 바탕으로, 그 윤회의 괴로운 고리를 끊어낸 '붓다'라는 깨달은 존재와 그의 깨달음에 대해서 가르친다. 불교가 처음 중국에 전래되었을 때, 중국 전통 사회의 지배계층과 지식인들은 죽음 이후의 삶이 존재한다는 불교의 세계관과 붓다의 깨달음을 쉽게 받아들이지 못했다. 중국 사회에서 불교에 대한 논쟁은 한나라 때부터 남북조시대를 지나 끊임없이 이어졌다. 그 과정에서 불교는 탄압을 받기도 하고, 승려 개인의 신이神異나 지혜 등을 통해서 포교에 성공하기도 했다. 불교문화는 중국 전통 사상과 논쟁을 거듭하면서 점차 동아시아적 세계관과 동화 혹은 변형되면서 확산되어갔다.

초기 불교의 동아시아적 변용과 확산 과정에서 가장 중요한 활동은 한역경전漢譯經典의 간행이다. 기원후 2~4세기경 중국에서 활동한 외국인 승려들은 서역 언어로 된 붓다의 가르침을 중국어로 번역하여 간행하기 시작했는데, 초기 한역경전에 사용된 번역어들은 여러 가지 문제가 있었다. 중국어로 번역되지 않는 서역어는 음역音譯하여 소리 나는 대로 써놓았기 때문에 글자만 보고는 이해할 수 없는 단어가 많았으며, 중국 문화에서 익숙한 용어를 차용한 경우에는 뜻을 오해하는 경우도 종종 있었다. 또한 경전 전체가 아니라 일부만 발췌 번역하기도 했기 때문에, 경전의 내용을 제대로 이해하기 어려운 경우도 많았다. 게다가 인도의 부파 불교部派佛敎(붓다가 입멸한 후 100년경에서 400년경 사이에 분열된 불교 교단의 여러 부파)가 여러 경로를 통해 중국으로 전래되면서, 전법승에 따라 교단에서 지켜야 할 계율이나 실천 의례 등에 대한 여러 가지 논쟁이 있었다. 이러한 문제점들로 인하여 초기 한역경전을 통해 불교를 처음 받아들인 동아시아인들은 붓다의 가르침을 근본적으로, 혹은 종합적으로 이해하는 데 여러 가지 어려움과 한계를 느꼈다.


## 법현, 인도를 향해 떠나다

기원후 220년 한나라가 멸망하고 위魏, 촉蜀, 오吳의 삼국시대를 지나면서 동아시아의 정세는 매우 불안정해졌다. 아이러니하게도 불교가 동아시아에서 크게 주목받기 시작한 것은 바로 이러한 혼란기였다. 삼국을 통일했던 진晉나라는 316년 이민족들에게 수도 장안을 빼앗기고 남쪽으로 내려가 건강建康, 즉 지금의 남경南京에서 동진東晉을 세웠다.

　　4세기 초반 북방에 있던 흉노, 선비鮮卑, 갈羯, 저氐, 강羌 등 다섯 부족이 중원으로 남하하여 각각 국가를 세운 오호십육국시대에 불교는 선비족 같은 이민족 왕들의 후원을 받으며 본격적으로 발전하기 시작했다. 오호십육국 가운데 불교를 후원했던 왕으로 부견苻堅(재위 357~385)을 들 수 있다. 4세기 중반 저족은 장안을 점령하고 그곳을 수도로 하여 전진前秦을 세웠다. 부견은 전진의 3대 왕으로 불교를 후원하고 학문을 크게 발전시켰으며, 372년에 승려 순도順道를 고구려로 보내 한반도에 불교를 처음으로 전했다.

고승 법현法顯(?~420?)은 중국 승려로는 최초로 중앙아시아를 횡단하여 인도의 불교 성지들을 순례하고 돌아온 구법승이다. 그는 4세기 전반 북방의 이민족들이 통치하던 중국 산서성山西省 평양平陽(현재의 산서성 임분臨汾)의 공龔씨 가문에서 태어났다. 그에 앞서 이미 세 명의 자식을 잃은 부모는 법현이 흉액을 피하기를 바라며 세 살 되던 해에 그를 승적에 올려 사미沙彌, 즉 승려로 키웠으며, 법현이 열 살 되던 즈음에 모두 죽었다. 행실이 바르고 총명했던 승려 법현은 중국 땅에 불교의 계율이 온전하게 전해지지 못한 것을 늘 안타까워하며 언젠가 계율을 구하러 인도에 다녀오겠다는 서원을 세웠다. 그는 60세가 지나서야 드디어 자신의 오랜 뜻을 이루기 위해 인도로 떠났다.

399년 노승 법현은 같이 공부하던 혜경慧景, 도정道整, 혜응慧應, 혜외慧嵬 등 여러 승려들과 함께 장안을 출발하여 서쪽으로 나아갔다. 당시 장안은 전진이 멸망한 후 강족이 세운 후진後秦의 왕 요흥姚興이 통치하고 있었다. 한편, 서쪽의 하서회랑 일대는 전진의 장수였던 단업段業(문왕文王, 재위 397~401)이 흉노족인 저거씨沮渠氏의 후원을 받아 북량北涼의 왕이 되어 통치하고 있었다.

400년 봄, 감숙성을 지나 북량의 수도 장액張掖에 도착한 법현 일행은 북량 왕 단업의 후원을 받아 서역으로의 구법행求法行을 준비했다. 단업은 자신의 사신을 동행하게 하여 법현 일행에게 돈황 태수를 소개해줬다. 그들은 돈황에서 태수의 도움을 받아 서역 여행의 시작이자 가장 어려운 관문인 사하沙河, 즉 모래사막을 건널 준비를 갖추었다. 법현은 장액에서 또다른 구법승들인 지엄智嚴, 혜간慧簡, 승소僧紹, 보운寶雲, 승경僧景 등을 만났는데, 이후 이 승려들은 법현 일행과 만남과 헤어짐을 되풀이하면서 서역 순례를 하게 된다.

돈황을 지나 끝없이 펼쳐지는 뜨거운 사막은 모든 생물이 죽음을 맞아 오로지 사람의 해골만이 이정표가 될 뿐이었다. 북량 왕과 돈황 태수의 후원을 받은 법현 일행은 17일간 사막을 횡단하는 고달픈 여행 끝에 타클라마칸 사막의 작은 오아시스 도시인 선선국鄯善國(지금의 누란)에 무사히 도착한 뒤 오이국烏夷國(지금의 카라샤르)으로 갔다. 그들은 오이국에서 지엄 일행을 다시 만나 2개월간 서역의 말과 풍습을 배웠다. 지엄, 혜간, 혜외는 투르판으로 돌아갔으나 다른 승려들은 법현과 함께 타클라마칸 사막의 오아시스길을 따라 계속 서쪽으로 전진하여 우전국于闐國(지금의 호탄)에 이르렀다. 투르판으로 돌아갔던 지엄은 다시 사막과 산을 건너 계빈국罽賓國(지금의 인도 카쉬미르 지역)으로 갔다가 그곳의 승려 불타발타라佛馱跋陀羅와 함께 장안으로 돌아갔는데, 그쪽의 사정이 좋지 않아 다시 동진의 건강으로 건너가 역경 사업을 진행했다. 이후 지엄은 계빈국으로 돌아와 입적했다.

법현 일행은 우전국에서 두 팀으로 나누어 혜경을 비롯한 세 명은 갈차국竭叉國으로 먼저 떠나고, 법현과 다른 승려들은 호탄에 남아 매년 4월 초파일에 거행되는 행상行像 의례에 참여했다. 당시 호탄의 행상 의례는 네

돈황 인근의 명사산과 월아천.

바퀴로 움직이는 크고 화려한 수레에 불상을 세워 모시고 성문 밖에서 안으로 이운移運하는 것으로, 호탄 왕실의 후원을 받아 해마다 한 번씩 성대하게 거행하는 축제이자 불교 행사였다. 호탄에서 초파일 의례를 지낸 후 일행 가운데 승소는 혼자서 계빈국으로 넘어갔다. 법현과 다른 일행은 자합국子合國을 거쳐 파미르 고원의 험준한 산맥을 넘어 오휘국於麾國을 지나고 갈차국에 도착하여 먼저 간 혜경 일행을 만났다. 이후 법현 일행은 갈차국에서 설산雪山을 넘어 남쪽으로 내려가 인더스강 연안의 오장국烏長國(지금의 파키스탄 스와트 북부의 사이두 샤리프)에 도착했다. 법현 일행이 장안을 출발하여 스와트 지역까지 가는 데 걸린 시간은 약 4년이었다.

# 법현의 인도 순례 여정

오장국에서 일행은 다시 두 팀으로 나뉘었다. 혜경을 비롯한 세 명은 부처님께서 자신의 그림자를 바위벽에 남겨놓았다고 전하는 '불영佛影' 유적이 있는 나갈국那竭國(지금의 파키스탄과 아프가니스탄 국경 지역)으로 먼저 떠났다. 오장국에서 하안거를 지낸 법현과 다른 일행은 남쪽으로 내려가면서 석가모니 붓다가 전생에 살았던 네 곳에 세워진 본생탑本生塔을 순례했다. 이 네 개의 본생탑은 ① 붓다가 전생에 시비왕이었을 때 비둘기를 위해 자기 살을 잘라 내어준 숙가다국宿呵多國(지금의 스와트)의 탑, ② 붓다가 전생에 일월명왕이었을 때 자기 눈을 남에게 보시했던 건타위국揵陀衛國(지금의 간다라)의 탑, ③ 붓다가 전생에 월광왕이었을 때 자기 머리를 스스로 잘라서 남에게 보시한 축찰시라국竺刹尸羅國(지금의 탁실라)에 세워진 탑, ④ 붓다가 전생에 마하살타 태자로 있으면서 자기 몸을 호랑이에게 보시한 곳에 세워진 탑 등이다. 이 탑들은 현재 남아 있지 않으나, 법현이 전하는 관련 고사는 이후 중국 불교계에서 가장 널리 알려진 붓다의 본생담이 된다. 양나라 이후, 중국 강남 지역에서는 이 네 개의 본생담을 표현한 서역식 보탑寶塔이 아육왕탑阿育王塔 혹은 전홍숙탑錢弘俶塔 등으로 알려지면서 크게 유행한다. 강남 지역의 아육왕탑 형식은 법현의 여행기에 자극을 받아 형성된 것일 가능성이 크다.

　　이후 법현 일행은 부처님의 발우가 있는 불루사국弗樓沙國(지금의 페샤와르)을 지나 불영 유적이 있는 나갈국에 이르렀다. 이때 나갈국에 먼저 가 있던 일행 가운데 혜달은 보운과 승경을 만나서 중국으로 돌아갔고, 다른 일행 중 한 명은 병에 걸려 세상을 떠났다. 나갈국 인근의 불교 성지를 순례한 법현 일행은 겨울을 보낸 후 소설산小雪山을 넘어 중인도 지역으로 내려

갔는데, 소설산을 넘을 때 혜경이 세상을 떠났다. 처음에 열한 명 이상이었던 법현 일행은 이제 절반 정도가 귀국하고, 둘은 세상을 떠나 인원이 많이 줄었다. 중인도에 도착한 인원수는 정확히 알려져 있지 않다. 법현이 귀국하기 전까지 가장 오래 동행한 승려는 도정으로, 그는 중국으로 귀국하지 않고 인도에 남았다고 한다.

10세기 후반 오월국 시대의 은제 아육왕탑(중국 절강성 항주 뇌봉탑 출토, 중국 절강성박물관 소장).

　　법현 일행은 중인도의 여러 불교 성지를 순례하며 몇 년을 보냈는데, 그중에는 지금까지도 붓다의 팔대 성지로 알려진 곳들이 포함되어 있다. 붓다의 팔대 성지는 ① 석가모니 붓다가 태어나신 룸비니, ② 정각正覺, 즉 깨달음을 이룬 보드가야, ③ 첫 번째 설법을 하신 사르나트의 녹야원, ④ 열반에 드신 쿠시나가라 등의 4대 성지와 ⑤ 사위성舍衛城의 대신변大神變을 나타내신 쉬라바스티, ⑥ 마야부인을 위해 천상의 도리천에 올라갔다가 보배로운 계단을 타고 내려오신 삼도보계처三道寶階處로서의 상카시야, ⑦ 원숭이 왕이 석가모니에게 꿀을 공양했던 바이샬리, ⑧ 석가모니께서 술 취한 코끼리를 조복시킨 라즈기르 등이다. 법현은 4대 성지에 사대탑四大塔이 있다고 기록했으므로, 당시 순례자들에게 4대 성지에 대한 인식이 있었던 것은 확실하다. 그러나 법현이 순례하던 시기에는 아직까지 팔대 성지에 대한 개념은 불확실했던 것으로 보인다.

바이샬리의 대탑과 아쇼카 석주.

　　법현이 중인도 지역에서 가장 먼저 방문한 곳은 상카시야, 즉 당시
의 승가시국僧伽施國이었다. 이후 그는 쉬라바스티, 즉 구살라국拘薩羅國의 사
위성에서 기원정사祈園精舍를 방문하고 파사닉왕波斯匿王이 전단 나무로 만
들었다는 불상을 배알했다. 여기서 법현과 도정은 자신들이 중국인 최초로
중인도 지역의 불교 성지를 순례하고 있다는 걸 알게 되었다. 이후 그들은
붓다의 가르침으로 500명의 강도가 성불했다는 이야기가 전해지는 득안
림得眼林을 거쳐 붓다의 탄생지인 카필라바스투와 룸비니 동산을 순례했으
며, 다시 남쪽으로 내려가 붓다의 열반지인 쿠시나가라를 순례하고 바이샬
리를 거쳐 파탈리푸트라(지금의 파트나)에 도착했다. 파탈리푸트라는 옛날 아
쇼카 왕의 수도와 왕성이 있던 곳으로, 주변에는 지금도 수많은 불교 성지

2장 진리의 법을 찾아 떠난 구법승

들이 있다. 이 지역에서 법현은 또다시 행상 의례에 참가했으며, 인근에 있는 아쇼카 왕의 대탑과 석주石柱들을 보았다. 이후 그는 라즈기르, 즉 왕사성王舍城 인근의 주요 성지들과 기사굴산耆闍崛山, 죽림정사竹林精舍 등을 순례하고, 서쪽의 보드가야와 바라나시 인근의 사르나트 지역을 방문하여 녹야원을 순례한 후 파탈리푸트라로 돌아왔다.

　　법현의 중인도 지역 순례 경로는 파탈리푸트라를 중심으로 동서남북을 종횡하여 다소 혼란스러워 보이지만, 그의 여행 기록에 담긴 5세기 인도 불교계의 현황은 지금도 인도 불교사 및 문화사 연구에 매우 중요한 자료가 된다. 그가 방문한 수많은 불교 성지 가운데는 불교도들의 끊임없는 순례와 보시로 지금까지 명성을 이어가는 곳도 있고, 완전히 황폐화되어 그 자취를 전혀 찾을 수 없는 곳도 많다. 법현이 인도 성지 순례 중에 보고 기록한 주요한 건축물은 대부분 사원과 탑, 아쇼카 왕의 석주 등인데, 특히 인도의 독특한 불교 조형물인 석주는 법현에 의해 중국에 처음으로 알려진 것으로 추정된다.


## 해로를 통해 귀국길에 오르다

법현은 파탈리푸트라의 불교 사원에서 『마하승기율摩訶僧祇律』, 『잡아비담심雜阿毗曇心』, 『방등반니원경方等般泥洹經』 등 여러 경전을 구했다. 그의 서역 순례는 처음부터 불교의 계율을 구하는 것이 목적이었기 때문에, 그는 여기에서 3년간 머물면서 인도 말과 글자를 배우며 율장을 베껴 썼다. 반면 도정은 인도의 불교문화에 심취하여 "지금부터는 부처가 될 때까지 변방 지역에서는 태어나지 않기를" 서원하며 인도에 머물기로 결정했다. 경전을 구하여 제대로 된 계율을 중국 땅에 전하고자 했던 법현은 율장을 모은 후 혼자서 중국으로 돌아오는 길을 택했다.

법현은 귀국길로 사막길 대신 바닷길을 선택했다. 그는 갠지스강 하구에 있는 탐라립티(현재의 탐룩) 항구에서 2년간 머물면서 경전을 베껴 쓰고, 불상을 그리고, 새로운 불교 미술 양식을 수집했다. 이후 그는 장안을 떠난 지 10년 만인 409년 10월에 상인들이 운행하는 큰 배를 타고 출발했다. 얼마 후 사자국師子國(지금의 스리랑카)에 도착하여 2년간 지내면서 그곳의 불교 사찰과 성지를 순례했다. 그의 여행기에는 스리랑카의 옛 수도인 아누라다푸라 지역에 남아 있는 무외산정사無畏山精舍와 불치정사佛齒精舍, 보리수나무 등에 대한 자세한 기록이 있다. 또한 부처님의 치아를 모시고 매년 3월 거행하는 불치제佛齒祭와 승려들의 다비 의식과 같은 당시의 불교 의례가 자세히 묘사되어 있어 남인도 불교문화를 이해하는 데 중요한 자료가 된다. 아누라다푸라의 불치정사는 이후 스리랑카의 정세 변화와 함께 여러 곳으로 이동하여 현재는 캔디에 세워져 있다. 법현이 보았던 불치제와 비슷한 사리이운舍利移運 의례 겸 축제는 지금까지도 '에살라 페라헤라Esala Perahera'라는 이름으로 매년 여름 캔디에서 거행된다.

법현은 스리랑카에서 『장아함경長阿含經』, 『잡아함경雜阿含經』 등을 구한 후, 다시 상인의 배를 타고 귀국길을 이어갔다. 그러나 풍랑을 만나 동남아시아의 섬나라인 야바제국耶婆提國에서 5개월 정도 지내다가 다른 배를 타고 중국으로 떠났다. 또다시 바다에서 심한 풍랑을 만나 표류했지만 마침내 412년 7월 14일 중국 산동성山東省 청주靑州(지금의 청도靑島)에 도착했다.

스리랑카 캔디의 불치정사 전경.

스리랑카 캔디에서 열리는 에살라 페라헤라. 불치를 모신 코끼리가 마을을 돌고 있다.

얼마 후 그는 동진의 수도 건강으로 건너가 도량사道場寺에 거주하면서 계빈국에서 온 불타발타라와 함께 경전을 번역했다. 이후에는 형주荊州 신사辛寺에서 머무르다가 420년경 86세(혹은 82세)로 입적했다.

　　법현의 여행은 장안에서 출발해 지금의 신강위구르자치구와 파미르 고원을 지나 간다라와 중인도 지역을 거쳐 동인도까지 육로로 이어졌으며, 동인도에서는 배를 타고 출발해 해로를 통해 스리랑카와 야바제국을 거쳐 중국 산동성으로 귀국했다. 여행 기간은 총 13년이 걸렸다. 예순이 넘은 노년에 여행을 시작한 그는 중국 승려로는 최초로 중앙아시아를 횡단하여 동인도에 이르렀으며, 그의 여행은 실크로드의 육로와 해로를 모두 섭렵한 장대한 여정이었다.


## 법현 순례의 영향

그의 여행 목적은 불교 계율을 구해오는 것이었으며, 실제로 그는 『마하승기율』과 『미사색률彌沙塞律』(이후에 나온 『오분율五分律』과 같은 내용임) 같은 주요 율장을 구해오는 데 성공했다. 그렇지만 워낙 연로한 나이에 출발하여 오랜 기간을 여행하고 돌아왔기 때문에, 아쉽게도 자신이 구해온 경전을 모두 번역하지 못한 채 입적했다. 그가 스리랑카에서 구해온 『미사색률』은 계빈국에서 건너온 승려 불타집佛駄什과 우전국 승려 지승智勝 등이 함께 번역하여 424년에 완성했다. 율장은 승가 교단의 운영에 필수적인 계율을 기록한 경전이다. 법현은 자신이 구해온 율장들이 중국 불교 교단 운영에 도움이 되기를 바랐지만 아쉽게도 그 율장들은 그다지 널리 유통되지 못했다. 그가

2장 진리의 법을 찾아 떠난 구법승

법현의 여정.

여행하는 동안 쿠차 출신의 쿠마라지바가 404~409년경 장안에서 번역한
『십송률十誦律』과 410~412년 불타야사佛陀耶舍가 번역한『사분율四分律』이
중국 불교 교단 내에 널리 유포되어 있었기 때문이다.

　　법현이 구해온 경전 중에서는 율장보다 오히려 그가 번역한『대반
열반경大般涅槃經』이나 그 자신의 여행기인『불국기佛國記』가 후대, 특히 남조
양梁나라 불교계에 큰 영향을 미쳤던 것으로 보인다. 수많은 구법승이 법현
의 고사를 본받아 적극적으로 인도 성지 순례를 떠나게 되는 것은 중국 사

2003년에 건립된 법현 동상(중국 산동성 청도시 화엄사 소재).

회가 좀 더 안정되는 당나라 때이다. 중국의 여러 구법승 가운데 최초로, 가장 연로한 나이인 60대에, 가장 열정적으로 인도와 중앙아시아, 동남아시아를 순례하고 돌아온 법현은 여행기를 남겨 구법승들의 선구자라는 명성을 얻었다. 그가 귀국 후 집필하여 414년에 완성한 『불국기』는 중국, 중앙아시아, 인도, 동남아시아의 5세기 역사와 불교문화를 연구하는 데 가장 중요한 1차 사료로 평가받고 있다.

법현은 사실 오랜 기간 거의 잊혔던 인물이기 때문에, 그의 초상화나 필적 같은 유물이 거의 남아 있지 않다. 1990년대 이후 중국에서 활발하게 진행되고 있는 그의 현창顯彰 작업은 그의 출생지로 알려진 산서성에서 시작되었다. 1992년 법현의 출생지라고 알려진 산서성 선당산仙堂山의 석벽에는 거대한 법현 조상이 새겨졌으며, 1997년에는 중국 실크로드 기념주화 가운데 하나로 〈법현취경도法顯取經圖〉 금화가 발매되었다. 2003년 중국 산동성 청도시 노산嶗山에 있는 화엄사에는 법현의 거대한 동상이 세워졌으며, 2007년에는 산서성 임분현에 법현기념관이 건립되었다. 2015년 산서성에서는 법현의 일대기를 전통 뮤지컬로 제작하여 공연했으며, 최근에는 그의 일대기가 영화로도 제작되었다. 그렇지만 현대 작품들은 내용이 과도하게 각색되어 법현 시대의 인도나 중앙아시아 문화를 제대로 이해하는 데 도움이 된다고 보기 어렵다.

법현의 실체에 좀 더 접근하기 위해서는 그가 여행한 5세기의 인도 문화, 특히 그 전성기인 굽타 시대 문화에 대한 본격적인 연구가 선행되어야 한다. 불교 경전과 계율을 구하기 위해 60대의 노구로 사막과 설산과 험한 바다를 건넌 법현의 불굴의 의지는 이후 그의 책을 읽는 사람들에게 서역과 인도 문화에 대한 동경을 키우면서 매우 조용하게, 그러나 꾸준히 전해졌다. 그의 여행기는 그의 생존 시보다는 훨씬 후대에 재평가되었다. 그의 경험은 중국이 통일되고 사회가 안정된 7세기 이후 당나라 불교계를 자극해 현장玄奘(602~664)을 비롯한 여러 나라의 구법승들이 인도를 찾아가 불교 유적을 순례하고, 인도의 불교문화를 전해오는 계기를 마련했다. 인도 및 서역 여행의 선구자로서 법현이 남긴 족적을 다시금 살펴보는 것은 이후 동아시아 불교문화의 국제화와 다양화를 이해하는 데 매우 중요한 과제이다. 향후 그의 기록과 경전에 대한 연구가 좀 더 다양한 시각에서 폭넓게 진행되기를 바란다.

# 현장의 서역 기행, 걸어서 110개국

임영애

## 현장, 인도로 가다

실크로드를 이야기하자면 당나라 시대의 서역 기행을 빼놓을 수 없다. 그 주역이 현장이다. 그는 당나라 초기 뛰어난 고승이자 불교 경전 번역가였다. 우리에게는 삼장법사三藏法師로도 유명하다. 경장經藏, 율장律藏, 논장論藏에 두루 통달해서 얻은 별칭이다. 삼장법사라는 이름이 우리에게도 친근한 것은 명나라 시대의 소설『서유기西遊記』덕분이다. 그가 천축으로 불경을 구하러 가던 길에 손오공, 사오정, 저팔계와 만나 겪는 기상천외한 무용담은 다양한 형태로 각색되었다. 하지만 그 내용은 어디까지나 소설일 뿐이다. 현장이 불경을 구하러 서역 기행을 떠난 것은 사실이지만, 그는 일행 없이 홀로 모험에 나섰다.

2장 진리의 법을 찾아 떠난 구법승

그가 인도로 가기 위해 국경을 넘은 것은 629년(정관貞觀 3년) 8월, 그의 나이 28세 되던 해였다. 당시 즉위한 지 3년밖에 되지 않은 당 태종은 자신의 백성 누구도 중국 땅을 벗어나 중앙아시아로 가는 것을 허락하지 않았다. 하지만 현장은 혼자서 월경을 감행했다. 즉 불법不法이었다. 불법佛法을 구하기 위해서 불법을 감행한 것이다. 하지만 진짜 목적은『유가사지론瑜伽師地論』이란 이름의 책을 구하는 것이었다. 당시 중국에서 유통되던『유가사지론』은 인도 승려 진체

서하 시기에 그려진 〈보현보살도普賢菩薩圖〉 속 현장의 모습 (감숙성 안서 유림굴 제3굴 서벽 남측).

眞諦, Paramārtha(499~596)가 번역한 것으로, 전체 분량의 약 십분의 일에 불과했다. 현장이 구법 여행을 떠나기 전까지만 해도 중국에는『유가사지론』의 전문全文이 없었다. 현장은 대승불교의 핵심이라고 할 수 있는 유가행파의 기본 논서論書인 이 책을 완벽하게 알고 싶었다. 그 간절함이 그의 발길을 머나먼 이국땅으로 향하게 한 것이다.

서쪽 관문인 옥문관을 빠져나온 뒤 현장은 고창국高昌國(지금의 투르판)으로 향했는데, 고창국의 왕 국문태麴文泰와의 일화가 유명하다. 국문태는 신실한 불교 신자로, 현장이 당나라에서 온 고승이란 말을 듣고 고창국의 국사가 되어주기를 바랐다. 그러나 현장은 단호히 거절했고, 국문태는

협박과 감금으로 목적을 달성코자 했지만 현장의 뜻을 꺾을 수 없었다. 결국 현장은 귀국길에 고창국에 다시 들러 3년간 강의를 하겠다고 약속한 뒤에야 여행을 계속할 수 있었다. 이런 일은 현장의 구법 여행 내내 여러 차례 발생했다.

그렇게 시작된 현장의 여행은 햇수로 무려 17년이 걸렸다. 그가 걸어서 지나간 나라만 해도 110개국이었다. 귀로 전해들은 28개국까지 포함하면 그가 직간접으로 접한 나라는 130개국이 훌쩍 넘는다. 또 그가 다닌 길을 거리로 계산하면 총 5만여 리, 지금의 단위로 2만 킬로미터가 넘는다. 중앙아시아와 인도의 불교 유적지 가운데 그의 발길이 닿지 않은 곳을 찾기 어려울 정도다.

현장은 그 긴 시간 각지의 유명한 고승을 찾아다니며 스스로 불교의 깊은 뜻을 터득했다. 현장의 구법 여행에서 빼놓을 수 없는 것이 계현戒賢(?~?)과의 만남이다. 날란다Nalanda에 도착한 현장은 계현을 찾아가 『유가사지론』을 배우기를 청한다. 계현은 동인도 삼마달타국三魔達陀國의 왕족으로 날란다 사원에 출가하여 호법護法(530~561)의 가르침을 받은 고승이었다. 현장이 637년 날란다에 이르렀을 때 계현의 나이 106세로, 당시 정법장正法藏이라 불리고 있었다. 현장은 계현에게서 9개월 동안 『유가사지론』 강의를 듣고, 날란다에서 5년 동안 수학한 뒤 다시 길을 떠났다.

현장은 645년 1월 마침내 무사 귀환했다. 귀국길에 경전 657부와 부처의 육사리肉舍利 150과, 석가상 7구를 가져왔다. 떠날 때 국법을 위반한 터여서 죽음을 각오했지만, 뜻밖에도 당 태종은 그를 열렬히 환영했다. 당 태종의 입장에서는 그럴 만했다. 현장이 17년간 보고 들은 중국 서쪽 나라

2장 진리의 법을 찾아 떠난 구법승

중국 서안 대자은사의 대안탑.

들의 정보는 더할 수 없이 요긴한 것들이었기 때문이다. 당 태종은 그가 가져온 경전을 전시 보관하기 위해 652년 장안에 대자은사大慈恩寺를 짓고 경내에 대안탑大雁塔을 세웠다. 대안탑은 원래 50여 미터 높이의 오층탑이었지만 화재 등으로 세 차례 중수를 거쳐야 했다. 현재 남아 있는 64미터 높이의 칠층탑은 17세기에 중수한 것이다. 탑의 1층 출입구 좌우 벽에는 652년 태종이 현장에게 하사한 '대당삼장성교서비大唐三藏聖敎序碑'와 고종의 '술삼장성기述三藏聖記' 비가 세워져 있다. 이 두 비석에서도 현장을 '삼장'이라 칭했다.

## 3대 인도 순례 여행기 중 하나인 『대당서역기』

당 태종은 『대당서역기大唐西域記』의 집필을 지원하면서 동시에 한역 사업에 대한 후원을 아끼지 않았다. 그 결과 646년 7월, 현장은 집필에 착수한 지 2년이 채 안 되어 직접 다녀온 110개국과 전해들은 28개국을 정리해 『대당서역기』 열두 권을 완성했다. 한편 그는 자신이 가지고 온 경전을 번역하는 데 일생을 바쳤다. 귀국 이후 664년 2월 입적할 때까지 약 20년에 걸쳐서 총 74부 1335권을 번역했는데, 이는 닷새에 한 권꼴로 번역을 했다고 봐야할 분량이다. 현장이 그토록 원했던 『유가사지론』의 완역본도 바로 그의 손에서 탄생했다.

현장의 『대당서역기』는 엄밀하게 말하면 여행기라기보다는 지리서에 가깝다. 그 가치는 이루 말할 수 없이 높은데, 7세기 전반의 중앙아시아와 인도에 관해 서술한 유일한 기록이기 때문이다. 당시 그 지역의 기후, 풍토, 민족, 습관, 언어, 물산, 종교, 미술, 전설 등을 상세하게 담고 있어 이 책은 당 태종에게도 중요했지만, '지금 이곳' 중앙아시아를 연구하는 학자들에게도 필독서라 할 만큼 중요하다. 사실 이 책은 현장이 직접 쓴 것은 아니다. 그가 체험하고 견문한 내용을 다른 승려인 변기辯機에게 구술해 집필하도록 한 것이다. 변기는 왕의 칙령으로 645년부터 현장의 경전 번역을 돕기 시작했는데, 짧은 기간에 무려 네 부의 경전 번역을 마칠 정도로 총명한 인물이었다. 하지만 그는 자신의 기량을 다 펼치기도 전에 극형에 처해졌다. 황제의 딸, 그것도 기혼의 여인을 사랑한 죗값이었다.

현장의 『대당서역기』는 법현의 『불국기』, 혜초의 『왕오천축국전』과 함께 3대 여행기로 손꼽힌다. 세 구법승 가운데 가장 오래 여행하고, 가장

2장 진리의 법을 찾아 떠난 구법승

많은 나라를 방문한 인물이 바로 현장이다. 그는 자신이 돌아본 7세기 인도와 중앙아시아의 상황을 정확하게 기억했다. 그중에서도 특히 우리의 관심을 끄는 것은 아프가니스탄의 바미얀 대불에 관한 기록이다. 이 석불은 불행히도 2011년 탈레반의 폭파 만행으로 지상에서 사라져버렸다. 『대당서역기』는 그 바미얀 대불을 최초로 기록한 문헌이다. 중국을 떠난 지 3년 만에 아프가니스탄에 도착한 현장은 바미얀 국왕의 왕궁에서 공양을 받으며, 여러 불교사원지를 방문했다. 그는 15일 동안 머물면서 자신이 직접 본 높

역사 속으로 사라진 바미얀 대불. 38미터 대불(왼쪽)과 55미터 대불(오른쪽).

이 38미터와 55미터의 금빛 대불을 기록으로 남겼다. 55미터라면 지금으로 치면 20층 아파트 높이에 해당하는 어마어마한 크기다. 이곳을 오가는 사람들에게 이정표가 되었을 이 거대한 금빛 불상은 현장에게 큰 충격을 주었다.

그는 귀국길에 들른 중앙아시아의 호탄에 관해서도 상세한 기록을 남겼다. 그 기록이 얼마나 믿을 만한지는 이곳에서 발견된 유물들이 입증해준다. 특히 호탄의 한 사원지 벽면에 그려진 〈용녀전설도龍女傳說圖〉는 『대당서역기』의 내용과 정확히 일치한다. 이야기는 다음과 같다.

성의 동남쪽 큰 강의 강물이 갑자기 끊겼는데, 왕이 알아보니 물속에 사는 용녀의 소행이었다. 남편을 잃고 홀로 된 용녀가 새로이 지아비를 얻고 싶어 심통을 부린 것이었다. 이때 나라의 한 대신이 자청하여 말을 타고 강물로 들어가 용녀의 남편이 되어 물길을 되살렸다.

지금은 희미해져버린 벽화의 옛 사진에는 아름다운 용녀와 강물로 말을 타고 들어가는 대신이 그려져 있다. 대신이 타고 있는 점박말은 호탄 지역의 특산 말이다. 『대당서역기』에는 고대 비단 전설에 관한 그림인 〈잠종전설도蠶種傳說圖〉와 관련된 기록도 있다.

호탄 사람들은 뽕과 누에를 원했으나 구할 수가 없었다. 호탄 왕은 중국에 혼인을 청했고 신부에게 뽕과 누에를 가져와 옷을 스스로 만들어 입으라고 했다. 그 말을 들은 신부는 남몰래 뽕과 누에 종자를 구하여 자

호탄의 단단윌릭 제2사원지의 벽면에 그려진 〈용녀전설도〉.

호탄의 단단윌릭 제10사원지에서 발굴된 〈잠종전설도〉(영국박물관 소장).

신의 왕관에 숨겨 호탄에 가져왔다.

나무 위에 그린 이 그림은 20세기 초 영국 탐험가 스타인이 호탄에서 북동쪽으로 100킬로미터 떨어진 타클라마칸 사막에 있는 단단윌릭 사원지에서 발견했다. 이 그림에는 호탄 사람이 뽕과 누에 종자를 숨긴 신부의 왕관을 가리키는 장면이 나온다.

현장이 귀국 당시 가지고 온 7구의 불상은 당시 인도의 각 지역에 봉안돼 있던 그림과 조각을 본으로 해서 만든 모각상模刻像이다. 현장이 가져온 경전과 불상은 그가 장안에 도착하자마자 주작문 남쪽에 진열되었고, 많은 사람이 와서 구경했다. 그다음 날에는 스무 마리의 말에 실려 떠들썩한 행렬과 함께 흥복사興福寺로 옮겨졌다고 한다. 그 후 이 유물들은 648년 12월 장안의 대자은사로 옮겨졌는데, 당시 이 일로 온 도시가 떠들썩했다고 한다. 당시 기록을 보면 "경전과 불상을 갖가지 종류의 수레에 안치하고, 불상 앞 양쪽에는 각각 큰 수레를 배치했다. 수레 위에는 깃발을 단 긴 장대를 두었고, 그 뒤에는 사자獅子가 길을 인도하게 했다. 당 태종과 황태자는 안복문安福門 누각 위에서 손에 향로를 들고 이를 보냈다"고 한다. 안타깝게도 7구의 불상이 이후 어떻게 되었는지는 전혀 알려져 있지 않다. 분명한 사실은 이 불상들이 당나라 불상의 양식을 크게 변화시켰다는 것이다.


## 현장과 원측

현장과 함께 공부했던 신라 승려 원측圓測(613~696) 이야기를 빼놓을 수 없다. 원측은 33세에 현장을 만났다. 많은 이들이 원측을 현장의 제자로 알고 있지만 사실이 아니다. 원측은 현장의 경전 번역 사업에 직접 참여하지 않았다. 또한 원측도 현장도 모두 법상法常(567~645)과 승변僧辯(568~642)에게서 배웠으므로 둘을 사제 관계라고 보기는 어렵다. 현장과 원측은 신뢰가 상당히 두터웠던 것으로 보인다. 현장이 외국인인 원측을 서명사西明寺 대덕大德으로 임명한 것을 보면 말이다.

신라 신문왕 역시 당나라에서 명망이 높던 원측을 필요로 했다. 하지만 당시 측천무후는 총애하던 원측을 신라로 돌려보내기를 거절했다고 전해진다. 측천무후가 원측을 진심으로 부처님과 같이 여겼기 때문이다. 최치원이 "진기한 지혜의 칼날을 신라에서 받은 다음 밝은 거울을 중국에 건사람은 오직 문아대사文雅大師"라고 칭송할 만큼 그의 학식은 대단했다. 최치원이 말한 문아대사는 원측의 다른 이름이다. 그는 여섯 나라의 말에 능통했다고도 한다. 그가 15세에 당으로 건너가 84세에 입적할 때까지 신라로 돌아오지 않은 점을 문제 삼는 사람도 있지만, 그의 사상은 692년 당나라에서 귀국한 제자 도증道證을 통해 신라에 전해졌다. 입적 후 섬서성 서안의 종남산 풍덕사豊德寺에 세워졌던 그의 사리탑은 1115년 흥교사興敎寺로 옮겨져 현장의 사리탑과 나란히 지금까지 전해지고 있다.


『서유기』로 각색된 현장의 이야기

현장의 흥미로운 일대기는 이후에도 오랫동안 수많은 사람들의 입에 회자되었다. 희곡으로 각색되어 공연되기도 했고, 원나라 때는 책으로도 출판되

경천사십층석탑(왼쪽, 국립중앙박물관 소장)
과 그 기단 중대석에 새겨진 그림(오른쪽).

었다. 그것이 바로 『서유기』이다. 애석하게도 원나라 『서유기』의 원본은 남
아 있지 않다. 지금 우리가 읽는 『서유기』는 명나라 말인 1570년경 오승은
吳承恩이 『대당서역기』를 기초로 찬讚한 구어체 장편소설이다. 지금은 사라
진 원나라 『서유기』의 장면이 흥미롭게도 한국의 경천사십층석탑(1348)과
원각사십층석탑(1467)에 새겨져 있다.

　　경천사십층석탑은 대리석으로 만든 석탑인데, 잘 알려진 대로 친원
세력이 발원했고 제작은 원나라 장인이 했다. 경천사십층석탑이 만들어지
고 120여 년 후인 1467년 지금의 탑골공원에 역시 대리석으로 원각사십층
석탑이 건립됐다. 두 탑의 기단부에 『서유기』의 장면이 새겨져 있다. 기단

2장 진리의 법을 찾아 떠난 구법승

부는 석탑을 도는 참배자의 눈에 가장 잘 띄는 부분이다. 이곳에 조각된 내용은 명나라 『서유기』가 간행되기 이전, 즉 원나라 『서유기』의 장면이다. 현재 원나라 『서유기』의 원본이 전해지지 않아 그 내용이 단편적으로만 확인되는 상황에서 이 두 탑에 새겨진 장면은 더 없이 소중하다. 안타깝게도 두 탑의 『서유기』 조각 부분은 손상이 심해 몇몇 장면을 제외하고는 선명하게 드러나지 않는다. 하지만 고려 말과 조선 초의 우리나라 탑에 『서유기』가 등장한다는 사실만으로도 현장과 우리의 인연이 각별하다는 걸 확인할 수 있다.

# 의정과 해상 실크로드의 시대

주경미

## 의정의 바닷길 여행

동아시아에서 인도로 가는 실크로드는 일찍부터 육로와 해로를 모두 이용
할 수 있었으나, 시대별로 각 여로의 상황은 계속 바뀌었다. 5세기에 중국
에서 출발해 인도의 불교 유적을 순례했던 구법승 법현은 인도로 갈 때는
육로를, 중국으로 돌아올 때는 해로를 이용했다. 그러나 7세기에 인도를 방
문한 현장은 갈 때와 올 때 모두 중앙아시아를 지나는 육로를 이용했다. 중
앙아시아를 거쳐 인도로 내려가는 육로는 7세기 중반을 지나면서 돌궐과
티베트의 세력이 확대됨에 따라 중국 승려들이 이용하기에 다소 험한 길이
되었다. 그래서 7세기 후반 이후로는 서역으로 갈 때 육로보다 해로를 이용
하는 경우가 많았는데, 바닷길 시대의 여행가로는 동남아시아와 인도를 여

2장 진리의 법을 찾아 떠난 구법승

행한 당나라의 구법승 의정義淨(635~713)이 대표적이다.

어려서부터 법현과 현장의 고아한 풍격과 서역 구법행의 업적을 높이 숭앙했던 의정은 15세부터 승려가 되어 서역으로 구법행을 떠날 것을 서원하였다. 그러나 그가 실제로 구법의 길에 오른 것은 36세가 되던 671년이었다. 산동성 제주齊州(현재의 제남시齊南市) 출신인 의정의 속성俗姓은 장張씨였으며, 어린 시절의 생활이나 부모에 대해서는 자세하게 알려진 바가 없다.

그가 귀국하여 찬술한 『대당서역구법고승전大唐西域求法高僧傳』에 따르면, 그는 서역으로 가기 위해서 670년 장안을 출발하여 남쪽의 강소성江蘇省 양부揚府로 왔다. 양부는 현재의 강소성 양주揚州에 해당하는 곳으로, 일찍부터 서역 상인들의 왕래가 많았다. 그는 양주에서 한동안 지내가다 671년 가을에 공주龔州(지금의 광서성廣西省 평남현平南縣)를 다스리는 관리인 풍효전馮孝詮을 만나 광부廣府, 즉 지금의 광동성廣東省 광주廣州로 내려갔다. 의정의 후원자가 된 풍효전은 자신의 아우 효탄孝誕, 효진孝軫 및 기타 군군郡君 영씨寧氏와 팽씨彭氏 등 일가권속들에게 의정의 서역행에 필요한 음식과 물건을 넉넉하게 보시하도록 하여 그의 서역 구법행을 적극적으로 도왔다. 광서성 풍씨 집안의 도움으로 의정은 광동성 강주崗州를 거쳐 11월에 광주 번우항番禺港에 도착해 페르시아 상인의 무역선을 타고 중국을 떠났다.

당시 의정을 태운 페르시아 상인의 선박은 11월부터 불기 시작하는 계절풍을 타고 남서쪽으로 항해하여 동남아시아의 실리불서室利佛逝(스리비자야)라는 곳에 도착했다. 그 위치가 현재 어디인지에 대해서는 논란이 있지만, 인도네시아의 수마트라 섬이라고 보는 것이 일반적이다. 의정은 이곳에서 6개월간 거주하면서 범어梵語(산스크리트어)를 배웠다. 이후 그는 다시 배를 타고 말라유국末羅瑜國으로 갔다. 말라유국은 현재 인도네시아의 잠비로 추정된다. 의정은 말라유국에서 2개월간 거주한 후 다시 배를 타고 갈다국羯茶國으로 왔다. 갈다국까지 동행한 페르시아 상인들은 이곳에서 의정과 헤어져 페르시아로 돌아갔으며, 의정은 갈다국 왕이 마련해준 또 다른 배를 타고 혼자서 인도를 향해 떠났다. 갈다국의 위치는 현재 어디인지 알 수 없으며, 말레이 반도 중부 지역 서안에 위치한 크다로 보는 견해가 있지만 확실하지는 않다.


## 동남아 해상 무역과 벨리통 침몰선

의정을 갈다국까지 데려간 페르시아 상인들의 선박은 당시 중동 지역을 출발해 해양 실크로드를 따라 중국까지 온 무역선이다. 의정의 기록에 따르면 이 선박들은 매년 11월부터 불기 시작하는 북동계절풍을 타고 중국을 출발해서 서쪽으로 돌아갔던 것으로 보이며, 서쪽에서 동쪽으로 올 때에도 계절풍을 이용해 1년에 한 번 정도 이동했을 것으로 추측된다. 의정이 출발한 7세기 후반의 무역선은 아직까지 동남아시아나 인도 연안에서 발견된 바가 없다. 그러나 1998년 인도네시아 벨리통섬 인근에서 발견된 9세기 전반의 침몰선은 아라비아에서 출발해 중국을 거쳐 인도네시아로 돌아오던 아라비아계 무역선으로, 의정의 여행 기록과 공통점을 찾을 수 있어 흥미롭다.

벨리통 침몰선은 지금까지 발견된 해상 실크로드의 아라비아계 침몰선 가운데 가장 이른 시기의 현존 유물이다. 이 침몰선은 나무로 만든 선

2장 진리의 법을 찾아 떠난 구법승

체가 확인되어 중국이나 동남아시아의 선박과는 구조가 다른 아라비아계 혹은 페르시아계 고대 다우dhau 선박의 실체를 알려준다. 발굴된 선체를 토대로 복원한 현대의 선박은 실제로 아라비아 반도부터 동남아시아까지 항해하는 데 성공했다. 이 침몰선에서는 당나라 건원乾元 원년(758)에 중국 강소성 양주에서 만든 청동 사신팔괘경四神八卦鏡이 발견되었다. 이 동경이 만들어진 양주는 바로 의정이 출발한 양주와 같은 곳이다. 또한 이 동경은 벨리퉁 침몰선 출수 유물 가운데 가장 이른 기년명을 가진 유물이기도 하다.

벨리퉁 침몰선에 선적되어 있던 화물은 대부분 중국, 동남아시아, 아라비아 반도 사이에서 거래되던 국제 무역품으로 추정된다. 전체 출수 유물은 약 6만여 점으로, 현재 싱가포르의 아시아문명박물관에 소장되어 있

2

1  '무스카트의 보석Jewel of Muskat'이라는 이름의 무역선으로 벨리퉁 침몰선을 복원한 것이다. 2008년 오만의 재정 지원으로 제작되어 싱가포르에서 오만까지 실제 항해를 하기도 했다.
2  758년 중국 강소성에서 제작된 청동 사신팔괘경(벨리퉁 침몰선 출수, 싱가포르 아시아문명박물관 소장).

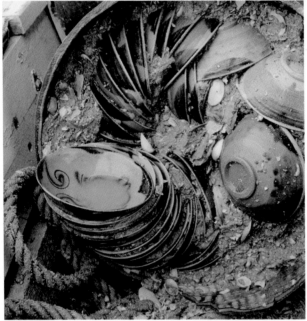

9세기 전반 호남성 장사요에서 제작된 도자기 그릇들(벨리퉁 침몰선 출수, 싱가포르 아시아문명박물관 소장).

다. 무역품의 대다수를 차지하고 있는 것은 중국 각지에서 제작된 다양한 도자기들이며 중국산 금은기, 동남아시아산 향목, 서역계 유리기 등이 함께 발견되었다. 그중에서도 가장 많은 것은 중국 호남성 장사요長沙窯에서 만든 도자기로 무려 5만 6500점 이상이 출수되었다고 한다. 장사요 도자기들은 갈색 유약을 시유施釉한 도자기가 중심이지만, 청색 유약이나 백색 유약 등을 시유한 예도 있으며, 유약 아래와 위에 안료를 사용하여 그림을 그리거나 시문詩文을 쓴 채회자기彩繪磁器가 많다.

벨리퉁 침몰선에서 출수된 장사요 자기 중에는 '보력寶曆 2년 7월 16일'이라는 명문이 새겨진 자기가 한 점 있는데, 보력 2년은 당나라 경종敬宗 연간인 826년에 해당한다. 이와 같은 기년명 자기의 존재로 볼 때, 벨리퉁 침몰선은 의정이 인도로 출발할 때 타고 갔던 페르시아 상선보다 약 150년 뒤에 중국을 출발하여 의정과 비슷한 경로를 거쳐 인도양을 지나 아라비아로 가던 서아시아의 무역선이었다. 벨리퉁 침몰선의 주요 화물이었던 장사요 도자기들은 한국과 동남아시아 각지뿐만 아니라, 멀리는 인도와 스리랑카 및 아라비아 반도와 아프리카 연안에 이르기까지 매우 광범위한 지역에서 발견되고 있다. 즉 장사요 도자기들은 일찍부터 해상 실크로드를 통해 서역으로 전해진 중국의 수출품이었던 것이다.

벨리퉁 침몰선에서 특히 주목할 만한 유물은 중국 하남성 공현요鞏縣窯에서 제작된 것으로 추정되는 백유녹채자기白釉綠彩磁器와 백유청화자기白釉青華磁器이다. 이 두 종류의 자기는 당나라 상류층이 애호했던 당삼채 계열의 변종 자기로, 흰색 바탕에 화려한 녹색 유약을 시유한 독특한 양식이다. 벨리퉁 침몰선에서 출수된 백유녹채자기와 백유청화자기는 중국에서 사용되던 일반적인 그릇 형태가 아니라, 용수고족병龍首高足甁이나 독특한 향로 형태가 많다. 표면에 그려진 문양도 대부분 서역계의 장식적인 문양으로, 구매자인 아라비아인들의 취향에 맞추어 특별 제작된 것으로 추정된다.

백유청화자기는 후대의 청화백자靑華白磁와 마찬가지로 산화 코발트를 주성분으로 한 청화안료로 그림을 그리는데, 현존하는 중국 도자기 중에서 청화안료가 사용된 가장 이른 시기의 작품이다. 벨리퉁 출수 백유청화자기는 14세기경부터 중국 경덕진 가마에서 1300도 이상의 고화도高火度에서 구웠던 단단하고 본격적인 최상품의 청화백자에 비하면 훨씬 저화도에서 구운 것이기는 하지만, 백토로 만든 자기 위에 청화안료로 그림을 그렸다는 점에서 중국 청화백자의 기원으로 여겨진다. 여기에 사용한 청화안료는 중국이 아니라 아라비아나 페르시아, 혹은 아프리카 지역에서 산출되는 서역산 안료이다. 공현요의 백유청화자기들은 중국 도공들이 9세기 전반부터 서역에서 산화 코발트 안료를 수입해 도자기를 장식했음을 알려준다.

서역산 산화 코발트로 장식한 공현요의 당삼채 계열 자기는 최근 강소성 양주 유적에서도 그 파편들이 확인되었다. 이는 공현요 도자기의 수출 경로가 강소성 양주와 광동성 광주를 거쳐 동남아시아와 아라비아로 이어졌다는 뜻이

9세기 전반 공현요에서 제작된 용수고족병 형태의 백유녹채자기(벨리퉁 침몰선 출수, 싱가포르 아시아문명박물관 소장).

다. 양주와 광주 지역에서 발견되는 공현요 도자기들의 제작 연대는 의정이 출발하던 7세기 후반보다는 다소 늦지만, 그 유통 경로가 의정의 여행 경로와 거의 일치한다는 점은 중요하다. 수출용 도자기의 분포 상황과 의정의 기록으로 볼 때, 당시 페르시아를 비롯한 서역 여러 나라의 무역선들은 국제 무역의 중심지였던 양주와 광주에서 출발하여 동

9세기 공현요에서 제작된 백유청화자기 접시 (벨리퉁 침몰선 출수, 싱가포르 아시아문명박물관 소장).

남아시아와 인도를 거쳐 페르시아와 아라비아 반도 연안을 왕래했던 것으로 보인다.

벨리퉁 침몰선에서 나온 중국산 도자기들은 9세기 전반 산화 코발트 같은 귀한 안료를 가져온 서역 상인들이 자신들의 취향에 맞는 도자기를 중국 내륙에서 주문 생산하여 가져갔던 해상 실크로드 무역의 증거물이다. 의정이 여행을 떠나던 7세기 후반에는 이미 페르시아 상선이 해상 실크로드의 주역이 되어 중국과 동남아시아, 아라비아 반도로 이어지는 바닷길에서 활약하고 있었다. 벨리퉁 침몰선의 발굴은 그동안 의정의 기록을 검토하며 반신반의했던 학계의 연구자들에게 해상 실크로드 무역선의 실체를 알려주는 중요한 계기가 되었다.

## 의정의 인도 순례 여정

다시 의정의 여행 기록으로 돌아오면, 의정은 갈다국에서 페르시아 상선과 헤어져 다른 배를 타고 북쪽으로 열흘 정도 항해해 나인국裸人國에 도착했다고 한다. 갈다국과 마찬가지로 나인국 역시 현재 어느 지역인지 확실히 알 수 없다. 일부 학계에서는 동인도 해역의 안다만 니코바르 제도의 한 섬이 아닐까 추정하고 있다. 여하튼 당시 의정이 방문한 나인국 남자들은 완전히 발가벗고 살았고, 여자는 나뭇잎으로 성기만 가릴 정도로 복식 문화가 거의 없었다고 한다. 당시 이 나라에서는 철이 매우 귀했기 때문에, 철을 주고 상선에 필요한 물이나 야자열매를 구했다고 한다.

의정은 나인국에서 다시 배를 타고 보름 정도 서북쪽으로 항해하여 드디어 동인도의 탐마립저국耽摩立底國에 도착했다. 탐마립저국은 탐라립티

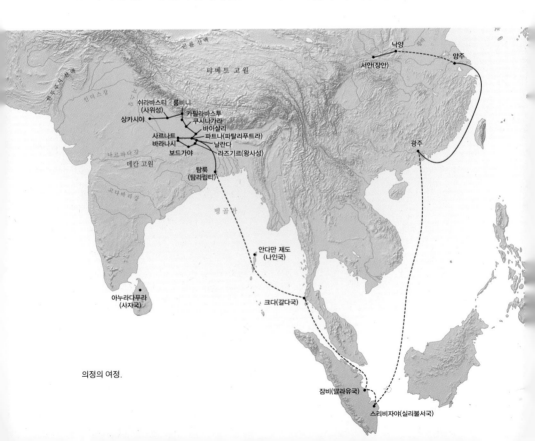

의정의 여정.

동인도 탐룩항 연안(2005년 촬영).

라고도 알려져 있는데, 현재 동인도 갠지스강 하구 캘커타 남쪽의 탐룩 해안 가로 추정하고 있다. 동아시아의 유명한 구법승 법현, 현장, 의정 세 사람 모두 탐라립티를 방문했다는 기록을 남긴 것으로 보아, 이 지역은 당시 유명한 국제 항구였던 것으로 추정된다. 가장 먼저 이곳에 도착한 법현은 탐라립티에서 배를 타고 스리랑카와 동남아시아를 거쳐 중국으로 귀국했다. 현장은 이곳에서 배를 타고 스리랑카로 가고 싶어 했으나 스리랑카의 불안한 정세 때문에 갈 수 없었다. 마지막으로 의정은 나인국을 거쳐 배로 이 항구에 도착했다. 의정이 스리랑카를 거치지 않고 나인국을 지나 탐라립티로 바로 온 것으로 볼 때, 7세기 후반 동인도 연안의 항로는 매우 다양하게 발전해 있었다고 생각된다. 갈다국에서 의정과 헤어진 페르시아 상선은 스리랑카를 거쳐 인도양을 항해한 후, 페르시아만 지역까지 항해를 계속했을 것이다.

광주를 떠난 지 1, 2년 만에 동인도의 탐라립티에 도착한 의정은 중국인 승려 대승등선사大乘燈禪師를 만나 1년간 범어와 성론聲論을 익혔다. 그러고 나서 대승등선사와 함께 인도의 불교 성지들을 순례하기 시작했다. 의정은 당시 인도의 유명한 불교 사원이자 대학이었던 날란다 사원을 중심으로 여러 불교 성지를 다녔다. 그가 방문한 곳은 보드가야의 마하보디 사원, 쿠시나가라의 열반당, 사르나트의 녹야원, 라즈기르의 영축산靈鷲山(기사굴산)과 인근의 계족산鷄足山 등 여러 곳이었다.

5세기 굽타시대에 만들어진 석가모니 붓다 진용상(인도 마하보디 사원 본존).

특히 그는 마하보디 사원에서 석가모니 붓다의 진용상眞容像을 참배하고, 중국을 떠날 때 산둥성의 승려와 후원자들에게 받은 명주로 가사袈裟를 만들어 몸소 불상에 입히는 의례를 행했다고 한다. 불상에 옷을 입히는 의례가 정확히 언제 어디에서 시작되었는지는 알 수 없지만, 이 기록으로 볼 때 7세기 중후반 중국 구법승 의정에 의해 인도의 주요 불교 성지에서 직접 행해졌음은 확실하다. 지금도 타이를 비롯한 여러 불교 국가에서는 계절에 맞추어 국왕이나 성직자가 자신이 후원하는 성스러운 불상의 옷을 갈아입히는 의례를 꾸준히 행하고 있다. 인도의 마하보디 사원에서도 아직까지 본존인 석가모니 붓다 진용상의 옷을 갈아입히는 의례가 꾸준히 행해지

2장 진리의 법을 찾아 떠난 구법승

고 있으니, 이러한 의례의 전통이 1300여 년 이상 이어져왔음을 확인할 수 있다.

의정은 날란다 사원에 10년 가까이 머물면서 불교 경전을 모으고, 성지를 순례하며 불교 공부를 했다. 그곳에서 수많은 동아시아 구법승을 만났으며, 인도의 불교 의례와 교학에 대해 광범위하게 공부하고 자료를 모았다. 중국으로 돌아온 이후, 의정은 날란다 사원을 비롯한 인도와 동남아시아 지역에서 만난 동아시아 구법승들에 대한 자료를 모아서 『대당서역구법고승전』을 썼다. 이 책에는 그가 만난 구법승 56명과 이후 추가한 5명을 포함해서 모두 61명의 전기가 실려 있는데, 신라 승려 8명과 고구려 승려 1명 등 한국계 승려 9명의 존재가 확인되어 우리의 눈길을 끈다. 그가 만난 신라 승려들은 대부분 신라로 귀국하지 않고 인도에서 입적한 것으로 추정된다.

의정의 책에는 각 구법승들의 서역 입국 경로가 비교적 자세히 소개되어 있다. 당시 구법승들은 해로를 이용한 경우가 가장 많았으며, 육로를 이용할 때는 당나라의 화번공주들이 살고 있던 티베트를 거쳐 네팔을 통해 인도로 들어오는 경우가 많았다. 그의 책에는 중국과 한국뿐만 아니라 베트남, 아프가니스탄 등 여러 지역에서 온 구법승에 대한 기록이 남아 있다. 날란다 사원에 모여 지내던 구법승들의 다양한 국적은 당시 날란다 사원이 국제적인 불교 교학의 장소 혹은 국제대학으로서 중요한 역할을 했으며, 국적과 상관없이 광범위한 지역의 불교도들이 구법 순례 여행에 나섰음을 알려준다.

한편 의정은 인도와 동남아시아의 불교계에서 자신이 실제로 경험한 현지 불교 승단의 현황과 사원 운영 및 계율, 불교 의례 등에 관한 이야기

인도의 날란다 사원 전경(2004년 촬영).

들을 모아서 『남해기귀내법전南海寄歸內法傳』을 편찬했다. 이 책은 7세기의
인도와 동남아시아의 불교사, 불교 미술사 및 불교 의례 연구에 가장 중요
한 문헌 자료로 여겨지고 있다. 당시 인도에는 대중부, 상좌부, 유부, 정량부
등 4개의 부파가 있었으며, 각 부파별로 경전 해석, 교단의 운영 등에 다소
차이가 있었다.

　　의정은 10여 년간의 유학 생활을 마치고 685년 날란다를 떠났다.
그는 다시 탐라립티로 돌아와 배를 타고 갈다국과 말라유국을 거쳐 실리불
서국으로 왔다. 당시 그가 인도에서 구해온 범본梵本 경전은 약 400부 50여
만 송에 달했다. 그는 실리불서국에서 3년간 거주하며 이 경전들을 번역하
기 시작했다. 689년 상선을 타고 광동성 광주로 잠시 귀국했으나, 실리불

서국에 남겨놓은 경전들을 가지러 다시 되돌아갔다. 이후 실리불서국에서 4년간 더 체재한 뒤 693년 광주로 귀국했다. 그가 낙양에 도착한 것은 695년이다. 그의 서역 구법 순례 여행은 671년에 출발하여 695년 낙양에 도착할 때까지 무려 24년이나 걸린 대장정이었다.


## 의정의 귀국과 경전 번역 사업

의정이 귀국했을 당시 당나라의 정권을 잡고 있던 측천무후는 그를 성대하게 환영하고, 그가 낙양의 불수기사佛授記寺에서 역경 사업에 힘쓰도록 후원했다. 이후 그는 낙양 및 장안의 천복사薦福寺에 거주하며 여생을 자신이 가져온 경전 번역에 매진했다. 측천무후의 뒤를 이은 중종은 의정이 서역에서 가져온 경전을 보관하기 위해 707년 천복사 내에 소안탑小雁塔을 건립했다. 의정은 이후에도 천복사에서 역경 작업을 계속하다가 현종 연간인 713년 1월 17일 79세의 나이로 입적했다.

　　의정이 중국에 돌아와서 번역한 경전은 총 56부 230권으로, 그중에서 11부 159권이 근본유부根本有部의 율律에 대한 경전이다. 그는 근본설일체유부根本說一切有部의 계율이 중요하다고 인식하여 『근본설일체유부비나야根本說一切有部毘奈耶』와 같은 계율 관련 경전의 번역에 가장 큰 노력을 기울였으며, 중국 불교계에서 계율의 연구 및 확립에 큰 업적을 남겼다. 그 밖에 그가 번역한 수많은 경전 가운데 특히 널리 알려진 것으로는 서역승 실차난타實叉難陀와 함께 번역한 80권 본 『화엄경華嚴經』을 비롯하여 『미륵하생성불경彌勒下生成佛經』, 『약사유리광여래본원공덕경藥師琉璃光如來本願功德經』, 『금광명최승왕경金光明最勝王經』,『불설대공작주왕경佛說大孔雀呪王經』,『불정존승다라니경佛頂尊勝陁羅尼經』 등이 있다. 특히 703년에 번역된『금광명최승왕경』은 704년 당나라에 사신으로 갔던 신라의 김사양金思讓이 들여와 신라불교계에까지 큰 영향을 미쳤으며,『불정존승다라니경』은 당나라에서 석조 경당經幢의 건립이 유행하는 데 중요한 역할을 했다.

의정의 장례는 당나라 황실의 후원으로 성대하게 거행되었으며, 그의 유해는 경성京城의 연흥문延興門 동쪽 평원에 매장되었다고 한다. 숙종 연간에는 황실의 발원으로 그곳에 탑을 세우고, 탑이 있는 곳에 금광명사金光明寺를 건립하여 그의 업적을 기념했다고 전한다. 그의 사후에 행해진 현창 사업에 대해서는 758년에 노찬盧璨이 찬술한『대당용흥번경삼장의정법사지탑명병서大唐龍興翻經三藏義淨法師之塔銘幷序』에 자세하게 기록되어 있으

서안의 천복사 경내 소안탑 전경.

나, 아쉽게도 지금은 의정의 탑과 금광명사에 대한 자료가 전혀 남아 있지 않다.

2011년 10월 중국에서는 의정의 고향으로 알려진 산동성 제남시 장청구長淸區에 의정사義淨寺를 건립하여 의정의 역경 사업과 해상 실크로드에서의 활약상을 현창하는 작업을 시작했다. 그러나 아쉽게도 당시 의정의 모습을 그린 초상화나 진필 유묵, 의정의 탑명과 탑지 등은 전혀 확인되지 않고 있으며, 그의 자취는 오로지 그가 저술한 책과 번역한 불교 경전을 통해서만 찾아볼 수 있다.

그가 살았던 7세기 중반부터 발전한 동아시아와 서역을 잇는 해상 실크로드는 9세기 이후 동서 문화 교류에서 가장 중요한 이동 경로가 되었다. 최근 중국, 인도, 동남아시아 연안에서 발견된 수많은 침몰선에서 의정의 시대와 직접적으로 관계된 유물은 아직까지 확인되지 않았다. 하지만 앞으로 좀 더 폭넓은 국제적 연구가 진행된다면 고대의 해상 실크로드가 아라비아 반도에서 인도양을 거쳐 동남아시아와 중국 연안까지, 혹은 더 멀리 한반도 서남부까지 이어졌음을 확인할 수 있을지도 모른다. 지금까지 살펴본 바와 같이 서역으로 가는 실크로드는 8, 9세기경 동서 무역의 확대와 함께 점차 육로 대신 바닷길을 이용하는 문화 교역 통로로서 발전했으며, 당시 신라는 바닷길을 통해 실크로드의 중심지였던 중국의 서남해안 지역과 적극적으로 교류하고 있었기 때문이다.

# 신라승 혜초가 인도로 간 까닭은

임영애

## 『왕오천축국전』의 발견

1908년 3월, 중국의 서쪽 끝 돈황 막고굴 장경동藏經洞에서 서류 뭉치가 발견됐다. 장경동은 지금의 제17굴에 해당하는데, 말 그대로 '경전이 보관되어 있는 굴'이라는 뜻이다. 그 안에는 4만 본에 달하는 문서와 그림이 보관되어 있었다. 이들 서류 뭉치 속에 뒤섞여 있던 혜초의 『왕오천축국전』의 진가를 알아본 이는 바로 프랑스의 동양학자 폴 펠리오Paul Pelliot (1878~1945)였다. 물론 그가 『왕오천축국전』을 보자마자 바로 알아본 것은 아니었다. 두루마리 형태인 이 책의 앞부분 삼분의 일이 손상되어 책 제목도 지은이도 알 수 없었기 때문이다.

누더기처럼 너덜너덜해진 두루마리의 내용을 살펴보던 펠리오는 4

2장 진리의 법을 찾아 떠난 구법승

년 전 읽었던 책을 떠올렸다. 바로 혜림慧
琳(737~820)의『일체경음의一切經音義』이다.
이 책은 경전의 용어를 해설해놓은 일종의
불교용어사전이다. 여기 인용된『왕오천
축국전』의 단어들이 두루마리 뭉치에 적
혀 있는 단어들과 일치한다는 것을 펠리오
가 알아차린 것이다. 기적 같은 일이다. 만
약 천재 동양학자 펠리오의 놀라운 기억력
이 아니었다면『왕오천축국전』은 세상의
빛을 보지 못했을지도 모른다. 물론 이 두
루마리는 혜초가 직접 쓴 것이 아니라, 후
대에 누군가가 혜초의 글을 보고 필사한
것이지만 말이다.

    돈황에서『왕오천축국전』이 발견
된 것은 너무나도 기쁜 일이지만, 이 두루
마리는 발견 당시 원래 문서의 뒷부분에

장경동에서 문서를 살펴보고 있는 폴 펠리오.

해당하는 227행만 남아 있었다. 짐작컨대 전체의 절반 정도 되는 앞부분
이 사라지고, 뒷부분도 일부 부식된 것으로 보고 있다. 이 문서의 성격에 대
해서는 세 가지 견해가 있다. 첫째는『왕오천축국전』의 초고로 보는 견해,
둘째는『왕오천축국전』을 줄인 축약본이라는 견해, 마지막은『왕오천축국
전』을 그대로 옮겨 적은 것으로 보는 견해이다. 지금으로서는 무엇이 정답
인지 알 수 없다.

## 혜초는 누구인가?

혜초는 신라인이다. 그러나 그가 신라인이라고 기록한 문헌은 사실상 존재하지 않는다. 다만 『왕오천축국전』에 실린 오행시만이 그가 신라인임을 암시한다.

> 달 밝은 밤에 고향 길을 바라보니 뜬 구름은 너울너울 돌아가네.
> 그 편에 감히 편지 한 장 부쳐보지만,
> 바람이 거세어 화답이 안 들리는구나.
> 내 나라는 하늘가 북쪽에 있고 남의 나라는 땅 끝 서쪽에 있네.
> 남방에는 기러기마저 없으니 누가 소식 전하러 계림鷄林으로 날아가리.

이 시의 마지막 구절에 등장하는 '계림'은 '신라'가 국호를 변경하기 전의 이름이다. 바로 이 부분, 즉 고향 계림에 소식을 전하고 싶다는 구절만이 그가 신라인임을 입증하는 유일한 단서이다. 원문에는 '수위향림비誰爲向林飛'라고 적혀 있어 이때의 '림'이 꼭 '계림'을 지칭하는 것은 아니라는 반론도 있지만, '(고향) 계림'으로 보는 것이 일반적이다.

그가 정확히 언제 태어났고, 언제 중국으로 유학을 떠났는지는 알 수 없다. 다만 중국에서 인도로 출발한 해가 723년, 귀국한 해가 727년이니 햇수로 5년 동안 인도와 중앙아시아 지역을 여행한 것은 분명하다. 7, 8세기 무렵 고구려, 신라 국적을 가진 승려 열 명이 중국에서 인도로 떠났는데, 이 가운데 살아서 이름을 남긴 사람은 극히 일부에 불과하다. 애석하게도 현태玄太(650~655년 인도로 구법 여행)와 혜초 두 사람만이 살아서 중국으로 돌아왔다. 나머지는 가다가 목숨을 잃거나 인도에 남아서 생을 마쳤다. 일연은『삼국유사』에서 이들에 대해 다음과 같이 노래했다.

얼마나 많은 이가 저 달을 따라 외로운 배로 떠나갔던가! 그러나 구름 따라 돌아온 이는 찾아볼 수 없어라.

혜초는 8세기 초 당나라에서 출발했다. 배를 타고 남쪽 바닷길을 이용하여 동인도 연안에 상륙했다. 이후 걸어서 인도 전역을 여행했고, 727년 실크로드를 거쳐 장안으로 돌아왔다. 그의 이후 생애는 기록을 통해 간간히 알 수 있을 뿐이다.

혜초는 인도 여행 후 733년부터 8년간 금강지金剛智(671~741)를 스승으로 모시며 밀교密敎(문자 언어로 표현된 현교顯敎와 반대되는 개념으로 다라나나 만트라를 외워 정각에 이르고자 하는 실천적 가르침이며, 그 심오한 경지는 외부에서는 알 수 없다는 뜻에서 비밀한 가르침, 즉 밀교로 불렸다)를 배웠다. 741년 금강지가 입적한 후에는 불공不空(705~774)의 가르침을 받았으며, 그의 6대 제자 가운데 한 명이 됐다. 이러한 사실은 불공이 입적하기 직전인 774년 5월 7일 자신의 사후에 법을 이을 제자 여섯 명에게 뒷일을 당부했는데, 그 가운데 혜초가 있었던 것을 통해 입증된다. 혜초는 당시 밀교의 대가였던 금강지와 불공에게 밀교를 전수받았고, 밀교 경전 번역에도 참여했다. 그는 당시의 대가들과 어깨를 나란히 한 밀교 승려였던 것이다. 정확히 알 수는 없지만 그는 50여 년간 당나라에 머물렀고, 780년경 오대산五臺山으로 들어가 입적했다.

## 『왕오천축국전』은 어떤 책인가

혜초의 『왕오천축국전』은 말 그대로 다섯 개의 천축국을 다녀와 쓴 글이다. 다섯 개의 천축국이란 인도를 동서남북과 중앙의 다섯 지역으로 나눈 것을 의미한다. 물론 인도만 둘러본 것은 아니다. 혜초는 중앙아시아의 44개 지역에 대해 썼다. 대부분 혜초가 직접 가서 보고 적은 글이지만, 일부 전해들은 이야기도 있다. 혜초는 『왕오천축국전』에서 자신이 페르시아, 아랍, 동로마까지 다녀왔다고 적었지만, 이에 대해서는 회의적이다. 5년 동안 이 많은 곳을 다 섭렵하기는 어려운 일이기 때문이다. 그가 밟았던 노선에 대해서는 지금까지도 의견이 분분하다.

책은 폐사리국吠舍釐國(지금의 바이샬리)에서 시작해 중앙아시아 서역 북로에 위치한 언기국焉耆國, 즉 카라샤르에서 끝난다. 시작이 인도인 것을 보면 출발할 때 육로가 아닌 해로를 이용했을 가능성이 크다. 실제로 7, 8세기 인도로 향한 구법승들은 해로를 많이 이용했다. 혜초는 10대 후반 약관의 나이에 광동항에서 배를 탔을 것이다. 크메르(지금의 캄보디아)를 경유하여 인도네시아의 수마트라 섬에 도착했을 가능성이 높다. 당시 그곳에는 스리비자야 왕국이 있었다. 이곳에서 수개월 혹은 1, 2년 정도 머물다가 인도 벵골만을 지나 천축국에 도착했다. 그가 스리비자야 왕국에 상당 기간 머문 것은 천축의 언어를 익히기 위해서였다. 그가 인도의 어디에 상륙했는지 정확한 지점은 알 수 없으나, 남아 있는 『왕오천축국전』 맨 앞부분에 '폐사리국'이 등장하는 것을 보면, 바닷길을 이용해 갠지스강 유역에 도착했을 것이다.

인도에 도착한 혜초는 44개 지역을 답사하고 흥미로운 사실들을 기

『왕오천축국전』의 앞부분(왼쪽)과 뒷부분(오른쪽).

록으로 남겼다. 가는 곳마다 풍속, 언어, 종교, 산물과 그 나라의 정세를 상
세히 기록했다. 8세기 전반 혜초가 인도를 방문했을 때 인도 불교는 침체
된 상황이라 승려가 없는 사원이 있을 정도였지만, 큰 사원 중에는 승려가
3000명이 넘어 관리가 어려운 곳도 있었다고 한다. 나체 수행자들의 생활
풍속, 감옥은 없고 벌전罰餞만 있는 법률, 장醬은 없고 소금만 있는 식생활,
여러 형제가 아내 한 사람을 두고 같이 사는 풍습 등 색다른 모습을 생동감
있게 기록했다.

　　귀국 후 혜초가 밀교 승려로 활약했다는 사실은 앞에서 밝혔다. 하
지만 그의 책『왕오천축국전』에는 밀교에 관한 이야기가 전혀 등장하지 않
는다. 현재 전하지 않는 부분에 담겼으리라 추정하고 있지만, 어쨌든 남겨
진 부분에서는 사상이나 종교적인 내용을 찾아보기 어렵다. 다만 "불법을
알지 못한다", "백성들은 삼보를 지극히 공경하여 절도 많고 승려도 많으
며", "대승과 소승이 함께 행해진다", "소승이 행해진다" 등의 묘사가 있을
뿐이다. 이 밖에는 정치 상황이나 생활 풍습에 관한 내용으로 채워져 있다.

## 인도 여행의 목적: 불법 구하기와 여덟 탑 보기

그는 왜 인도로 갔을까? 물론 '불법 구하기'가 목적이었음에는 의심의 여지가 없다. 하지만 좀 더 직접적이고 구체적인 목적은 여덟 탑을 보는 것이었다. 그의 오언시는 이러한 사실을 잘 말해준다.

> ······ 급기야 마하보리사大覺寺에 도착하고 나니 내 본래의 소원에 맞는지라 너무나도 기뻤다. 내 이러한 뜻을 대충 오언시로 노래한다. ······

> 여덟 탑을 보기란 참으로 어려운데,
> 오랜 세월을 겪어 거지반 타버렸으니,
> 어찌 보려는 소원 이루어지겠는가.
> 하지만 오늘 아침 바로 내 눈앞에 있구나.

그가 말하는 여덟 탑은 우리가 흔히 석가모니 사리를 팔등분하여 인도 각지에 세웠다고 알고 있는 근본팔탑을 말하는 것이 아니다. 앞서 법현에 관한 글에서 소개한 인도의 팔대 성지를 일컫는 것이다. 석가모니의 일생에서 중요한 사건이 있었던 여덟 곳의 성지를 자기 눈으로 직접 보고 싶은 바람이 그를 머나먼 인도로 이끈 것이다. 석가모니의 첫 설법지인 사르나트에 도착한 혜초는 다음과 같이 적었다.

> ······ 위에는 사자가 있는데, 그 기둥은 아주 커서 다섯 아름이나 되며 결이 섬세하다. ······ 탑을 만들 때 이 기둥도 같이 만들었으며······.

사르나트 성지. 중앙의 철책 안에 아쇼카 석주의 부러진 기둥이 보관되어 있다.

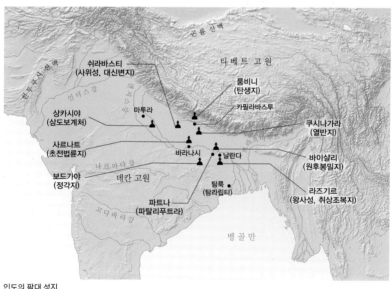

곤륜 산맥

티베트 고원

힌두쿠시 산맥

인더스강

히말라야 산맥

쉬라바스티
(사위성, 대신변지)

룸비니
(탄생지)

카필라바스투

마투라

상카시야
(삼도보계처)

쿠시나가라
(열반지)

사르나트
(초전법륜지)

바라나시

날란다

바이샬리
(원후봉밀지)

보드가야
(정각지)

데칸 고원

나르마다 강

탐룩
(탐라립티)

라즈기르
(왕사성, 취상조복지)

파트나
(파탈리푸트라)

고다바리 강

벵골 만

인도의 팔대 성지

네 마리 사자로 장식된 아쇼카 석주는 인도 화폐인 루피에 등장할 만큼 유명한 조각이다. 이 석주는 마우리아 왕조(기원전 321~기원전 185)의 3대 왕 아쇼카(기원전 272~기원전 232)가 석가모니의 첫 설법 성지인 사르나트를 기념하기 위해 세운 것이다. 잘 다듬어진 높이 12.8미터의 돌기둥인데

몸통은 부러져 현장에 남아 있고, 위에 올린 기둥머리 장식만이 온전하게 남아 사르나트 박물관에 전시되어 있다. 특히 사자 네 마리가 조각된 기둥머리 장식은 돌 재질이 사암砂巖인데도 마치 잘 마연된 대리석처럼 빛이 난다. 서로 엉덩이를 맞대고 있는 네 마리 사자 아래에는 인도에서 귀히 여기는 네 종류의 동물인 사자, 코끼리, 소, 말이 태양이 도는 방향, 즉 시계 방향으로 돌고 있다. 동물 사이사이에는 석가모니의 말씀을 상징하는 '법륜法輪', 즉 '법의 수레바퀴'가 배치돼 있다.

사르나트 아쇼카 석주의 기둥머리.

인도의 지폐 루피에 그려진 사르나트 석주.

다음으로 영축산이 있는 왕사성은 '술 취한 코끼리를 조복調伏'시킨 일화로 유명한 장소다. 이야기는 이렇다. 석가모니에게는 총명하지만 시기심 많고 야망도 큰 데바닷타Devadatta라는 사촌동생이 있었다. 석가모니의 유명한 제자 아난의

형이기도 하다. 그는 불교 교단의 승계를 원했지만 거절당하자 석가모니를 위험에 빠트리려 했다. 하루는 데바닷타가 커다란 검은 코끼리에게 술을 먹여 석가모니를 밟아 죽이게 하려 했다. 이때 석가모니가 오른손을 들어 올리자 코끼리가 술에서 깨면서 무릎을 꿇고 용서를 구했다는 이야기다. 일명 '취상조복醉象調伏'이라고 부

취상조복을 새긴 조각(2~3세기, 남인도 아마라바티 출토, 인도 첸나이주립박물관 소장).

른다. 불상의 손 모양 가운데 하나인 두려움을 없애준다는 '시무외인施無畏印'이 바로 이때 생겼다는 이야기도 있다. 왕사성은 이런 이야기가 전하는 곳이다.

끝으로 쿠시나가라는 석가모니가 열반에 든 장소이다. 혜초는 이곳에서 "성은 이미 황폐화하여 사람이 살지 않게 되었고, 석가모니가 열반한 곳에 세워진 탑을 청소하는 승려만 보았다"고 기록했다. 그런데 매년 8월 초파일이 되면 비구, 비구니를 비롯한 불교신자들이 모여 공양행사를 치렀다고도 적은 것을 보면, 당시 쿠시나가라는 중요한 성지였음이 틀림없다.

현전하는『왕오천축국전』의 마지막 여행지는 언기국이다. 언기국은 지금의 신강위구르자치구에 해당하는 서역북로에 위치해 있으니 혜초의 귀국길은 해로가 아닌 육로였음을 알 수 있다. 짐작컨대 혜초는 인도로 갈 때는 배를 탔지만, 중국으로 돌아올 때는 걸어서 언기국을 지나 돈황을 거쳐 장안에 이르렀을 것이다.

혜초의 여행 기간은 햇수로 총 5년이다. 승려 법현이 13년(399~412), 현장이 16년(629~645), 의정이 18년(671~689)을 여행했다는 사실을 상기하면 그리 긴 기간이라고 보기 어렵다. 하지만 그의 여행기는 법현의『불국기』, 현장의『대당서역기』와 함께 3대 여행기로 손꼽힐 만큼 큰 역사적 의미를 지닌다. 혜초가 고향 신라로 다시 돌아왔을 가능성은 거의 없지만, 그리고 그가 남긴『왕오천축국전』도 이 땅이 아닌 프랑스 국립도서관에 소장되어 있지만, 이런 역사적 맥락에서 그의 여행은 우리에게도 중요한 의미를 지닌다 하겠다.

2장 진리의 법을 찾아 떠난 구법승

# 타다 토우칸과 근대 티베트 불교

주경미

## 티베트 불교의 발전과 근대 세계

부처님의 법을 찾아 인도로 향한 동아시아 구법승들의 서역행은 11세기경부터 점차 줄어든다. 가장 큰 이유는 10세기 후반 인도로 진출한 이슬람교의 영향 때문이다. 12세기 전후로 인도의 불교 승려들은 이슬람교도의 침략에 쫓겨 여러 곳으로 갈라져 나갔다. 당시 인도 불교 교단의 주요 세력 중한 무리는 북쪽의 높은 설산인 히말라야 산맥을 넘어 티베트로 들어갔고, 다른 한 무리는 배를 타고 남쪽의 스리랑카로 건너갔으며, 극히 일부는 동쪽으로 넘어가 당시 강력한 불교 국가를 건설하던 미얀마의 버강Pagan 왕조(1044~1287)의 후원을 받으며 동남아시아에서 불교를 발전시켰다. 12세기 후반에는 인도의 대표적 불교 사원인 날란다 사원이 이슬람교도의 침략

여름에도 눈이 쌓인 설산의 정경을 볼 수 있는 티베트. 해발 5560미터의 카롤라 설산 불탑(2014년 8월 촬영).

으로 완전히 불타버리면서, 인도 불교는 명맥이 거의 끊어졌다.

11~12세기 동아시아에서는 중국 대륙은 한족의 나라 북송北宋과 거란족이 세운 요遼, 서북쪽의 탕구트Tangut족이 세운 서하西夏, 서남쪽 운남성 지역의 백만족白蠻族과 여러 소수민족으로 이루어진 대리국大理國 등으로 나뉘어 있었고, 한반도에는 고려가 있었다. 이 시기에는 북송을 제외한 대부분의 나라에서 불교가 주요 종교였다. 반면 북송에서는 유교, 불교, 도교가 서로 투쟁하거나 사상적으로 융합하면서 나타난 삼교일치론이 발전했다. 그 결과 인도의 새로운 불교 교학이 전해졌음에도 불구하고 인도 불교에 대한 관심보다는 불교의 중국 문화적 성격이 더욱 짙어졌다. 이와 같이 12세기 이후의 불교는 동아시아뿐만 아니라 티베트 고원과 스리랑카, 미얀

2장 진리의 법을 찾아 떠난 구법승

마 등 각지에서 현지화되면서 독특한 문
화를 발전시켰다.

히말라야 산맥 너머 고원지대에
위치한 티베트는 11~12세기에 밀교화
된 인도 불교의 영향을 가장 강하게 받아
근대기까지 독자적인 불교문화를 꾸준히
발전시켰다. 티베트 불교는 13세기경 당
시 유라시아 대륙을 지배한 몽골제국의
황실에 받아들여지면서 중국에도 전해
졌다. 티베트 불교문화가 원나라의 수도
대도大都(지금의 북경)에 전해진 이래로 원,
명, 청대 북경 지역에서는 중국의 전통 불
교보다는 티베트 불교를 중시하였다.

티베트의 달라이 라마 13세(20세기 초).

티베트는 정교합일政敎合一, 즉 정치적 권위와 종교적 권위가 통합된
체제로 운영되는 국가였지만, 11세기 이후 여러 개의 종파로 분열되면서
정치 상황이 다소 복잡했다. 티베트의 수도 라싸에서 국가를 다스리던 법왕
法王의 계보는 티베트 내부의 정치 상황에 따라서 조금씩 달라졌다. 13세기
중반에는 몽골 귀족의 후원을 받은 사캬 판디타Sa Skya paṇḍita(1182~1251)
가 정권을 잡으며, 그 일파의 수장이 몽골 황제의 정신적 스승, 즉 제사帝師
로 책봉받았다. 몽골이 세운 원나라와 만주족이 세운 청나라 황실에서는
모두 티베트 불교를 독실하게 믿고 후원했다. 몽골의 쿠빌라이 카안Qubilai
qa'an(1215~94)이 집권한 이후, 몽골 대칸과 티베트의 법왕은 서로 스승과

제자이자 동시에 승려와 그의 후원자라는 독특한 우호 관계를 꾸준히 유지했다. 청나라 시대에는 라싸의 포탈라 궁에 거주하던 역대 달라이 라마들이 청나라 황제의 정신적 스승으로 존숭되었다. 청나라 황제가 달라이 라마를 후원한 것은 티베트의 내부 분열을 방지해 티베트를 자치적 성격을 가진 청나라 황실의 우호 국가로 유지하기 위한 종교 및 외교 정책이었다.

티베트의 독자적 지위는 청나라 황실의 몰락 및 서양 탐험가들의 중앙아시아 진출과 함께 심각한 위기를 맞았다. 20세기 초 티베트를 다스리던 달라이 라마 13세(1876~1933)는 이러한 시기에 중국을 비롯한 여러 나라와 교류를 시작했다. 당시 일본 정토진종淨土眞宗의 문주門主였던 오타니 고즈이大谷光瑞(1876~1948)는 달라이 라마와 교류하기 위해서 여러모로 노력을 기울여 1908년 3월 중국 산서성에서 정토진종과 달라이 라마의 회담을 열었다. 그 결과 일본 정토진종의 승려들이 티베트에 갈 기회가 마련되었다.

20세기 초반 영국과 러시아는 모두 아시아 대륙 한가운데에 있는 티베트로의 진출을 시도했다. 1904년 영국은 티베트를 침공, 라싸 조약을 체결하여 티베트에 대한 러시아의 영향력을 배제하려 했다. 그러나 곧바로 영국과 중국은 북경에서 새로운 조약을 맺어 영국과 러시아가 모두 티베트 문제에 관여하지 않기로 했다. 북경 조약의 결과 티베트는 중국의 허가를 얻어야만 들어갈 수 있는 지역이 되었다. 스웨덴의 유명한 탐험가 스벤 헤딘은 1906년 8월 영국령 인도에서 출발하여 티베트 탐사를 떠났으나, 당시의 복잡한 국제 정세와 영국, 러시아 사이의 협상 탓으로 입국 허가를 받지 못했다. 헤딘은 일본의 오타니 고즈이를 통해 중국 정부와 직접 교섭을 진행

2장 진리의 법을 찾아 떠난 구법승

하기도 했으나 결국 실패했다. 그는 무단으로 시가체까지는 진입했지만, 라싸로 들어가지 못하고 인도로 돌아왔다.

## 일본 정토진종의 두 승려 아오키 분쿄와 타다 토우칸

헤딘과의 교류를 통해 티베트에 관심을 갖기 시작한 오타니 고즈이는 1908년 6월 티베트 조사를 시작했다. 그는 직접 티베트에 가는 대신 자신이 문주로 있던 정토진종 소속 니시혼간지西本願寺의 승려들을 보냈다. 여러 번의 시도 끝에 아오키 분쿄靑木文敎(1886~1956)와 타다 토우칸多田等觀(1890~1967)이라는 두 명의 승려가 티베트 입국에 성공했다. '또 하나의 오

아오키 분쿄(20세기 초).　　　　　타다 토우칸이 라싸에서 수행하는 모습(20세기 초).

교토 니시혼간지 전경.

'타니 탐험대'라고 불린 아오키와 타다의 티베트 조사는 명목상으로는 정토
진종의 차원에서 티베트 불교를 연구하고 티베트 대장경을 구해 오기 위한
구법행이었다. 그러나 당시의 정세나 그들의 귀국 이후 행적으로 볼 때, 그
들의 티베트 조사가 순수하게 종교 활동이었다고 보기는 어렵다. 특히 아오
키는 태평양전쟁 기간 중에 동남아시아로 진출한 정토진종과 오타니 고즈
이를 위해 일하면서도 일본의 이익을 위해 티베트 정부와 교섭할 정도로 다
분히 정치적인 활동을 했다. 그에 비해 티베트 사원에서 10년간 티베트 불
교를 직접 익히고 돌아온 타다는 티베트 불교문화에 대한 이해가 깊었고,
불교 수행과 학문 연구에 정진하여 동아시아의 마지막 서역 구법승이라고
평가할 만하다.

아오키와 타다의 티베트 입국은 1908년 8월 중국 산서성 오대산에서 열린 일본 정토진종 대표와 티베트 달라이 라마 13세의 회담 중에 결정되었다. 당시 정토진종의 대표로 달라이 라마를 만난 사람은 오타니 고즈이의 동생 오타니 손유大谷尊由(1886~1939)였다. 이 회담에서 일본의 정토진종과 티베트 불교계는 서로 유학생을 교환하기로 결정했고, 1910년 아오키는 영국령 인도였던 다질링에서 달라이 라마 13세를 만나 티베트 입국에 대한 면접 심사를 받았다. 이때 달라이 라마는 티베트의 승려를 일본 유학생으로 파견하기로 결정하여, 티베트 승려 세 명이 1911년 5월 교토의 니시혼간지를 방문하게 되었다. 이들은 약 9개월간 교토에서 생활하며 일본어와 일본의 불교문화를 배운 뒤 1912년 1월 고베항에서 배를 타고 티베트로 돌아갔다. 당시 교토 니시혼간지에서 이들에게 일본어를 가르치고, 이들에게서 티베트어를 배우던 타다 토우칸은 이들이 귀국할 때 아오키와 동행하여 티베트 유학을 떠났다.

1912년 인도 다질링에서 달라이 라마 13세를 다시 만난 아오키와 타다는 서로 다른 경로로 티베트로 입국했다. 다질링에서 출발한 아오키는 네팔과 시가체를 경유한 뒤, 티베트로 귀환하는 달라이 라마를 따라서 1912년 라싸로 들어갔다. 그는 티베트에서 3년간 거주했다. 한편 아오키보다 조금 늦게 홀로 출발한 타다는 부탄을 경유해 티베트로 입국했다. 당시 일본인의 티베트 입국은 원칙적으로 금지되어 있었기 때문에, 타다는 티베트의 불교 순례자로 변장하여 맨발로 걸어서 히말라야 산맥을 넘었다. 타다는 1913년 9월 드디어 라싸에서 달라이 라마 13세를 다시 만났고, 1922년까지 티베트 승려들과 함께 달라이 라마의 가르침을 받으며 수행했다.

세라 사원의 티베트 승려들.

　　교토 니시혼간지에서 티베트 승려의 상담역을 하며 티베트어를 배
우던 타다는 당시 불과 20세의 나이였다. 그는 1913년 12월부터 라싸의 겔
룩파 사원 중 하나인 세라 사원에서 티베트 불교를 공부하며 달라이 라마
13세와 독특한 사제 관계를 맺었다. 그는 달라이 라마 13세로부터 '토프텐
겐첸'이라는 티베트 이름을 받고, 몽골 승려들의 기숙사인 할둔에 거주하면
서 불교 공부를 본격적으로 시작했다. 그곳에서 다르마키르티Dharmakīrti의
『양석론量釋論』을 중심으로 하는 인명학因明學, 마이트레야Maitreya의 『현관
장엄론現觀莊嚴論』을 중심으로 하는 반야학般若學, 나가르주나Nagarjuna의 『중
론中論』과 찬드라키르티Candrakirti의 『입중론入中論』 등의 중관학中觀學 및 각
종 계율학戒律學과 구사학俱舍學 등을 배웠다. 그는 1919년 9월 달라이 라마

2장 진리의 법을 찾아 떠난 구법승

아오키 분쿄와 타다 토우칸의 티베트 이름 증서(1912년, 일본 아키타현립박물관 소장).

13세로부터 구족계를 받고 가사와 발우를 전수받았으며, 1921년 12월부터 귀국 직전까지는 달라이 라마에게서 직접 밀교의 교의를 전수받았다.

　　타다는 티베트에서 9년간 지내며 달라이 라마 13세와 돈독한 우애를 쌓았다. 그가 1922년 10월 일본으로 귀국할 때 달라이 라마는 직접 비단에 게송을 써서 주기도 했다. 당시 타다는 달라이 라마에게 티베트 경전의 일종인『부톤 전서Bu ston gyi gsung 'bum』와 티베트 불화 일괄품인〈석존회전釋尊繪傳〉을 일본으로 가져갈 수 있게 해달라고 청했다. 이때 달라이 라마는『부톤 전서』만 주고〈석존회전〉은 주지 않았다. 그러나 1933년 입적할 무렵 유언으로〈석존회전〉을 일본의 타다에게 보내라는 말을 남겨 결국이 불화 일괄품은 1937년 일본의 타다에게 전해졌다.

　　타다는 귀국하면서『부톤 전서』이외에도 다량의 티베트 불전을 가져와 일본의 티베트 불교학 발전에 지대한 공헌을 했다. 당시 도쿄제국대학 교수로 있던 시마지 다이토島地大等(1875~1927)는 타다 토우칸이 가져온 티베트 불교 대장경의 귀중함을 인식하고, 타다를 자기 연구실의 촉탁으로 임명했다. 시마지는 이후 도호쿠제국대학의 인도학 강좌 교수인 우이 하쿠주

宇井伯壽(1882~1963)에게 타다를 소개했다. 타다는 1925년 도호쿠제국대학 법문학부 연구보조촉탁으로 발령받아 티베트 문화 연구를 계속하게 된다.

## 태평양전쟁 시기의 아오키와 타다

티베트에 다녀온 아오키와 타다는 1930년대 만주사변과 1940년대 태평양전쟁 시기에 일본군을 위해 여러 가지 공작활동을 펼치며 일본의 제국주의 전쟁을 지원했다. 특히 달라이 라마로부터 직접 수준 높은 티베트어와 티베트 불교 의례를 익혔던 타다는 티베트 불교가 주류였던 만주로 파견되어 현지 사찰의 승려들과 인맥을 쌓아 정보를 수집하고, 만주국 중심인물들과 교류하며 공작활동을 펼쳤다. 1940년 타다는 만주국 수도 신경新京에 세워진 건국대학建國大學의 교수가 되어 일본 제국주의를 위해 만주국의 종교문화 연구에 매진했다. 한편, 1917년에 귀국한 아오키는 이듬해부터 오타니 고즈이의 동남아시아 사업을 돕기 위해 인도네시아의 농원에 파견되었다. 이후 그는 오타니와 함께 중국의 상해上海, 대련大連을 여행하고 교토로 돌아왔다. 태평양전쟁 시기였던 1941년 아오키는 일본 외무성 조사부의 촉탁이 되어 도쿄로 이주했으며, 티베트와의 연락망을 확보하여 아시아 내륙 전선의 활동을 도왔다.

　　　태평양전쟁 기간에 일본 제국주의의 선봉에 서서 정보를 수집하고 인맥을 관리했던 아오키와 타다는 1945년 일본의 패전과 함께 일자리를 잃었다. 전후에 아오키는 영어 번역으로 먹고살았으며, 부인도 일찍 죽는 바람에 상당히 힘들게 생활했다. 그에 비해 티베트어에 능숙했던 타다는 귀국 이후 도쿄대학에서 티베트어 강사를 하며 티베트 문화 연구를 계속했다. 1950년 타다는 티베트 불교에 관심이 많았던 미국 스탠퍼드대학교 아시아 연구소의 초빙으로 2년 반 동안 미국에서 연구 활동을 했다. 일본으로 돌아온 뒤에는 도쿄의 동양문고東洋文庫에 연구원으로 취직하여 티베트 연구를 지속했다. 타다가 미국으로 건너간 이후 아오키는 60대 중반의 나이로 도쿄대학에서 티베트어 강의를 맡게 되었고, 병으로 사망할 때까지 약 5년간 강사 생활을 했다.

## 일본 티베트학을 이끌다

1910년대 초반 라싸로 건너가 티베트 불교 경전과 불교 미술품을 수집해온 아오키와 타다는 일본 학계에서 티베트 역사와 문화 연구의 기초를 닦았

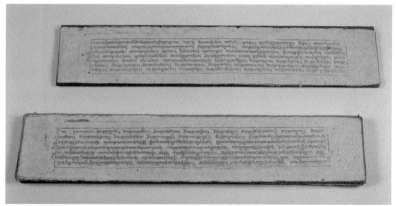

타다 토우칸이 수집한 티베트 대장경 중 일부로 1742년 개판開版하였다(일본 류코쿠대학 소장).

타다 토우칸이 기증한 17세기 티베트의 〈석존회전〉 본존도(일본 하나마키시박물관 소장).

다. 현재 일본의 티베트 연구는 대부분 타다와 아오키의 제자들이 수행하고 있다. 타다가 수집해온 방대한 경전과 미술품은 대부분 정토진종의 본원인 교토 니시혼간지에 소장되었으며, 현재는 니시혼간지에서 운영하는 류코쿠龍谷대학박물관에 소장되어 있다. 일부 개인적인 수집품은 타다의 고향인 아키타秋田시에 보관되어 있고, 또 다른 일부는 전쟁 때 폭격을 피해 그의 동생이 살던 도호쿠 지역 하나마키花卷시의 광덕사光德寺로 옮겨놓았다. 광덕사 소장품 가운데 일부는 타다가 죽은 뒤 하나마키시에 기증되어 현재는 하나마키시박물관에 소장되어 있다.

하나마키시박물관에 소장된 타다의 수집품 중에는 그가 1937년 달라이 라마 13세의 입적 이후에 전달받은 〈석존회전〉 25점이 포함되어 있다. 이는 티베트 불전에 전하는 석가모니 붓다의 일대기를 집대성하여 25점의 그림으로 나누어 그린 것으로, 티베트 불교 미술 연구에서 매우 귀중한 작품으로 평가받는다. 비단 바탕에 금채를 비롯한 화려한 채색을 입힌 이 그림들은 대부분 17세기경에 제작된 것으로 추정된다.

또한 하나마키시박물관에는 타다가 티베트에서 수행할 당시에 입었던 승복 일괄품도 보관되어 있다. 티베트 사원에서 10년간 거주하며 타다가 했던 경험은 신비에 싸여 있던 티베트의 불교문화를 이해하는 데 매우 귀중한 자료가 되었다. 당시 타다가 입었던 옷 가운데 붉은색 내의와 털로 만든 외투, 신발, 노란색 모자 등이 남아 있으며, 그 밖에 그가 사용한 식사용 발우, 책을 읽는 데 사용한 서가, 의례용 석장 등이 전한다.

일본 정토진종 니시혼간지의 승려로서 티베트 불교를 배우기 위해 길을 떠났던 근대 동아시아의 마지막 구법승 타다 토우칸과 아오키 분쿄.

타다 토우칸이 기증한 20세기 초 티베트의 모직 내의(일본 하나마키시박물관 소장).

그들의 생애는 구법승이라는 타이틀에 어울리지 않게 매우 파란만장하고 서글펐다. 시골 출신인 두 사람은 문주 오타니 고즈이의 명을 따라 티베트어 대장경을 수집하고 티베트 문화를 연구하기 위해 먼 길을 떠났다. 이후에는 태평양전쟁 시기에 이르기까지 오타니와 함께 정토진종의 제국주의적 활동에 꾸준히 참여하였다.

두 사람 가운데 좀 더 일찍부터 오타니와 동행했던 아오키 분쿄는 유럽, 인도, 중앙아시아와 티베트, 마지막에는 동남아시아에 이르기까지 전세계를 돌아다니며 문주에게 충성을 다했다. 그는 승려로서의 인생보다는 국가와 교단에 충성하는 매우 세속적인 길을 걸었다. 영어, 티베트어 등 여러 나라의 언어를 자유롭게 구사할 수 있었기 때문에 전쟁 시기 외무부 촉탁을 지내며 국제 스파이 업무를 도맡아 했지만, 아오키의 개인적 삶은 불행한 편이었다. 부인과 일찍 사별한 아오키는 전쟁 이후 미국으로 건너가 티베트 문화 연구를 계속하고 싶어 했지만, 그 꿈은 결국 이루어지지 않았다. 그는 말년인 60대가 되어서야 도쿄대학의 티베트어 강사가 되어 학계에 잠시 몸담았을 뿐이다.

젊은 나이에 티베트 승려들을 만나 티베트어를 배우고, 맨발로 설원의 히말라야를 넘어가 라싸의 달라이 라마 13세에게 직접 불교를 배운 타다는 아오키보다는 좀 더 학구적이고 평온한 인생을 보냈다. 도호쿠의 아키타 지역 출신이었던 그는 귀국 후 한동안 도호쿠 지역에서 활동하다가 태평양전쟁 기간에 만주로 건너가 일본 제국주의에 헌신했다. 종전 이후에는 일본과 미국의 대학 강단에서 티베트어와 티베트 불교문화 연구의 기초를 닦으며 학승의 생애를 살았다. 그는 만년에 결혼하여 세 딸을 두었는데, 이 딸들이 그가 남긴 유물과 연구 자료를 잘 보관해왔다. 또한 제자들이 그의 유지를 이어 일본의 티베트학을 이끌어가고 있기 때문에 타다에 대한 현창 작업과 연구는 지금도 꾸준히 이어지고 있다.

타다와 아오키의 티베트 입국과 활동은 2000년대 초반까지만 해도 거의 알려지지 않았다. 20세기 초반의 복잡한 국제 정세 속에서 두 일본 승려의 티베트 입국은 불법 행위였기 때문일 것이다. 이들이 남긴 근대적 개념의 여행일지와 책들은 일본의 티베트학 발전에 크게 기여했다. 특히 아오키가 직접 촬영한 다수의 흑백 사진은 티베트 문화 연구에 매우 귀중한 자료로 활용되고 있다. 이런 자료들이 최근 일본의 여러 박물관에서 공개되고 전시되면서 일본의 티베트 불교학과 근대 티베트 문화 연구는 다시 한 번 본격적인 성장기를 맞고 있다.

아오키와 타다의 학문적 업적은 대부분 일본의 패전 이후 그들의 인생이 피폐해진 시기에 성취된 것들이다. 불교의 구법승으로 출발했지만, 자신의 인생을 나라와 종교에 바치며 휩쓸리듯 전체주의 사상에 봉사하는 삶을 살았던 그들은 노년에 이르기까지 한없이 복잡하고 험난한 인생길을 걸었다. 구법승이면서 동시에 일본의 국제 스파이였다는 오명을 얻은 이들의 삶은 현대의 지식인들이 인생에서 과연 어떤 길을 선택해야 할지를 고민할 때 중요한 반면교사가 되지 않을까 싶다. 이들의 인생길을 회고하다 보니, 근대 이후 종교계와 지성계도 결국 이들처럼 처음 시작할 때와 달리 갈 길을 잃은 채 복잡한 세상을 헤매고 있는 것은 아닌가 싶다. 또한 지금 우리도 성인聖人들의 본래 가르침을 잊은 채 그냥 하루하루 껍데기만 지키며 아등바등 살아가는 게 아닌가 싶어서 다소 서글프다는 생각이 들었다.

# 3장 세계 체제의 전주곡

# 칭기스 칸을 알현한 중국인 도사 장춘진인

조원

## 중국인 도사, 칭기스 칸의 부름을 받다

1219년 전진교全眞敎의 한 도사가 몽골 기병의 호송을 받으며 서행西行을 시작했다. 그의 목적지는 칭기스 칸Chinggis Qan이 머물고 있는 힌두쿠시(지금의 아프가니스탄 지역)였다. 당시 동아시아에서는 칭기스 칸이 이끄는 몽골군이 초원의 강자로 부상하여 금나라와 전쟁을 치르고 있었고, 그가 떠나온 북중국 지역은 두 나라의 전쟁으로 폐허가 되었다. 금나라 황제가 중도中都(지금의 북경)를 포기하고 개봉開封으로 천도하자, 하북 지역 주민들이 크게 동요했다. 각 지역에서 군벌 세력이 일어났고, 주인을 잃은 백성은 군벌과 지방 관리의 수탈에 시달렸다. 이때 금나라 백성에게 위로가 되어준 것은 종교였다. 특히 북중국의 산동, 하북, 산서 등지에서는 도교의 일파인 전진교가 크게 성장했다.

1206년 칭기스 칸은 몽골 초원의 여러 부족 세력을 통합하여 혈연과 지연을 초월한 혁신적인 유목국가 '예케 몽골 울루스Yeke Mongyol Ulus'를 세웠다. 몽골 초원을 평정한 칭기스 칸은 초원 너머에 있는 부유한 금나라에 눈을 돌렸고, 1211년 금나라와 전쟁을 시작했다. 금나라는 중도를 포위당하자 1214년 몽골과 화친을 맺고 금, 비단, 황실 여성을 바치기로 약속했다. 그러나 같은 해 금나라가 하남의 개봉으로 천도하여 화친이 결렬되자 양국 간에 전쟁이 재개되었고, 몽골 기마병의 집요한 공격으로 결국 황하 이북의 북중국 지역이 몽골에 함락되었다. 1219년 전세가 몽골군 쪽으로 기울자 칭기스 칸은 부장 무칼리Muqali에게 전권을 위임하고, 중앙아시아의 호레즘 정복을 위해 서방으로 떠났다. 앞서 언급한 전진교의 도사는 호레즘 전쟁을 앞두고 힌두쿠시 산맥의 파르완 행궁에 머물고 있던 칭기스 칸의 초청을 받은 것이었다.

이 인물은 전진교의 교주 구처기丘處機(1148~1227)였다. 그는 1148년 산동성 등주登州에서 태어났다. 어릴 적에 부모를 여의고 19세에 출가하여 곤륜산崑崙山에서 전진교의 창시자인 왕중양王重陽(1112~70)을 스승으로 모시고 수련을 받았다. 왕중양이 세상을 떠나자, 구처기는 반계磻溪(지금의 섬서성 보계현寶溪縣) 및 용문산龍門山(지금의 섬서성 용현隴縣) 지역에서 12년간 은둔생활을 하며 엄격한 수련 과정을 거친 뒤 마침내 전진교 용문파를 창시했다. 당시 전진교는 전란에 휩싸인 북중국 백성에게 심리적 위안을 주며 하층민에서부터 황실에 이르기까지 폭넓은 신도를 확보했고, 구처기는 전진교의 교세와 신통력을 바탕으로 큰 명성을 얻었다. 그는 1211년경 금나라

북경 백운관에 있는 구처기의 초상화.

황실과 남송 장수의 초청을 받기도 했으나 몽골과 금나라의 전쟁이 시작되어 화북 정세가 불안해지자 응하지 않았다. 결국 구처기는 1217년 전진교의 교주가 되었다. 이때는 몽골군이 금나라와의 전쟁에서 승기를 잡은 시점이다.

이즈음 칭기스 칸의 참모였던 한인 유중록劉仲祿과 거란인 야율초재耶律楚材가 칭기스 칸에게 장생술長生術을 지닌 신령한 인물이라며 구처기를 소개했다. 구처기의 나이가 300살이 넘는다는 유중록의 말은 칭기스 칸의 관심을 끌기에 충분했다. 칭기스 칸은 유중록에게 친서를 내려 산동 지역에 머물고 있던 구처기를 초대했다. 전쟁으로 수십 년의 세월을 보내며 삶과 죽음의 경계를 넘나들던 칭기스 칸은 아마 누구보다도 불로장생의 비밀을 알고 싶었을 것이다.


## 산동에서 머설산까지의 머나먼 여정

칭기스 칸의 명을 받은 유중록은 몽골 기병 스무 명을 대동하고 6개월 만에 산동성 내주萊州 호천관昊天觀에 도착해 구처기를 만났다. 칭기스 칸의 뜻을 전해 받은 구처기는 잠시 망설였지만, 험준한 지역들을 거쳐 북중국의 격전지를 뚫고 찾아온 유중록의 간곡한 설득에 이지상李志常 등 제자 열여덟 명

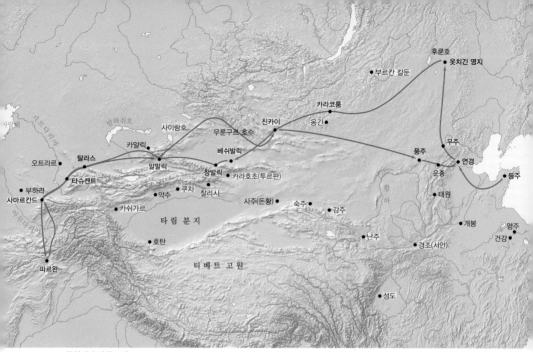

구처기의 서행 노선.

을 대동하고 1만여 리에 달하는 여정을 떠났다. 북중국이 여전히 전화 속에
있었기 때문에 이들 일행은 우회로를 택했다. 구체적으로 말하자면, 산동을
출발하여 연경燕京(지금의 북경 일대)을 지나 북쪽으로 오늘날의 내몽골 지역
을 거쳐 몽골 초원으로 북상한 후 다시 서쪽으로 이동하는 경로였다.

　　구처기 일행은 여정 중에 다양한 풍경을 보았을 뿐 아니라 다채로
운 경험을 했다. 북중국 지역에서 구처기가 현지 관민의 환영을 받고 그들
의 요청에 따라 도술을 부려 비가 오게 하거나 멎게 했다는 이야기, 유중록
이 칭기스 칸에게 바칠 여자들을 잡아 데려가려 하자 구처기가 이를 말렸다
는 이야기, 여정 중에 도적떼를 만났던 일 등 다양한 에피소드가 전한다. 몽
골 초원의 케룰렌강에 이르러서는 서쪽으로 방향을 돌려 카라코룸 부근에

전진교의 총본산인 북경 백운관에 있는 칭기스 칸과 구처기 만남을 새긴 부조.

도착했는데, 구처기의 눈앞에는 거여車輿와 궁장이 장엄하게 펼쳐져 있었
다. 구처기는 몽골인들에게 봉사하는 한인 수공업자들의 환영을 받기도 했
다. 구처기 일행은 몽골 초원, 알타이 산맥, 준가르 분지를 거쳐 사이람塞藍
에 이르렀다. 여기서부터 다시 남하하여 중앙아시아를 거쳐 목적지인 힌두
쿠시 산맥의 파르완에 이르렀다. 목적지에 도달하는 데까지 2년여의 시간
이 걸렸다. 1221년 일행은 마침내 파르완 행궁에서 칭기스 칸을 알현했다.
인도에서 전쟁을 치르고 막 돌아온 칭기스 칸은 구처기를 크게 반겼다.

## 칭기스 칸과 구처기의 만남

칭기스 칸은 구처기를 만나자마자 자신에게 바칠 불로장생약을 가져왔는 지 물었다. 그러자 구처기는 "양생養生의 도는 있지만, 불로장생의 약은 없 다"고 대답했다. 칭기스 칸은 실망했지만, 진실한 대답에 구처기를 더욱 신 뢰하게 되어 그를 '텡그리 뭉케 훈', 즉 신선神仙으로 모셨다. 구처기는 행궁 에 머무는 동안 칭기스 칸의 극진한 대접을 받았다. 그는 칭기스 칸과 함께 있는 동안 양생의 도, 즉 '건강하게 사는 도'나 '효' 등에 관해 설파했다. 때 로는 칭기스 칸의 자손들까지 궁장에 모여 구처기의 가르침을 들었다. 칭기 스 칸이 전장에 나가 있는 동안 구처기는 부근의 중앙아시아 지역을 답사하 며 시간을 보내기도 했는데, 고대부터 번영해온 이슬람의 상업 도시 사마르 칸드에 다녀오기도 했다.

　　때가 되어 구처기가 고향으로 돌아가려 하자 칭기스 칸은 각 지역의 도사들에게 면세특권을 부여하는 성지聖旨를 하사했다. 그리하여 두 사람의 만남 이후 몽골 통치하의 도인들은 특권적인 지위를 보장받게 되었다. 샤머 니즘을 숭상하는 몽골의 유목적 전통에서 샤먼은 하늘과 닿아 있는 신령한 존재로서 존경받았고, 통치자들은 샤먼에 의지하여 중요한 의사결정을 내 리는 것이 관례였다. 이러한 풍속은 몽골제국 시기에도 종교인을 우대하는 정책으로 이어져 샤먼, 승려, 도인, 기독교의 수사를 막론하고 면세특권을 부여했다. 공교롭게도 힌두쿠시에서 장생의 도를 논한 지 5년 만인 1227년 두 사람 모두 세상을 떠났다. 비록 칭기스 칸이 불로장생의 약을 얻어 생명 을 연장하지는 못했지만, 구처기와의 짧은 만남은 적어도 전장에서 지친 노 년의 칭기스 칸에게 정신적 위안이 되었을 것이다.

# 『장춘진인서유기』로 세상에 알려진 구처기 이야기

청나라의 학자 전대흔錢大昕과 단옥재段玉裁는 소주蘇州 지역을 유람하던 중 도관 현묘관玄妙觀을 방문했다가 우연히 『도장道藏』이라는 책에 수록된 『장춘진인서유기長春眞人西遊記』를 접했다. 칭기스 칸의 세계정복전쟁 초기 구처기가 칭기스 칸을 만나러 간 여정과 그 길에서 접한 중국 서부와 중앙아시아의 풍경을 상세히 기록한 이 저작은 원대와 명대를 거치며 소실된 것으로 알려졌는데, 무려 500여 년 만에 발견된 것이다. 당시 이 책은 청나라의 서역에 대한 관심과 맞물려 세간의 주목을 받았다.

　　『장춘진인서유기』는 구처기를 따라간 제자 이지상이 편찬한 것으로 전한다. 그는 여정 중에 목도한 자연환경, 지리, 풍속, 복식, 음식 등을 상세히 기록하여 중국 서부와 중앙아시아의 지리 환경에 관한 귀중한 자료를 남겼다. 당시 중앙아시아는 청나라와 서구 열강에게 미지의 땅이자 정복지로서 중요한 가치를 지녔기 때문에 몽골제국 시기 중국에서 사마르칸드에 이르는 구처기의 흥미로운 여정은 세계 학자들 사이에서 화제가 될 수밖에 없었다. 청나라 시대 중국 서북 지역의 지리와 역사를 연구한 서송徐松은 구처기가 지나간 길을 따라가며 서북 지역을 답사했다. 한편 당시 천주교의 북경 총주교였던 러시아인 팔라디이 카파로프Palladii Kafarov는 『장춘진인서유기』를 러시아어로 번역했고, 마르코 폴로Marco Polo(1254~1324)의 일대기를 저술한 포티에Guillaume Pauthie는 프랑스어로 번역했다. 중국학 연구자 브레츠슈나이더E. Bretschneider는 영문 번역본을 자신의 논문집에 수록하기도 했다. 이들을 통해 칭기스 칸과 중국인 도사의 만남이라는 흥미진진한 이야기가 서구에도 전해졌다. 칭기스 칸을 위한 불로장생약을 구한다는 명목으로 시작된 구처기의 여정은 지극히 개인적인 경험이었지만 18~19세기에 세상에 알려지면서 제국주의 세력이 실크로드에 대한 상상을 펼치는 원천이 되었고, 중요한 지리적 정보를 제공하기도 했다.

　　몇 해 전 칭기스 칸과 구처기의 만남을 그린 〈징기스칸: 지살령〉이라는 영화가 한중일 합작으로 제작, 상영되었다. 이 영화의 제목을 보면 칭기스 칸의 이야기를 그린 듯하지만, 실제로는 구처기의 역할에 큰 비중을 두고 있다. 영화 속에서 수많은 전쟁을 치른 칭기스 칸은 생과 사의 경계에서 끊임없이 번뇌에 시달린다. 머나먼 여정에서 전쟁의 참상을 목도한 구처기는 칭기스 칸을 만나 살생을 금할 때 평화를 얻을 수 있다는 '지살령止殺令'의 메시지를 던진다. 이 영화에는 중국인 도사가 유목군주를 교화시켜 유라시아에 평화를 가져왔다는 중화주의적 메시지가 녹아 있다. 그러나 아이러니하게도 중국 정부의 일대일로 프로젝트는 평화의 메시지를 담은 구처기의 행보보다는 몽골의 팽창주의와 세계제국 건설의 욕망에 더 가까워 보인다.

# 몽골제국의 수도를 찾은 수도사
## 카르피니와 루브룩

김장구

## 유라시아를 횡단한 최초의 유럽인들

쿠빌라이 카안의 통치 시기에 몽골을 왕래하고 『동방견문록』을 쓴 마르코 폴로를 모르는 사람은 많지 않을 것이다. 그렇지만 플라노 카르피니Plano Carpini(1182~1252)와 윌리엄 루브룩William of Rubruck(1220~93)을 아는 이는 극히 적을 것이다. 이들은 마르코 폴로보다 20~30년 앞서 각각 구육Güyüg(1206~48)과 뭉케Möngke(1209~59) 카안의 통치 시기에 몽골제국의 수도 카라코룸을 방문한 프란체스코파 수도사로 각각 『몽골의 역사Ystoria Mongalorum』와 『몽골 기행Itinerarium』이라는 귀중한 기록을 남겨 13세기 전반 새롭게 흥기하는 몽골제국의 모습을 생생하게 전해주었다.

## 최초의 세계제국 '예케 몽골 울루스'의 탄생

우선 카르피니가 몽골로 사행을 떠나게 된 배경을 살펴보자. 몽골 초원은 9세기 초반 위구르 유목제국이 멸망한 후 다시 분열과 혼란을 거듭했다. 이어서 1125년 거란을 멸망시킨 여진은 초원 유목민의 통일을 견제하기 위해 타타르Tatar, 韃靼부를 앞잡이로 이용했다. 이 과정에서 훗날 칭기스 칸이 되는 테무진의 아버지이자 몽골부의 수장인 이수게이Yisügei가 타타르부에 의해 독살당한다. 이런 혼란한 상황을『몽골비사蒙古秘史』에서는 "별이 있는 하늘은 돌고 있었다. 여러 나라가 싸우고 있었다. 제자리에 들지 아니하고 서로 빼앗고 있었다. 흙이 있는 대지는 뒤집히고 있었다"라고 묘사했다. 수장을 잃은 몽골부의 구성원들은 열 살 남짓한 어린 테무진을 버리고 떠나가기 시작했다. 이후 테무진은 기나긴 고통과 시련을 견디고 1206년 몽골 초원의 모든 유목민에 의해 '칭기스 칸'으로 추대되었다. 그리고 나라 이름을 '예케 몽골 울루스'라고 정했다.

칭기스 칸이 1227년 탕구트(서하) 원정 도중에 사망하자, 1229년 쿠

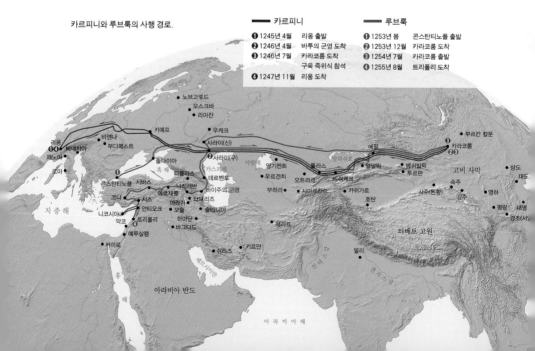

카르피니와 루브룩의 사행 경로.

| ━━━ 카르피니 | | | ━━━ 루브룩 | | |
|---|---|---|---|---|---|
| ❶ 1245년 4월 | 리옹 출발 | | ❶ 1253년 봄 | 콘스탄티노플 출발 |
| ❷ 1246년 4월 | 바투의 군영 도착 | | ❷ 1253년 12월 | 카라코룸 도착 |
| ❸ 1246년 7월 | 카라코룸 도착 | | ❸ 1254년 7월 | 카라코룸 출발 |
| | 구육 즉위식 참석 | | ❹ 1255년 8월 | 트리폴리 도착 |
| ❹ 1247년 11월 | 리옹 도착 | | | |

元太祖皇帝
即青吉思汗諱特穆津在位二十二年父曰伊蘇
克伊是為烈祖皇帝起宋寧宗開禧二年丙寅金
章宗泰和六年終宋理宗寶慶二年丁亥金衰宗
正大四年

칭기스 칸의 초상화(대만 국립고궁박물원 소장).

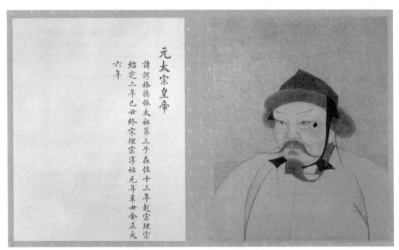

元太宗皇帝
諱訶格德依太祖第三子在位十三年起宋理宗
紹定二年己丑終宋理宗淳祐元年辛丑金正大
六年

우구데이 카안의 초상화(대만 국립고궁박물원 소장).

릴타이Quriltai를 거쳐 셋째 아들 우구데이Ögödei(1185~1241)가 대칸으로 선출되었다. 우구데이는 곧바로 여진과 고려를 정복하기 위해 원정군을 파견했고, 수도 카라코룸에 성과 궁전을 짓는 한편 제국 전역을 거미줄처럼 연결하는 역참驛站, jam을 재정비하여 세계 각지와 소통할 수 있게 했다. 카르피니, 루브룩, 마르코 폴로 등의 중세 유럽인들은 바로 이 역참망을 이용해 카라코룸으로 갈 수 있었다.

## 우구데이 카안 시기 몽골의 서방 원정과 유럽의 반응

몽골제국의 대칸으로 등극한 우구데이는 부친 칭기스의 유업을 이어받아 큰형 주치Juchi(1182~1227)의 실질적인 장자長子인 바투Batu(1207~55)를 총사령관으로 하여 '2차 서방 원정군(또는 장자 원정군)'을 파견했다. 이들은 1236년 출정하여 불가르를 진압하고 리아잔, 모스크바 등을 공격한 뒤 킵차크 초원과 남러시아를 거쳐 키예프와 바르샤바를 함락했다. 1241년 봄에는 레그니차에서 게르만과 폴란드 기사연합단을 패퇴시키고 헝가리의 모히 전투에서는 헝가리 국왕 벨라Bela를 패주시켰다.

그러나 1241년 말 우구데이가 사망하자, 그 소식을 들은 바투의 서방원정군은 일단 진격을 멈추었다. 칭기스 가문의 왕공들은 모두 새로운 대칸을 선출하기 위한 쿠릴타이에 참석해야 했기 때문이다. 이로 인해 서유럽은 일시적으로 타르타르Tartar(몽골)의 위협에서 벗어났다고 생각했으나 '알 수 없는 적에 대한 공포'는 점점 더 커져갔다.

## 몽골과 유럽

한편 당시 이슬람과 싸우고 있던 유럽에서는 이슬람 세계 너머 저 멀리 동쪽에 네스토리우스파 기독교 국가가 있으며, 그 나라를 '프레스터 존Prester John'이라는 왕이 통치하고 있다는 전설이 널리 퍼져 있었다. 당나라 말기 중국에서 박해를 받고 쫓겨난 일부 이교도들이 북방 초원으로 숨어들면서 유목민들, 특히 웅구트Önggüt 부족 중에 새롭게 기독교도가 된 사람들이 생겼는데 아마도 이들에 대한 이야기였을 것이다. 다른 한편 러시아의 『노브고로드 연대기』에는 "우리의 죄악 때문에 정체를 알 수 없는 부족이 찾아왔다. ⋯⋯ 단지 그들은 자신들을 타르타르라고 부른다"라는 기록이 나온다. 이렇게 당시 유럽인들에게 동방의 이미지는 희망적인 '프레스터 존 전설'과 절망적인 '타르타르의 공포'라는 정반대의 모습으로 다가왔다.

'지옥Tartarus에서 보낸 타르타르의 공포'에 휩싸인 서유럽은 교황을 중심으로 대책을 강구했다. 교황 인노켄티우스 4세Innocentius IV는 1245년 6월 리옹 공회의를 개최했다. 그 결과 동유럽과 러시아 방면의 동방전도를 맡고 있던 프란체스코파 수도회에게 임무를 맡기기로 결정했다. 초창기부터 프란체스코파 수도회의 주요 인물이었던 카르피니는 이미 리옹 공회의가 개최되기 2개월 전에 몽골로 출발한 상태였고, 교황은 회의에서 이에 대한 추인을 요구한 것이었다. 카르피니가 전달한 교황의 편지에는 몽골군과 대칸에게 '기독교도에 대한 공격과 살육을 멈추고, 기독교로 개종할 것'을 요구하는 내용이 담겨 있었다. 그러나 카르피니가 귀환 길에 가져온 구육 카안의 답신에는 "해가 뜨는 곳에서 해가 지는 곳까지 하늘이 우리(몽골)에게 주었다. 교황은 되도록 빨리 내게 와서 신속을 표하라!"는 내

중세 유럽의 책에 그려진 타르타르의 이미지.

용이 들어 있었다. 이 편지가 20세기 초에 이르러서야 우연히 공개된 것은 이런 내용이 기독교 세계에 알려질 것을 두려워한 교황이 고의적으로 숨겼기 때문일 가능성이 크다.

## 카르피니의 기록

카르피니는 칭기스 칸이 이끄는 몽골 군대가 흉노 이래 유목국가의 전통인 십진법에 기초한 '천호千戶'(천호장千戶長은 약 1000명의 군사를 지휘하는 제도인데, 군사 1000명 개개인을 모두 통솔하는 것이 아니라 천호장은 열 명의 백호장百戶長만 통솔하면 되고, 백호장은 열 명의 십호장十戶長만 통솔하면 되는 원리)로 조직되었으며, 각각의 장長은 칸이 지정해준 장소를 벗어날 수 없고 칸이 무엇을 요구하든 일언반구도 없이 복종하는데, 특히 전쟁에서 도망친 군사들이나 포로로 잡힌 동료를 구출하지 않은 부대원들은 모두 죽임을 당한다며 칭기스 칸의 위엄과 몽골 군대의 엄격한 규율에 놀라움을 표시했다. 그는 이런 강력한 몽골군이 그때까지 정복한 나라와 아직까지 저항하고 있는 나라를 일일이 열거하였다. 이들 나라와 지역의 이름만 보아도 몽골제국의 정복지가 얼마나 넓은지 알 수 있다.

> 그들이 정복한 나라와 민족은 다음과 같다. 키타이Kytai, 나이만Naimani, 솔랑기Solangi, 카라키타이Karakytai, 즉 검은 거란nigri Kytai, 코마니아 Comania, 투마트Tumat, …… 바그다드Baldac, 사르티Sarti 등이다. …… 지금부터 말하려는 나라들은 용감하게 타르타르에 저항했고, 지금까지 그들에게 복속하지 않았다. 대 인디아India Magna, 망기아Mangia, 알란 Alanorum의 일부, 키타이Kytaorum의 일부와 사히Saxi 등이다.

카르피니는 "몽골은 이전에는 공식 문자가 없었기 때문에 위구르인의 문자를 차용했는데, 지금 그것을 몽골 알파벳Mongol alphabet, litteram

Mongalorum이라 부른다"라는 기록도 남겼다. 물론 몽골이 위구르 문자를 차용한 것은 맞지만, 위구르인에게서가 아니라 나이만 부족을 정복한 후 포로로 사로잡은 타타통가Tatatongya, 塔塔統阿를 통해서였다. 타타통가인들은 주로 문서 행정을 담당했다. 칭기스 칸은 그들을 불러 자기 자식들에게 글을 가르치게 하여 몽골제국 문서 행정의 기초를 마련했다. 아울러 카르피니가 '몽골 알파벳', 즉 '몽골 문자'라고 한 것은 '몽골 비칙 Mongyol bičig'을 표현한 것으로 보이는데 아주 정확한 기록이다. 이 기록을 통해 당시 몽골인들이 이미 그들의 문자를 '위구르 문자'가 아니라 '몽골 문자'라고 불렀다는 중요한 사실을 읽어낼 수 있다. 카르피니보다 몇 년 늦게 몽골을 방문한 루브룩도 "그들은 꼭대기에서 쓰기 시작하여 선을

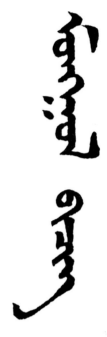

위구르식 몽골 문자.

아래쪽으로 내려 적고 같은 방식으로 읽는데, 그다음 행들은 왼쪽에서 오른쪽으로 각각 이어진다"라며 문자를 쓰는 방식에 대해서까지 정확히 묘사했다.

## 구육 카안을 알현하다

1241년 말 우구데이 카안이 사망한 뒤 새로운 카안을 선출하기까지는 오

랜 시간이 걸렸다. 주치 가문과 톨루이Tolui 가문의 구성원들, 특히 바투와 뭉케 등이 우구데이의 아들 구육의 즉위를 탐탁찮게 여겼기 때문이다. 그러나 아들을 대칸으로 만들기 위한 투레게네 카툰Töregene qatun(우구데이 카안의 황후)의 집요한 노력과 설득 끝에 구육은 1246년 마침내 대칸의 자리에 올랐다. 카르피니 일행은 마침 구육을 추대하기 위한 쿠릴타이가 열릴 무렵 카라코룸 근처에 도착했으며, 구육의 대칸 즉위식도 멀리서나마 지켜볼 수 있었다.

　　1246년 7월에 카르피니 일행이 도착하자 구육은 몽골의 관습대로 천막과 식량을 제공했으며 수즈달, 키타이, 솔랑기, 조지아, 바그다드 등지에서 온 사신들보다 카르피니 일행에게 특별히 더 잘 대해주었다고 한다. 그렇지만 이런 생각은 다른 나라에서 온 사신들도 마찬가지였다. 몽골인들은 상대방을 모두 동등하게 대했는데, 대접을 받는 쪽에서는 자신들이 다른 누구보다 더 좋은 대접을 받는다고 느꼈다. 구육은 카르피니 일행을 어머니 투레게네에게 보냈다. 그곳에는 2000명 넘게 들어갈 수 있는 대형 막사가 세워져 있었다.

　　처음으로 몽골 궁정에 도착한 사절은 일단 수백 미터 떨어진 곳에서 말에서 내린 다음, 수석 서기가 호명을 해야 궁정을 향해 나아갈 수 있었다. 카르피니가 몽골을 방문했을 당시의 수석 서기는 친카이Činqai였고, 루브룩이 방문했을 때는 불가이Bulγai였다. 카르피니 일행은 그들에게 문지방을 밟지 말라는 등의 금기 사항을 듣고 칼이나 무기를 숨기지 않았는지 철저한 몸수색을 받은 뒤 동쪽 문으로 들어갔다. 대칸을 선출하는 장소에 대해 카르피니는 '시라 오르두Šira ordu(황금색 궁정)'라고 정확하게 적었으며, 그곳

구육 카안의 궁정(카르피니의 『몽골의 역사』를 1911년 말레이나A.I. Maleina가 러시아어로 옮긴 번역본 삽화).

에서 벌어진 대칸의 즉위 광경에 대해 "첫째 날 그들은 하얀 벨벳 옷을 입었고, 구육이 오는 날인 둘째 날에는 모두 빨간색 옷을 입었다. 셋째 날에는 파란 벨벳으로 된 옷을, 넷째 날에는 화려하고 아름다운 옷을 입었다"라고 자세한 기록을 남겼다.

　　카르피니 일행은 몇 차례나 '황금색 궁정' 주위에 있는 천막을 옮겨 다니며 유럽에서 온 사람들에게서 몽골에 대한 다양한 정보를 수집했다. 그러다가 11월에 궁정으로 호출되었는데, 이번에는 교황이 보낸 서신에 대한 대칸의 답신을 작성하기 위해서였다. 구육 카안은 카르피니 일행에게 사람을 보내 교황 옆에 타타르(몽골)인의 글을 이해할 수 있는 사람이 있는지 물

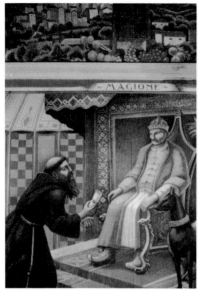

구육을 알현하는 카르피니.

교황의 서신.

었다. 이에 카르피니는 없다고 답하고는 그들이 타타르어로 쓴 다음 사라센어(페르시아어)로 번역해서 주면, 우리는 그 번역된 글을 다시 우리의 문자(라틴어)로 옮겨 편지 원문과 번역본을 모두 교황께 드리겠다고 말했다. 11월 11일 카르피니 일행은 다시 소환되었고 카닥, 친카이, 발라 등의 서기들이 편지를 한 단어 한 단어씩 페르시아어로 번역해주었다. 카르피니 일행이 그것을 라틴어로 옮겨 쓰자, 그들은 그것을 다시 타타르어로 번역하게 했다. 혹시라도 실수가 있지는 않은지 확인하고 싶었기 때문이다. 그런 다음 몽골인들은 이 편지를 다시 한 번 페르시아어로 옮겨 썼다.

이렇게 구육 카안의 답신을 번역하고 적는 과정을 카르피니는 마치

눈앞에 벌어지는 상황처럼 자세하게 묘사했다. 이때 몽골어 원본과 함께 페르시아어 번역본이 만들어졌고, 카르피니는 이것을 라틴어로 번역해서 적었다. 이전까지는 라틴어본만 알려져 있었는데, 1920년 바티칸공문서보관소에서 페르시아어본이 우연히 발견되었다. 이 페르시아어본에도 구육 카안의 인장이 찍혀 있었다. 그렇다면 아직까지 발견되지 않은 몽골어본과 함께 페르시아어본도 구육 카안의 국서 원본이라고 할 수 있다. 이어서 카르피니는 구육 카안을 직접 만나본 인상을 다음과 같이 서술했다.

> 지금 황제는 마흔에서 마흔다섯 정도 또는 그 이상으로 보인다. 그는 중간 정도의 키에 매우 지적이고 상당한 통찰력을 지니고 있으며 그의 태도는 심각하고 진지하다. 그는 가벼운 이유로도 웃는 것을 결코 본 적이 없고, 어떤 경박함에 빠지는 것도 본 적이 없다. 우리는 이런 말을 그와 같이 지내는 기독교인들에게서 들었다. 그의 집안에 있는 기독교도들은 그(구육)가 기독교도가 되려고 했던 것에 대해 확고하게 믿으며 또한 명백한 증거를 가지고 있다고 말했다. 왜냐하면 그는 기독교 성직자들을 보호하고 기독교의 물품을 제공하기 때문이다. 게다가 그는 항상 텐트 앞에서 예배를 드린다.

마치 구육이 기독교도라는 듯한 서술이다. 물론 구육이 기독교에 우호적이었던 것은 사실이지만, 그렇다고 해서 기독교를 특별 대우한 것은 결코 아니었다. 이는 일종의 등거리 종교 정책으로, 각자 자신이 속한 종교가 특혜를 받고 있다고 믿고 싶은 인간의 나약한 심리를 보여준다.

## 수도 카라코룸과 이방인들

카르피니는 몽골제국의 수도 카라코룸에 대해 "이 땅은 백분의 일도 비옥하지 않고, 흐르는 물로 관개를 하지 않는다면 과일이 열리지도 않으며, 실개천은 몇 개 있지만 강은 아주 드물다. 그래서 그곳에는 '카라 카롬'이라고 불리는 꽤 큰 곳 하나를 제외하고는 마을이나 도시가 없다. 우리는 그 도시를 보지는 못했지만, 우리가 황제의 가장 큰 숙영지인 시라 오르다Syra-Orda에 있을 때 그곳은 반나절 정도면 갈 수 있을 만큼 가까웠다"라고 자세히 묘사했다. '카라 카롬Cara-carom'은 카라코룸Qara-qorum을 말하며, 중국 측 한문 기록에서는 '코룸qorum'의 음을 따라 '화림和林'으로 적었다. 그리고 여기서의 '시라 오르다'는 시라 오르두로 구육 카안의 즉위식이 열린 곳이다.

몽골제국의 대칸 구육이 보낸 답신을 받아본 교황은 엄청난 충격을 받았을 것이다. 그래서 아마도 그 답신을 교황청 '비밀문서고'에 숨긴 듯하다. 한편 카르피니 일행이 귀환했을 무렵 프랑스의 루이 9세는 성지 탈환을 위해 십자군을 이끌고 파리에서 출발하려던 차였다. 카르피니가 루이 9세의 궁정을 방문했을 때 루브룩도 그 자리에 있었으며 분명히 카르피니와 만났을 것이다. 이후 루이 9세는 십자군을 이끌고 이집트를 공격해서 승리를 거두지만 너무나 큰 피해를 입었기 때문에 일시적으로 퇴각하지 않을 수 없었다. 그는 퇴각하는 도중에 무슬림 군의 습격을 받아 포로가 되었고, 거금의 몸값을 주고서야 풀려날 수 있었다.

루이 9세는 십자군 전쟁을 승리로 이끌기 위해서는 몽골의 협력이 필요하다고 판단했다. 그래서 1249년 1월에 프란체스코파 수도사 앙드레

몽골-독일의 카라코룸 공동 발굴 사진.

롱쥐모Andrew of Longjumeau가 이끄는 사절단을 차가다이 칸국의 엘지기데이Eljigidey에게 파견하였다. 롱쥐모 일행은 몽골에 도착해서 구육 카안의 미망인 오굴 카이미시Oghul Qaimish와 만났는데, 그녀는 롱쥐모 일행이 가져간 루이 9세의 선물을 정치적 복속의 표시로 이해하고 그들에게 향후 조공을 바칠 것을 요구했다고 한다. 이에 루이 9세는 몽골로 사신을 보낸 것을 후회했다. 따라서 나중에 뭉케 카안 재위 시 몽골을 방문한 루브룩 일행은 극구 자신들을 '공식 사절'이 아니라 '개인 자격'으로 선교를 하기 위해서 온 것이라 여러 차례 강조했다.

　　루브룩 일행은 1253년 초 바투의 진영으로 가기 위해 콘스탄티노플로 향했다. 8월 초에야 마침내 바투의 군영에 도착했고, 바투는 그들을 대 칸에게 보내기로 결정했다. 루브룩 일행은 고난 속에서 길을 재촉하여 12 월 27일 카라코룸에 도착했다. 1254년 1월 4일 뭉케 카안을 처음으로 알 현한 그들은 카안을 따라 함께 이동하다가 4월 5일에야 카라코룸으로 들어 갔다.

카라코룸을 살펴본 후에 루브룩은 도시의 전체 규모에 대해 얕보는 투로 프랑스의 생-드니보다 못하다고 기록했다. 그리고 도시는 크게 두 구 역으로 나뉘어 있는데, 하나는 시장이 있는 사라센 상인들의 구역이고 다른 하나는 키타이(중국) 장인들을 위한 구역이며, 궁전은 따로 있다고 했다. 이 를 통해 카라코룸에 거주하는 키타이인은 대부분 포로로 잡혀온 장인이며, 사라센인은 대개 상인이었다는 사실을 확인할 수 있다. 또한 그는 도시가 진흙으로 만든 성벽으로 가로막혀 있으며, 네 개의 문이 있다고 적었다. 동 쪽 문 밖에서는 수수와 여러 다른 종류의 곡식을 팔고, 서쪽 문 밖에는 양과 염소, 남쪽 문 밖에는 소와 마차, 북쪽 문 밖에는 말을 파는 장이 선다고 썼 다. 카라코룸의 종교 시설에 대해서는 "다른 사람들이 속해 있는 열두 개의 우상숭배 사찰(불교사원)이 있고, 마호메트의 종교를 선언하는 두 개의 모스 크가 있으며, 마을의 끝에 크리스트교 교회가 하나 있다"고 서술했다.

루브룩은 뭉케 카안을 위해 아이락(마유주), 포도주, 검은 쿠미스(정제 된 마유주), 보알(봉밀주蜂蜜酒), 테라키나(쌀술) 등 다섯 가지 음료가 나오는 '은 제銀製 나무mönggün modu'를 제작한 파리 출신 장인 기욤 부시에Guillaume Buchier를 만났는데, 그의 양아들 바실이 몽골어를 아는 훌륭한 통역자라는 사실도 알게 되었다. 바실은 뭉케 카안이 궁정에서 각 종교 간의 우위 논쟁

뭉케 카안의 궁정에 있던 은제 나무 분수로 프랑스의 은 세공인 기욤 부시에가 만들었다(몽골 화가 푸렙 수흐G. Pürevsükh 의 그림).

을 공개적으로 하게 했을 때 루브룩의 조력자 역할을 했다.

　　그러나 몽골의 혹독한 겨울을 보낸 루브룩은 더 이상 머무를 수 없다는 판단에 7월 10일경 카라코룸을 떠나 귀로에 올랐다. 그는 빠른 속도로 이동하여 9월 15일에 볼가 강변에 있던 바투의 군영에 도착했고, 국왕 루이 9세를 만나기 위해 1255년 초에는 서아시아에 도착했다. 그러나 루이 국왕은 이미 1년 전에 프랑스로 돌아간 뒤였다. 팔레스타인 교구장은 루브룩을 현지의 독경사로 임명하고는 보고서를 작성하여 국왕 루이에게 전달하라고 했다. 이에 몽골 방문에 관해 자세히 기록한 것이 바로 『몽골 기행』이다.

## 카르피니와 루브룩, '솔랑기인'을 묘사하다

칭기스 칸은 1206년 몽골 초원을 통일한 다음, 이어서 주위 세력을 정복하기 위한 대외원정을 실시했다. 이에 따라 다른 언어를 사용하는 부족과 집단이 차례대로 몽골제국의 통치를 받게 되었다. 통일 이전에는 주로 위구르 등 투르크 계통과 거란 출신의 인재들이 있었다면, 이후에는 점차 무슬림과 탕구트, 여진인과 북중국의 한인들까지도 참여하게 된다. 칭기스 칸이 몽골 초원을 통일한 직후의 이런 상황에 대해 『몽골비사』에서는 "그 뒤에 아홉 가지 언어의 사람들yisün keleten irgen이 텝 텡게리에게로 모여"라고 기록했다. 여기서 '아홉 가지yisün'라는 말은 단순히 '9'라는 숫자를 적은 것이 아니라 몽골어에서 헤아릴 수 없이 아주 많은 수나 종류를 말할 때 쓰는 관용적인 표현이다. 따라서 그만큼 다양한 지역의 사람들이 몽골 초원에 모여들었다는 의미이다.

그중에서 카르피니의 관심을 끈 사람들이 있었는데 바로 '솔랑기', 즉 고려에서 온 사람들이었다. 카르피니의 책에는 솔랑기가 여섯 차례 등장한다.

① 그들이 정복한 나라와 민족은 키타이, 나이만, 솔랑기……
② 우리는 칸의 궁정에서 …… 솔랑기의 수장을 보았는데……
③ 이 나라의 동쪽에는 키타이 사람들의 나라와 또한 솔랑기라는 나라가 있고……
④ 나중에 …… 몇 명의 키타이와 솔랑기의 수장들이……
⑤ 서기인 친카이는 …… 솔랑기와 다른 나라 수장의 이름을 적고……

⑥ 오히려 우리가 이미 살펴본 솔랑기의 지배자의 경우처럼 그들이 직접 나서서 완전하게 통치권을 장악했다.

루브룩도 고려를 솔랑가Solanga와 카울레Caule라고 언급했다. 특히 그는 고려 사절에 대해서 아주 정확하고 자세한 묘사를 했다.

…… 그들(Solanga)은 작았고, 스페인 사람들처럼 피부가 거무스름했으며, 기독교 부제들이 입는 겉옷처럼 생겼으나 조금 좁은 소매가 있는 튜닉을 입었다. …… 그리고 매우 장식적인 머리 모양이 만들어진다. …… 카타이아Cataia 너머에 한 나라가 있는데(Caule, 고려), 몇 살이든 간에 그 나라에 들어가면 그때의 나이를 유지한다는 것이었다. …… 장인 윌리엄은 그가 어떻게 섬에 살고 있는 카울레와 만세Manse로 알려진 사람들의 사절단을 보았는지 나에게 설명했다.

17세기 이후의 '몽골문 연대기'에서도, 그리고 오늘날의 몽골인들도 한반도에 사는 사람들과 국가를 '솔롱고스Solonγos'라고 부른다.

## 카르피니는 교황이 보낸 간첩?

카르피니는 새롭게 대칸이 된 구육이 기독교에 호의를 보이기는 해도 몽골인들이 기독교로 개종할 가능성은 없다고 보았다. 그는 교황에게 보내는 구육 카안의 답신을 받았을 때 많이 당황했을 것이다. 교황은 몽골을 대등한 관계로 생각하고 외교 사절을 파견한 것인데, 몽골의 태도는 그렇지 않았기 때문이다.

위대한 칸 구육이 교황에게 보내는 편지.
영원한 하늘의 힘에 의해, 모든 백성의 바다와 같은 칸의 명령이다. …… 신의 힘으로, 해가 뜨는 곳에부터 해가 지는 곳까지 모든 땅은 우리에게 주어졌다. 우리가 그 땅을 장악했다. …… 만약 신의 명령을 따르지 않고 우리의 명령을 거역한다면, 우리는 당신을 적으로 간주할 것이다. 이렇게 우리는 당신에게 알린다. 만약 이에 반하는 행위를 한다면, 우리가 어찌할 것인가는 오직 신만이 아실 것이다.

몽골의 '세계정복선언'이라고 일컬어지는 이 답신을 읽은 카르피니와 교황은 분명히 몽골이 다시 유럽을 공격해 오리라 생각했을 것이다. 그래서 카르피니는 몽골인들의 전쟁 방식과 군율, 무기 상황뿐 아니라 그들을 막을 수 있는 대책에 대해서도 『몽골의 역사』에 자세하게 서술했다.
태어나서 처음으로, 그것도 사전 정보조차 불충분한 상황에서 몽골에 다녀온 카르피니는 4개월이라는 짧은 체류 기간 동안 예리한 눈으로 관

교황의 서신에 대한 구육의 답신.

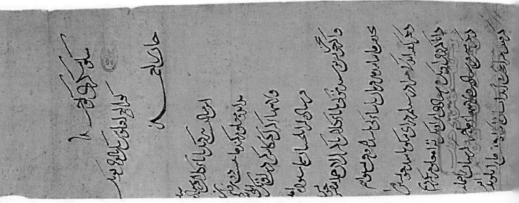

찰하여 다양한 정보를 수집했다. 『몽골의 역사』를 보면 몽골어와 몽골의 역사에 대한 이해가 부족한 부분도 있긴 하지만, 전반적으로 객관적인 기록이라고 말할 수 있다. 물론 황당무계한 이야기도 적지 않다. 자신들(유럽인)을 정복한 타르타르가 '인간'이 아니라 '지옥에서 보낸 악마'라는 이미지를 만들려고 애를 썼기 때문이다. 루브룩이 좀 더 객관적인 여행 기록인 『몽골 기행』을 남겼지

구육 카안의 서신에 찍힌 인장.

만, 유럽에서 더 많은 사람이 읽은 베스트셀러는 카르피니의 책이었다. 이후 유럽은 지속적으로 아시아에 관심을 기울였고, 더 넓은 세상으로 나아가게 되었다. 쿠빌라이 카안이 몽골제국의 중심을 칸 발릭Qan Baliq, 大都으로 옮기자 몽골 초원으로 향하던 발길도 끊어지고, 그곳에 넘쳐나던 이방인 및 이문화의 흔적과 기억도 급속하게 희미해졌다. 그들은 이제 몽골제국의 새로운 중심 칸 발릭을 향해 움직이기 시작한 것이다. 그 대표적인 인물이 바로 마르코 폴로였다.

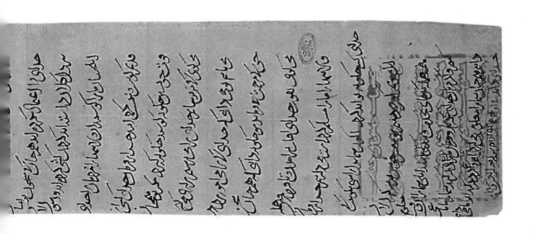

# 마르코 폴로의 『동방견문록』과 쿠빌라이 카안

김장구

카르피니와 루브룩의 뒤를 이어 몽골제국을 다녀간 유럽인 가운데 『성경』
다음가는 베스트셀러를 남긴 사람이 있었으니, 바로 마르코 폴로였다. 마르
코 폴로는 1254년 베니스에서 태어났다. 그의 아버지 니콜로 폴로와 숙부
마페오 폴로는 동방 무역을 위해 해외를 오가는 상인들이었다. 마르코 폴
로가 태어나기도 전에 고향 베니스를 출발했던 니콜로와 마페오는 1269년
동방여행에서 돌아와 10대 중반이 된 마르코 폴로를 다시 만났다. 그들은
"교황을 찾아가 기독교의 현자 100명을 보내달라, 아울러 예루살렘의 예수
성묘교회에 있는 등잔의 기름을 얻어오라!"는 쿠빌라이 카안의 부탁을 받
고 고향으로 돌아온 것이다. 아버지 형제는 어엿한 청년이 된 마르코 폴로
와 함께 다시 몽골제국의 수도 대도로 향했다.

쿠빌라이 카안의 여름 수도인 상도 황궁 유적지. 18세기 후반 영국의 시인 새뮤얼 테일러 콜리지Samuel T. Coleridge가 '재너두Xanadu'라고 노래했던 이곳은 서구 문화에서 크고 아름답고 살기 좋은 이상향을 의미했다.

1271년 소小아르메니아의 라이아스를 출발한 이들은 터키 동부를 지나 이란 지방을 경유하여 페르시아만 입구에 있는 호르무즈에 도착했다. 이들은 아프가니스탄 지방과 카슈미르를 거쳐 파미르 고원을 넘은 뒤 오늘날 중국의 신강과 감숙 지방을 지나 마침내 1274년 여름 쿠빌라이 카안의 여름 수도인 상도上都에 도착했다. 이때부터 마르코 폴로는 몽골제국에서 17년 동안 지내게 된다.

『동방견문록』은 출발부터 귀환까지 마르코 폴로가 보고 들은 다양한 이야기로 이루어져 있다. 그러나 이 기간에 그가 어떤 활동을 했는지에 대해 우리가 아는 사실은 극히 미미하다. 이들이 다녀간 시기는 폴로가 '칸 중의 칸'이라고 칭송했던 몽골제국의 5대 군주 쿠빌라이의 재위 시기(1260~94)와 정확하게 일치한다.

『동방견문록』에는 몽골의 역사와 카안과 카안의 궁정에 관한 소개, 쿠빌라이가 1만 2000명의 신하들에게 매년 열세 벌의 옷을 하사한다는 이야기, 나얀Nayan이 일으킨 반란과 이를 진압하기 위해 쿠빌라이가 네 마리의 코끼리 위에 올린 목제 가마를 타고 직접 전투에 참가했다는 이야기 등 다양한 내용이 실려 있다. 간혹 믿기 어려운 이야기도 있다. 예를 들면 젊은이들을 유혹해 자객으로 훈련시키는 '산상의 노인' 이야기, 독실한 구두장이의 기도가 바그다드 근처의 산을 움직여 기독교도들을 구한 이야기, 황금의 섬 '치핑구(일본)'에 대한 설명 등 과장된 내용이 상당수 들어 있다. 그 밖에 마르코 폴로가 보고 들었다는 거대한 새 루크ruc, 긴 뿔 양Ovis Poli, 사향노루와 육두구, 정향목 등 다양한 동식물과 불에 타지 않는 석면 등 광물에 대한 흥미로운 이야기도 많다.

1    쿠빌라이 카안에게서 패자를 받는 마르코 폴로(프랑스국립도서관 소장).
2, 3, 4   남러시아에서 발견된 패자, 일명 '마르코 폴로 양'으로 불리는 긴 뿔 양,
        코끼리를 들어 올리는 루크(앙리 율Henry Yule의 『동방견문록 역주』 삽화).

'사제왕 요한', 즉 프레스터 존의 이야기도 나오는데, 동방에 다녀온 선교사들의 보고가 축적되면서 기독교인들은 더 이상 몽골제국의 군주가 사제왕 요한일 거라는 희망을 가질 수 없게 되었다. 그러나 그들이 전해준 이야기 중에 새로운 사실이 드러났으니, 바로 동방 세계 각지에 많은 기독교도가 살고 있다는 것이었다. 1280년대 말에는 훌레구 울루스(일 칸국)의 군주와 네스토리우스 교단의 총주교가 파견한 특사가 로마를 방문하여 교황에게 동방 기독교도들의 자세한 사정을 전해주기도 했다. 교황 니콜라우스 4세Nicolaus IV가 본격적으로 선교단을 파견하기로 한 것도 이러한 배경이 있었기 때문이다.

## 마르코 폴로의 귀환

마르코 폴로가 몽골제국의 지배하에 있던 중국 땅을 떠나 고향으로 돌아가는 여정을 시작한 것은 1290년 말이나 1291년 초의 일이다. 그들은 쿠빌라이에게 귀향을 원한다는 뜻을 여러 차례 내비쳤으나 계속 거절당해왔는데, 특별한 임무를 맡아 귀향길에 오를 수 있었다. 즉 1286년 훌레구 울루스의 군주인 아르군 칸Aryun Qan(1258~91)의 부인이 사망하자, 아르군 칸은 그녀를 대신할 또 다른 왕녀를 보내줄 것을 대칸 쿠빌라이에게 요청했다. 이에 쿠빌라이는 왕녀 코카친Cocacin을 선발하여 내륙 아시아를 통해 육로로 보내려 했으나, 카이두Qaidu(1230~1301)와의 분쟁으로 길이 막혀 돌아왔다. 이에 다시 해로를 통해 왕녀를 카안 울루스(대원大元)에서 훌레구 울루스까지 호송해야 했는데, 그 일을 마르코 폴로 일가가 하게 된 것이다.

이때, 즉 1286년 훌레구가 몽골제국으로 파견했던 사신들의 이름이 '울라타이Oulatai', '아푸스카Apusca', '코자Coja'였는데, 이들의 이름이 중국 측 사료인『영락대전永樂大典』「잠치Jamči(참적站赤)」조에서 각각 '우루우다이兀魯鯠', '아비시카阿必失阿', '호자火者'로 확인되어 마르코 폴로의 존재와 그가 한 이야기가 허황된 것이 아니었음이 증명되었다. 이렇게 해서 폴로 일가와 왕녀 일행을 태운 열네 척의 선단은 중국 동남해안의 천주泉州항을 출발하여 26개월 만인 1293년 전반에 훌레구 울루스의 수도인 타브리즈에 도착했다. 마르코 폴로는 왕녀를 인도해준 뒤 콘스탄티노플을 거쳐 1295년 고향 베니스로 돌아왔다.

## 『동방견문록』의 집필

마르코 폴로의 주장에 따르면, 그는 고향 베니스로 돌아온 뒤 베니스와 제노아 선박들 간의 싸움에 지휘관으로 참여했다가 1298년 포로로 잡혀 감옥에 갇혔다. 바로 이 시기에 피사 출신의 루스티첼로Rustichello라는 사람을 만나 자신이 몽골제국에서 겪은 이야기를 구술했다고 한다. 물론 마르코 폴로의 이야기는 그의 기억에만 의존했다기보다는 그가 지니고 있던 간단한 메모에도 기초했을 것이라 추측된다.

　　마르코 폴로의 여행기는 한동안 그 진위 여부에 대해 논란이 많았다. 일군의 학자들은 마르코 폴로가 만리장성이나 전족纏足, 한자, 차茶 등을 언급하지 않았다는 점을 근거로 '마르코 폴로는 중국에 가지 않았다'며 그의 여행을 부정하거나, '마르코 폴로라는 인물이 과연 실제로 존재했을까?'

라며 그의 존재 자체에 의심을 품었다.

　　이에 대해 적극적으로 반론을 펴는 학자들은 몽골제국 시대에는 지금과 같은 만리장성이 존재하지 않았을 가능성이 크다고 주장한다. 오늘날 우리가 볼 수 있는 만리장성은 대부분 명나라 때 다시 세운 것이기 때문이다. 아울러 전족 풍습도 몽골 치하에서는 유행하지 않았으며, 한자도 마르코 폴로 같은 이방인에게는 전혀 중요한 글자가 아니었다고 반박한다. 주로 몽골인이나 '제색목인諸色目人' 등과 어울렸던 마르코 폴로에게는 한자가 그다지 필요치 않았다는 것이다. 또한 당시 몽골인과 서역인들 사이에서는 아직 차를 마시는 풍습이 유행하지 않았다고 주장한다.

　　마르코 폴로의 존재와 『동방견문록』의 내용은 역사적 사실로 받아들이는 편이 옳은 것으로 보인다. 『동방견문록』의 이야기들 가운데 카안의 최측근이 아니면 알 수 없는 내용이 상당수 있고, 앞에서 언급한 『영락대전』 「잡치」조에 나오는 훌레구 칸이 원나라로 보낸 사신들의 이름이 무슬림 측 사료와 일치한다는 점, 그리고 마르코 폴로가 죽기 직전인 1324년 1월 8일자로 남긴 유언장의 내용을 보면 '마르코 폴로'라는 인물이 실존했으며, 그가 구술한 내용이 곧 『동방견문록』임을 알 수 있다. 물론 오늘날 우리가 접할 수 있는 가장 오래된 사본조차도 마르코 폴로 자신과 후대인이 어느 정도 가필한 것임은 충분히 감안해야 할 것이다.


## 『동방견문록』과 콜럼버스

『동방견문록』은 중세 유럽 최고의 베스트셀러였다. 그 독자 중 한 명이 바

콜럼버스가 읽은 『동방견문록』의 사본(스페인 세비야의 콜럼버스도서관 소장).

로 콜럼버스였다. 콜럼버스의 지리상의 발견은 마르코 폴로가 말한 "엄청난 보화와 물산으로 넘치는" 대도로 가고자 했던 결과였다. 이 과정에서 그는 우연히 아메리카 대륙에 도착했고, 이후 유럽은 거인으로 성장할 수 있는 발판을 얻었다. 물론 콜럼버스는 죽을 때까지 그곳을 몽골제국의 카안이 지배하는 인도의 한 지역으로 알았다. 그런 까닭에 그 섬은 지금도 서인도제도西印度諸島라는 이름으로 불리고 있다.

1492년 콜럼버스가 산타마리아호를 타고 바다로 나아갈 때 품에 지녔던 책이 바로 마르코 폴로의 『동방견문록』이다. 콜럼버스가 가지고 갔던 책에는 그가 꼼꼼히 읽으면서 적은 메모들과 중요한 내용을 가리키는 표식이 곳곳에 남아 있다.


## 몽골제국과 세계사의 전환

유목민에게 정주민과의 충돌보다 더 힘든 것은 주변의 다른 유목민 집단과의 경쟁이었다. 전쟁에서 패배한 유목민의 일부는 승리한 지배 집단에 복속당했지만, 또 다른 일부는 초원을 떠나 주변 지역으로 쫓겨났다. 이 과정에서 이루어진 유목민의 확산은 정주 세계의 역사에 깊은 영향과 흔적을 남겼다. 흉노, 돌궐, 몽골 등이 서쪽이나 남쪽으로 이동 확산한 결과 훈의 동유럽정복, 중앙아시아의 투르크화와 이슬람화, 몽골제국 이후 유라시아의 일체화 등 새로운 변화의 물결이 일어난 것을 예로 들 수 있다.

　　몽골제국의 확장과 정복은 유라시아 지역의 역사에 획기적인 변화를 가져왔다. 몽골의 유목민들은 이슬람과 그 주변의 정주 문명에 치명적인타격을 가하기도 했지만, 다른 한편으로 무슬림과 이방인을 중용하여 그들이 몽골 치하에서 동서 문화 교류의 주역으로 활약할 기회를 제공했다. 그대표적인 예가 정화鄭和(1371~1433?)와 그의 선조들이다. 이런 사람들의 활약으로 이슬람의 천문학, 의학, 과학 등이 동서로 전래되고 인쇄술, 나침반, 화약 등이 각지로 전파되어 인류 문화 발전에 큰 공헌을 한 것은 의심할 수없는 사실이다. 특히 인쇄술의 전파는 지식을 널리 보급하는 데 기여했고, 나침반은 장거리 항해를 가능케 하여 마침내 지리상의 발견을 이끌어냈다. 유목민의 움직임이 유럽의 근대 문명을 일으키는 데 결정적인 영향을 미친것이다. 이렇게 유럽이 '대항해 시대'를 거쳐 근대 세계로 나아가는 과정에

서 중요한 계기로 작용했던 것이 바로 카르피니와 루브룩, 마르코 폴로 등
이 몽골제국을 다녀와서 남긴 여행 기록이었다.

## '칸 중의 칸' 쿠빌라이의 집권

칭기스 칸은 중앙아시아에서 돌아온 이후
원정에 불참한 탕구트를 재차 공격하여
멸망시켰다. 그 와중에 칭기스는 사망하
고, 셋째 아들인 우구데이가 대칸으로 즉
위하였다. 우구데이는 1236~41년에 걸
쳐 러시아, 킵차크 초원 원정을 단행했는
데, 이 과정에서 총사령관 바투는 그곳을
자기 것으로 만들어버린다. 우구데이 카
안의 갑작스런 사망으로 서유럽은 몽골의

쿠빌라이 카안.

침략을 면하고, 이후 타르타르를 비롯한 주변 세력에 관심을 갖게 되었다.
이런 관심 속에서 서유럽 사절로는 처음으로 카르피니가, 뒤를 이어 루브룩
이 몽골제국을 방문하게 되었던 것이다.

　　우구데이 사후 공백기를 거쳐 1246년 구육이 즉위하지만 1248년
에 사망하고, 1251년 바투의 지원을 받은 뭉케가 대칸으로 등극한다. 한편
뭉케 카안이 남송 정복전을 수행하다가 1259년 사천 지방에서 사망하자,
이번에는 뭉케의 두 동생이 권력 다툼을 벌인다. 그러다 마침내 쿠빌라이가
아릭 부케Ariy Böke를 누르고 대칸으로 즉위한다. 앞에서 이야기한 대로 바

로 이 시기에 마르코 폴로의 아버지와 숙부가 쿠빌라이에게 왔던 것이다.

## 몽골 시대 이후 한반도와 유라시아

13~14세기 고려는 몽골제국을 매개로 유라시아 각지와 활발한 교류를 했다. 카르피니, 루브룩과 마찬가지로 마르코 폴로도 고려를 '카울리Kawli'로 한 차례 언급했다. 당시 몽골이 형성한 세계 질서에 편입된 고려에서는 몽골 조정에 공납으로 고려지高麗紙를 바쳤는데, 천 년을 간다고 하는 이 종이는 아마 몽골의 정복지를 따라 세계 각지로 전해졌을 것이다. 필자의 생각으로는 몽골 군주들이 교황에게 보내 현재 바티칸공문서보관소에 남아 있는 편지들은 당시 최고의 품질을 자랑했던 고려지에 쓰지 않았을까 싶다. 다른 한편으로 조선 초기 세종 시대의 한글 창제, 금속활자와 인쇄술, 천문

한글을 창제할 때 참고했을 파스파八思巴 문자 도장.

금속활자본 『직지심체요절直指心體要節』(1377년).

학과 과학기술, 의학 등의 획기적인 발전은 우리 선조들이 보고 듣고 이해한 몽골 시대의 유산이 꽃을 피운 것이라고 할 수 있다. 그러나 14세기 후반 몽골제국이 무너지기 시작하면서 동서를 잇는 무역로는 더 이상 안전을 보장받지 못하고 서서히 사양길로 접어들었다. 그 결과 동양으로부터 물자를 공급받던 유럽은 새로운 길을 찾아 바다로 나아가기 시작했다.

물론 유라시아를 잇는 육로가 완전히 단절된 것은 아니었다. 15세기 육로를 통한 교류는 조선, 만주, 몽골 초원, 남러시아 초원을 지나 유럽까지 이어졌고, 러시아는 모피毛皮를 구하기 위해 '담비의 길'을 따라 동진했다. 이런 교류의 한 예로 고려(그리고 조선)의 금속활자와 인쇄술이 구텐베르크에게 전해졌을 가능성이 있다. 당시 조선에서는 금속활자 주조와 인쇄가 활발하게 이루어지고 있었고, 아시아와 유럽의 교량 역할을 했던 노브고로드Novgorod는 독일의 한자동맹Hansa League에 가입하여 활발한 교역 활동을 했다. 따라서 이 길을 오갔던 상인 또는 여행자들을 통해 고려 혹은 조선의 금속활자 기술이 유럽에 전해졌을 가능성은 충분하다.

# 몽골의 네스토리우스파 기독교 수사 랍반 사우마

조원

## 13세기 몽골의 네스토리우스파 기독교인들

몽골이 유라시아 대륙을 지배하던 13~14세기는 원거리 여행이 가능해진 시기로 '대여행의 시대'라 불리기도 한다. 앞서 소개한 카르피니, 루브룩, 마르코 폴로 등이 몽골 초원과 중국에 이르는 여정에서 경험한 다양한 이야깃거리들이 여행기로 기록되어 유럽에 전해졌고, 이는 유럽인이 아시아를 '상상'하고 훗날 탐험하는 데 중요한 원동력이 되었다.

몽골제국 시기에는 반대로 동아시아 지역에서 출발해 유럽을 방문한 이들도 있었다. 네스토리우스파 기독교 사제였던 랍반 사우마Rabban Sauma(1220~94)와 마르코스Markos(1245~1317)가 대표적이다. 이들은 몽골제국의 수도 대도를 출발하여 예루살렘으로 성지순례를 떠났고, 1287년

나폴리항에 도착해 로마 교황청을 방문했다. 이러한 여정이 가능했던 것은 바로 몽골인들이 몽골제국의 통합, 즉 팍스 몽골리카Pax Mongolica를 성취했기 때문이다. 쉽게 말하면, 몽골인들이 지배하는 기간에는 유라시아 대륙에 정치적 장벽이 사라졌기 때문에 국지전 같은 특수한 상황을 제외하고는 자유로운 이동이 가능했던 것이다.

랍반 사우마는 몽골제국 시기 대도 부근에 거주하던 네스토리우스파 기독교의 수도승이다. 그는 1220년경 금나라의 수도인 중도(몽골제국 시기의 대도)에서 순회사제 시반과 케얌타의 아들로 태어났다. 부모는 오랜 기도와 금식 끝에 얻은 아들에게 '금식의 아들'이라는 뜻으로 '바르 사우마 Bar Sauma'라는 이름을 지어주었다. 사우마는 스무 살이 되었을 무렵 신앙적인 열정으로 속세를 떠나 수도자의 삶을 살기로 작정했다. 그래서 대도 부근의 동굴에 들어가 7년간 수행했다. 이후 종교 사제, 스승이라는 의미의 '랍반Rabban'이라는 호칭이 붙어 '랍반 바르 사우마'로 불리게 된다.

랍반 사우마가 수행을 하던 어느 날 마르코스라는 자가 찾아와 제자로 삼아달라고 청했다. 마르코스는 중국 지역 네스토리우스파 기독교 총주교였던 바이니엘Bainiel의 아들로, 어려서부터 교리를 배우며 신앙심을 키웠다. 그는 은둔의 수사가 되기 위해 고향 동승東勝, 즉 토샹Toshang(오늘날 내몽골 후허호트에서 서남쪽으로 70킬로미터 떨어진 곳)을 떠나와 사우마의 제자가 되었고, 3년 후에는 네스토리우스파 기독교 대주교에게 세례를 받아 수사가 되었다.

네스토리우스파 기독교는 당나라 시대에 '경교景敎'라는 이름으로 불리다가 쇠퇴했지만, 13세기 동아시아 지역에 다시 등장했다. 사실 당나라 때 경교가 완전히 사라진 것은 아니었다. 경교도들은 초원으로 진출하여

내몽골 적봉시赤峰市 송산구松山區에서 출토된 네스토리우스파 기독교의 십자 비석. 중국에서는 경교자묘지景敎瓷墓志라고 부른다(중국 내몽골박물관 소장).

유목민들을 개종시켰다. 몽골제국이 출현하기 이전 씨족, 부족 단위로 생활하던 몽골 초원에서는 유목 수령의 결정에 따라 부족의 집단적 개종이 이루어지기도 했다. 이런 배경하에 12~13세기 몽골 초원에는 기독교를 믿는 유목 부족이 나타나는데 케레이트, 나이만, 웅구트 등이 대표적이다. 이 가운데 웅구트인들은 투르크 계통의 유목민으로 오늘날 내몽골 지역의 음산陰山에 자리 잡고 살아왔다. 이들은 당나라 이래로 내몽골 지역으로 남하한 위구르인과 사타족이 융합하여 형성된 집단이었고, 웅구트의 수령이 칭기스 칸의 부마가 된 이래 대칸의 가문과도 인연이 깊었다.

음산 이남의 내몽골 지역과 화북 지방에 두루 퍼져 있던 웅구트인들의 거주지에서는 여러 편의 십자 비문이 발견되었다. 비문에서 조르지, 줄리타, 요하난 같은 세례명들이 확인되었는데, 이를 통해 그곳에 네스토리우스파 신자들이 다수 있었음을 짐작할 수 있다. 사우마와 마르코스가 바로 웅구트족 출신이었다.


### 랍반 사우마와 마르코스, 예루살렘 성지순례를 떠나다

어느 날 마르코스는 랍반 사우마에게 예루살렘 성지에 가서 순교자와 교부들의 무덤을 참배하고 죄를 용서받자고 제안했다. 사우마는 처음에는 망설였지만, 곧 뜻을 굳게 정하고 1275년경 성지순례를 떠나기로 결정했다. 두 사람은 마르코스의 고향인 동승, 사주沙州(돈황)를 거쳐 호탄을 지나 중앙아시아의 카쉬가르, 이란 서북부의 호라산에 이르렀다. 당시 네스토리우스파 기독교는 숙주肅州, 감주甘州, 은천銀川, 야르칸드, 카쉬가르, 사마르칸드 등 중국 서북부에서 천산남로를 거쳐 중앙아시아에 이르는 실크로드의 교역 거점 도시에 분포해 있었는데, 사우마와 마르코스는 바로 이 도시들을 거쳐 간 것이다. 몽골어, 중국어뿐 아니라 페르시아어에도 능통했던 그들은 실크 로드상의 거점 도시에 있는 네스토리우스파 신도들의 도움을 받아 여정을 이어갈 수 있었다.

두 사람은 마라게 성(오늘날 타브리즈)에 이르러 마침 그곳에 머물고 있던 네스토리우스파 기독교 총주교 마르덴하Mar Denha I를 알현할 수 있었다. 이들은 마르덴하의 소개로 바그다드에서 거행되는 총주교 즉위식에 참석했고 아르벨라, 모술, 마르딘 등 서아시아의 주요 도시를 거쳐 팔레스타인에 있는 예루살렘 성지를 방문하려 했다. 그러나 시리아 북부에서 발발한 전쟁으로 길이 막혀 마라게 성으로 되돌아올 수밖에 없었다. 1280년 무렵 총주교 마르덴하는 사우마와 마르코스에게 예루살렘이 아닌 동방의 신도들을 돌봐야 한다는 사명을 일깨웠다. 그러면서 35세의 마르코스에게 중국 지역을 총괄하는 대주교라는 막중한 임무를 맡기고 야발라하Yahballaha라는 이름을 주었으며, 사우마는 총순회사제에 임명했다.

결국 두 사람은 예루살렘 순례를 포기하고 귀국길에 올랐다. 그러나 1281년 총주교 마르덴하의 사망 소식을 접하고 바그다드를 방문하여 장례

식과 총주교 선출식에 참석했는데 이때 야발라하, 곧 마르코스가 총주교에 추대되어 마르덴하를 계승하게 되었다. 젊은 나이에도 불구하고 마르코스가 총주교의 자리에 오를 수 있었던 것은 그가 웅구트 출신으로 몽골어에 능통했기 때문이었다. 네스토리우스파 지도자들은 몽골인이나 다름없는 마르코스가 교계의 입지를 공고히 해줄 거라 기대했던 것이다.

## 랍반 사우마, 몽골 칸의 사자로 교황청을 방문하다

랍반 사우마가 방문한 서아시아의 이슬람 지역은 쿠빌라이 카안의 동생 훌레구의 자손들이 다스리고 있었다. 이 훌레구 울루스는 북쪽으로 동족이 지배하고 있는 주치 울루스와 충돌하고, 남쪽으로 이집트를 지배하는 맘루크 왕조와 적대하여 외교적 고립 상태에 놓여 있었다. 이런 상황에서 벗어나기 위해 훌레구 울루스의 몽골 군주들은 비잔틴제국이나 유럽 여러 나라와의 연대를 모색했다. 당시 유럽의 기독교 세계는 이슬람을 신봉하는 맘루크 왕조와 대립하고 있었기 때문이다.

1284년 훌레구 울루스의 군주가 된 아르군은 기독교에 호의적이었던 부친 아바카 칸Abaqa Qan(1234~82)의 정책을 이어받아 유럽 기독교 세계와의 동맹을 적극 추진했다. 그는 1285년부터 교황에게 연대를 원한다는 내용의 서신을 보냈다. 그리고 1287년 유럽에 사절단을 파견하기 위해 네스토리우스파 기독교 총주교 야발라하에게 적당한 인물을 추천해달라고 했는데, 야발라하가 이때 천거한 인물이 그의 스승이자 순례 여행의 동반자 랍반 사우마였다.

1287년 랍반 사우마는 아르군의 서신을 들고 유럽으로 향하는 여정에 올랐다. 사우마 일행은 흑해의 트레비존드항에서 출발하여 콘스탄티노플에 도착, 비잔틴 제국의 황제를 만났다. 그리고 다시 지중해를 거쳐 그해 6월 나폴리에 입항하여 로마 교황청을 방문했다. 교황이 서거하고 새로운 교황을 선출하기 위해 모인 추기경들 앞에 선 사우마는 네스토리우스파 기독교에 관한 질의응답 시간을 갖고, 교파의 핵심 교리를 소개했다. 사우마는 면담을 마치고 성 베드로 대성당을 참배했으며, 필리프 4세Philippe IV가 머물고 있는 프랑스 파리로 이동했다. 그는 필리프 4세에게 방문 목적을 전했고, 다시 프랑스의 보르도 지역에서 잉글랜드 왕 에드워드 1세Edward I를 만나 예루살렘 탈환을 위한 아르군의 계획을 전달했다. 새로운 교황인 니콜라우스 4세의 선출 소식을 들은 랍반 사우마는 로마로 돌아와 아르군이 보낸 서신을 전달하는 것으로 자신의 임무를 완수했다.

## 랍반 사우마의 유럽 방문 이후

랍반 사우마의 방문은 외교적으로 큰 성과를 거두었다. 사우마에게서 동방의 사정을 전해들은 교황은 서신을 통해 아르군이 이슬람 지역의 기독교인들을 보호하고 있는 것을 높이 평가하고, 그의 요청에 따라 쿠빌라이가

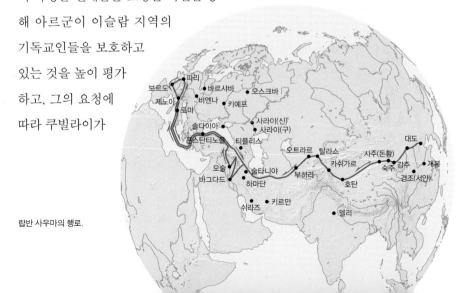

랍반 사우마의 행로.

훌레구 울루스의 군주들. 말에 올라탄 인물은 아바카 칸이고,
아이를 안고 있는 인물은 그의 아들 아르군 칸이다.

머물고 있는 대도에 가톨릭 선교사들을 파견하기도 했다. 이후 아르군은 유럽에 다시 서신을 보내 다마스쿠스를 협공하자고 제의했으나, 훌레구 울루스의 대외 정세가 어려워져 실현되지는 못했다. 사우마의 성과를 한 가지 더 든다면, 그의 방문을 계기로 로마 가톨릭 교단과 네스토리우스파 동방 교회 사이의 오해와 불신이 해소되었다는 것이다. 이런 내용은 당시 도미니크파 수도사였던 마르티누스Martinus Oppraviensis의 글에 기술되어 있다.

아르군은 임무를 마치고 돌아온 랍반 사우마를 환대하며 그에게 예배당 건축을 약속했다. 그러나 3년 뒤 아르군이 사망하고, 그로부터 다시 3년 뒤인 1294년에 랍반 사우마도 바그다드에서 세상을 떠났다. 1295년 아르군의 후계자 가잔Ghazan(1271~1304)이 즉위하면서 서아시아에서 네스토리우스파 교단은 점차 쇠퇴하기 시작했다. 가잔이 이슬람으로 개종하고, 훌레구 울루스의 몽골 지배층이 점차 이슬람화하면서 네스토리우스파 기독교인들의 입지가 좁아졌기 때문이다. 랍반 사우마가 서아시아를 방문하고,

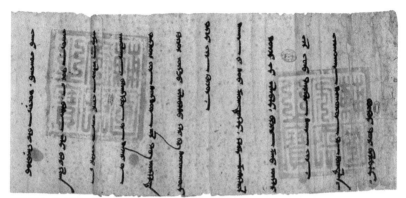

1289년 아르군이 필리프 4세에게 보낸 서신.

또한 아르군 칸의 명으로 유럽을 방문하고 돌아온 지 채 10년도 지나지 않아 서아시아의 정치적, 사회적 풍토가 변했고 몽골인의 정체성도 변해갔다. 그 결과 랍반 사우마의 여정이 남긴 의미도 퇴색한 듯 보였다.

그러나 그가 실크로드에 남긴 족적은 그 자체로 의미가 있다. 몽골 제국에 의해 동서 교류의 길이 열리긴 했지만, 여전히 동아시아 세계와 유럽 간의 상호 인식이 모호했던 것이 사실이다. 그런 상황에서 랍반 사우마의 방문을 계기로 유럽인들이 '아시아인'이라는 실체를 마주하게 된 것이다. 유럽 기독교 세계는 자신들과 교리가 다른 동방의 기독교를 접했고, 동방의 정세를 직접 전해들을 수 있었다. 하늘에서 내려온 '무시무시한 징벌자' 혹은 이슬람 세력으로부터 자신들을 구해줄 동방의 '프레스터 존'으로 막연히 상상해오던 몽골의 실체를 눈으로 확인한 것이다. 본인이 의도하지는 않았겠지만, 랍반 사우마의 여행은 두 세계의 화합에 크게 기여했다고 평가할 수 있다.

# 쿠빌라이의 계승자 영락제와 정화의 남해 대원정

김장구

## 영락제와 정화의 만남

명나라를 건국한 태조 홍무제洪武帝(재위 1368~98)는 황태자 표標가 죽자 그의 아들 윤문允炆을 황태손으로 책봉했다. 윤문이 열여섯의 나이에 남경에서 즉위했으니, 그가 바로 명나라 2대 혜제惠帝 건문제建文帝(재위 1398~1402)이다. 건문제는 즉위 후 신하들의 의견에 따라 자신의 위치를 위협할 수 있는 숙부들을 하나씩 제거했는데, 이를 삭번削藩 정책이라 한다. 당연히 숙부들도 가만히 있지 않고 저항했다. 그중에서도 북평北平(지금의 북경)에서 강력한 군대를 거느리고 있던 연왕燕王 주체朱棣가 최대의 걸림돌이었다.

위기의식을 느낀 주체는 1402년 건문제의 근신들을 제거한다는 명분으로 군사를 일으켜 남경으로 쳐들어갔으나(정난의 변靖難之變), 궁궐은 이

명 태조 홍무제의 초상화.　　　　　　성조 영락제의 초상화.

미 불타고 있었고 불타버린 시신들 사이에서 황제의 시신을 식별하기는 어려웠다. 결국 그는 건문제의 시신을 찾지 못한 채 황제로 즉위했다. 그가 바로 명나라 3대 성조成祖 영락제永樂帝(재위 1402~24)이다.

　　영락제는 남경 함락에 도움을 준 환관宦官들을 중용하여 외교사절 업무나 원정군 지휘를 맡겼다. 1420년에는 비밀 경찰조직인 동창東廠을 창설했는데, 이를 맡은 것도 환관이었다. 이 환관들 중에 특별히 주목해야 할 인물이 있으니, 바로 '남해 대원정'으로 유명한 정화이다.

　　정화는 한족이 아닌 무슬림 출신이었다. 과거에 몽골제국은 재정과 회계를 주로 이슬람교도에게 맡겼고, 이들은 몽골제국이 확장되는 과정에서 중국 서북부와 동남부, 동남아시아 등 세계 각지로 퍼져나갔다. 정화의 집안도 몽골제국 시대에 원나라의 운남성을 다스리던 무슬림이었다. 아버지의 이름은 마합지馬哈支, Ma Haji인데, 성姓인 '마馬'는 마흐무드를 뜻하며, 이름의 '하지Haji'는 메카에 순례를 다녀온 무슬림이라는 뜻이다.

마합지의 둘째 아들로 태어난 정화의 원래 이름은 마화馬和였다. 기록에 따르면 그는 180센티미터(구척九尺) 정도의 훤칠한 키에 허리둘레가 1미터(십위十圍)나 되는 거한巨漢이었다고 한다. 총명하고 용모가 수려했던 그를 두고 성省의 한 관리가 "눈썹은 칼 모양이고, 이마는 호랑이 이마 같았다"라고 기록하기도 했다. 그러나 불행하게도 마화는 원나라 말기에 반란군의 포로가 되어 궁형을 당하고 말았다. 그래도 머리가 좋고 재주가 뛰어났던 덕에 주체에게 보내져 환관이 되었다. 주체는 소년 마화에게 정씨鄭氏 성을 내리고 '삼보三寶(또는 三保)'라는 별칭을 하사할 정도로 그를 믿고 아꼈다. 훗날 정화가 모든 환관의 수장인 태감太監이 되자 사람들은 그를 '삼보태감'이라고 부르게 되었다.

## 쿠빌라이의 후계자, 영락제

주체는 젊은 시절 북평에서 살았다. 북평은 쿠빌라이 카안이 수도로 삼은 대도

복건성福建省 장락시長樂市 정화공원에 서 있는 정화의 동상.

3장 세계 체제의 전주곡

의 문화가 강하게 남아 있는 도시로 몽골인과 고려인, 여진인들이 많이 거주했기 때문에 이곳에서 주체는 다국적인 시야와 이해를 갖추게 된다. 그래서일까? 즉위 후 그는 남해 대원정을 계획하고 실행에 옮기는데, 연구자들이 '쿠빌라이 카안의 후계자'라 평가할 정도로 대단한 규모와 추진력을 보였다.

영락제가 남해 대원정을 단행한 이유는 첫째, 정난의 변 당시 건문제가 변장을 하고 불타는 황궁을 빠져나가 이웃나라에서 훗날을 도모하고 있다는 소문이 끊이지 않았기 때문이다. 영락제는 원정을 통해 건문제의 행적을 추적하고자 했다.

둘째, 중국 동남해 연안에서 왜구들이 무역품을 강탈하면서 향신료와 약재가 부족해졌다. 그래서 해외 여러 나라를 다니며 명나라와의 무역을 권유하고 남방의 진귀한 물건을 구입하려는 목적이 있었다. 정화가 이끄는 함대를 보선寶船이라고 부른 것도 그런 이유 때문이다.

셋째, 농민 반란군 출신인 태조 홍무제의 아들인 데다가 조카를 죽이고 황제가 된 영락제는 자신이 중국을 다스리기에 적합한 황제라는 정당성을 만천하에 알리고 싶었다. 당시 영락제의 출생에 관한 소문이 돌았는데, 정비인 마황후의 자식이 아니라 고려 출신 공비碩妃 이씨李氏의 자식으로 태어나 마황후의 양자로 자랐다는 내용이었다. 따라서 영락제는 황제의 자리를 찬탈했다는 흠결과 출생에 대한 좋지 않은 소문을 잠재우기 위해서라도 자신이 위대한 황제임을 널리 알려야 했을 것이다. 한편, 몽골 측 역사 기록 및 중국과 조선의 일부 기록에는 영락제의 친모가 몽골인이라는 이야기도 전해지고 있다.

넷째, 몽골이 지배한 시기에 중국 함대가 인근 바다를 장악하고 전성기를 누렸던 것처럼 자신이 통치하는 명나라도 바다를 장악하여 옛날의 명성을 되찾기를 바랐다. 즉 주변국에 비단과 청화백자를 하사하며 명나라에 조공을 바치러 오라는 압력을 가하고자 했던 것이다.

## 남해 대원정의 최고 책임자 정화

그렇다면 영락제가 정화를 남해 대원정의 최고 책임자로 임명한 이유는 무엇일까? 앞서 언급했듯이 정화의 총명함과 빼어난 용모도 작용했지만, 무엇보다 가장 큰 장점은 무슬림 출신이라는 것이었다. 무슬림은 당나라 이래로 오랜 기간 중국과 페르시아, 아랍 사이에서 교역을 담당해왔다. 남해 대원정 후반부(4, 6, 7차)에 통역자로서 정화를 수행하고 『영애승람瀛涯勝覽』이라는 기록을 남긴 마환馬歡 역시 무슬림이었다. 정화는 이슬람교도였지만 해안가 백성들의 전통 신앙이나 관습을 존중했다. 그래서 항해에 나서기 전에는 자신이 믿는 신뿐 아니라 불교나 도교의 신들에게도 제사를 지내며 항해 중에 풍랑이 심하지 않게 해달라고 기도했다.

정화의 1차 원정(1405. 6~1407. 9)에서는 2만 7800명을 태운 217척

정화의 남해 대원정.

——— 정화의 1차 항해
——— 정화의 4차 항해(본대)
- - - - 정화의 4차 항해(파견대)

(대형 선박 62척)의 배가 참파, 자바, 팔렘방, 수
마트라, 말라바르, 스리랑카, 케랄라, 그리고 인도의
캘리컷까지 방문했는데, 나침반과 항해도를 사용했다. 생
강, 후추, 계피 등 향신료를 교역품으로 획득했으며, 귀환하던 중 해
적들의 본거지 팔렘방에서 교전을 벌여 5000명에 이르는 해적을 소탕하고
우두머리(진조의陳祖義)를 남경으로 압송해 처형했다. 그러나 원정 도중 수천
명의 선원이 알 수 없는 유행병으로 목숨을 잃었다.

　　2차 원정(1407. 10~1409. 7) 출발을 앞두고 영락제는 이제 더 이상 전
임 황제인 건문제의 흔적이 남아 있지 않다는 생각에 자신감을 갖게 되었
다. 그래서 출항 준비를 하던 정화에게 항해 도중 "대양을 정복하고 천하를
평정했다"라는 명문을 새기라 명했다. 자신의 위엄을 대내외에 떨치고자
했던 것이다. 이에 따라 정화는 캘리컷에서 돌아오는 길에 실론섬(스리랑카)

의 갈레 사원에 들러 무사한 항해에 감사하는 불사佛事를 개최하고, 1409년 2월에 기념 비석을 세웠다. 비문은 오른쪽은 한자로, 왼쪽 위는 현지어인 타밀어로, 왼쪽 아래는 당시 국제어였던 페르시아어로 새겼다. 이는 당시 실론섬이 힌두교도와 이슬람 상인들의 중요한 활동 거점이었으며, 명나라가 가장 늦게 도착했음을 보여주는 자료이다.

한편 2차 원정에서는 1차 원정 때와 같은 선원들의 죽음을 예방하기 위해 180명의 의원과 약제사를 동승시켰다. 의원들에게는 선원들을 돌보고, 폐질환 치료제 우황과 나병 치료제 대풍자유 등의 약재를 구해오며, 아랍의 뛰어난 의술을 전수받아 오라는 임무가 주어졌다. 실제로 의원들은 이때의 원정에서 각종 약재와 향신료, 보석을 구해왔다. 2차 원정에서 돌아오는 길에는 외국 사절들이 따라와 영락제를 알현하고 진귀한 예물을 바쳤다. 이 사절들은 호화로운 요리와 과일주가 차려진 연회에서 융숭한 대접을 받았고, 황제가 하사한 비단과 도자기 등을 싣고 귀국길에 올랐다. 그들은 이 여정을 통해 명나라와의 교류가 서로에게 이득이 된다는 믿음을 얻었다.

3차 원정(1409. 9~1411. 6)은 이미 정화의 2차 원정대가 귀국하기도 전인 1408년 9월에 조칙詔勅이 내려졌기 때문에 1409년 6, 7월쯤에 귀국한 정화는 곧바로 새로운 항해를 준비하기 시작했다. 같은 해 10월 대선 48척에 2만 7000여 명이 나누어 타고 출항하였다. 이번 원정대에는 훗날 (1463) 자신의 경험(3, 4, 7차)과 몽골제국 시대 왕대연汪大淵이 지은『도이지략島夷誌略』을 바탕으로『성사승람星槎勝覽』(1436)을 쓴 비신費信도 동승하였다.『성사승람』에 따르면, 베트남 남부를 지나 말라카에 도착한 정화는 그곳의 왕에게 영락제의 조칙과 은인銀印, 관대冠帶 등을 하사하여 말라카를

태평성대에만 나타난다는 기린의 출현으로 영락제의 정치적 입지가 굳건해졌다.

명의 책봉하에 들게 했다고 한다. 또한 원정 교역의 거점인 말라카의 중요성을 간파하고 성을 쌓아, 이후 말라카는 중계 무역항으로 성장하게 되었다. 원정대는 캘리컷에서 귀환하던 중 실론에서 예기치 않게 실론 왕의 군대와 전투를 벌이기도 했다. 결국 실론 왕을 포로로 잡아 명나라로 데리고 갔으나, 영락제는 실론 왕의 귀국을 허락했다. 이후 실론은 명나라와의 협조를 중시하게 되었고, 정화의 원정대는 더 먼 곳에 새로운 거점을 확보하게 되었다.

4차 원정(1413. 10~1415. 7)에는 마환이 통역자로 동행하여 『영애승람』이라는 기록을 남겼다. 원정대는 비록 규모는 축소됐지만 더 멀리 아라비아(호르무즈)까지 진출했으며, 그 일부인 별동대는 아프리카까지 진출하기도 했다. 마환은 『영애승람』에 "(아라비아) 여인들은 하나같이 천으로 얼굴을 가렸고, 그 나라에서 쓰는 말은 아랍어이다"라고 기록했다. 4차 원정을 통해 영락제는 벵골 지역의 왕이 아프리카에서 사들인 것으로 추정되는 기린을 선물로 받았다. 당시 명나라 사람들에게 기린은 태평성대에만 모습을 드러낸다고 알려져 있었기 때문에, 영락제는 이를 계기로 더욱더 자신감과 안정을 찾을 수 있었다.

5차 원정(1417. 10~1419. 7)에서는 특히 진귀한 동물을 구하기 위해 아라비아 반도 남해안의 아덴, 아프리카 동해안의 모가디슈, 말린디까지 진출했으며, 이번에도 기린을 들여왔다. 이는 영락제의 북경 천도 계획이 성공할 상서로운 징조로 해석되었다. 영락제는 즉위 초부터 북경 천도를 계획했는데, 이는 그가 열한 살에 연왕에 봉해진 이후 황제에 오르기 전까지 33년간을 북경에서 지냈을 뿐 아니라 자신이 황제위에 오른 과정에 불만을 품은 남경의 관리들과 그곳의 오랜 문화가 편치 않았기 때문이다. 그러나 명나라의 개국공신들과 남방의 한인들이 북경을 북방 민족의 근거라 여겼고, 남경에서의 기득권을 포기하고 싶어 하지 않았기 때문에 천도에는 많은 어려움이 따랐다. 이를 타개하는 방법의 하나로 상서로움의 상징인 기린이 쓰인 것이다.

6차 원정(1421. 10~1422. 8)은 북경에 궁궐을 세우고, 대규모 함대를 파견하느라 경제가 어려워진 탓에 41척의 배로 꾸렸다. 이번 원정은 황제를 알현하기 위해 중국을 방문한 외국 사절을 본국으로 실어 나르는 일이 주목적이었다. 한편 당시 명나라에서는 유행병이 창궐하고 북부 지방에서는 대기근이, 남부 지방에서는 대반란이 일어났다. 게다가 1421년 영락제가 달리는 말에서 떨어지는 사고가 일어났고, 궁궐의 전각이 세 차례 번개를 맞아 불타는 일까지 발생했다. 그러나 영락제는 오히려 막북漠北의 몽골을 정벌하겠다며 군사를 일으키고, 수마트라 지역의 분쟁 해결을 위해 정화를 다시 파견했다. 정화가 원정길에 있던 1424년 7월 영락제가 사망했다.

3장 세계 체제의 전주곡

새로운 황제인 홍희제洪熙帝(재위 1424~25)는 1424년 가을 정화 함대에게 원정을 중단하라는 명령을 내렸다.

　　마지막 7차 원정(1430. 12~1433. 7)은 홍희제의 뒤를 이은 선덕제宣德帝(재위 1425~35)가 외국과의 교역이 줄어들고 공물도 바닥을 드러내자 전임 사령관 정화를 불러들여 해외 원정에 대한 의견을 나눈 뒤 재개되었다. 이번에는 300척의 배와 2만 7500명으로 구성된 대함대를 꾸려 베트남, 자바, 수마트라, 그리고 일설에 따르면 오스트레일리아까지 다녀왔다고도 한다. 그러나 정화는 귀환 도중에 선상에서 사망하고 말았다. 일설에는 대원정에서 돌아와 북경에서 죽었다고도 한다. 이번에도 원정대는 상서로운 동물인 기린과 진귀한 재화를 구해 돌아왔지만, 선덕제가 "짐은 더 이상 다른 나라의 것들에 관심을 갖지 않겠다"고 선포하면서 영락제 이후 일곱 차례에 걸친 '남해 대원정'은 드디어 막을 내렸다.


## 남해 대원정의 의의

정화의 남해 대원정의 의의는 다음과 같다. 첫째, 기존에 알려져 있던 지역을 직접 다녀왔다. 둘째, 중국 최초의 동남아시아 지도라고 할 수 있는 〈모곤도茅坤圖〉를 제작했으며 항해도와 나침반 등을 사용했다. 셋째, 동남아시아 지역에 화교가 확산되는 데 크게 기여했다. 이는 오늘날까지도 동남아 각지에 존재하는 삼보묘三寶廟의 존재로 확인할 수 있다. 마지막으로 마환의 『영애승람』과 비신의 『성사승람』, 공진鞏珍의 『서양번국지西洋番國志』 등의 기록으로 중국인의 지리 지식이 동남아시아와 그 너머까지 확대되었다.

말레이시아(위)와 인도네시아(아래)의 삼보묘.

남해 대원정에 사용된 명나라의 선박 가운데는 크기가 120~150미터, 폭이 60미터, 무게 1000톤에 이르는 대형 선박도 있었다. 그러나 1433년 중국은 바깥 세계로 향하는 문을 굳게 닫아버렸다. 이후 정화의 위대한 업적은 폄하되기 시작했는데, 성화제成化帝(재위 1464~87) 때의 거가낭중車駕郎中 유대하劉大夏 등은 "정화의 원정은 영락제 통치의 잘못을 보여주는 단적인 예"라고 비난하고, "정화와 관련된 기록은 모두 과장된 이야기"라며 불태워버린다. 그래서『명실록明實錄』등에는 정화의 남해 대원정에 관한 구체적인 자료가 남아 있지 않다. 그러나 민간에서는 '삼보태감 정화'의 신기한 이야기가 널리 유행하여 명 만력萬曆 연간인 1597년경 나무등羅懋登이 100회에 걸친 이야기를 모아『삼보태감서양기통속연의三寶太監西洋記通俗演義』를 출간했다.

15세기 말 유럽이 대항해 시대를 열기 시작할 무렵, 명나라는 선박 건조를 금지하는 칙령을 반포하고 이를 어긴 자는 사형에 처한다는 법령을 반포했다. 1551년경에는 돛대를 두 개 이상 달고 바다로 나가는 것을 반역 행위로 간주했다는 기록도 있다. 이후 명·청대의 중국은 점차 '닫힌 나라'가 되었다.

# 4장 제국주의와 실크로드

# 러시아 실크로드 연구의 선구자 프르제발스키

강인욱

## 조선을 거쳐 실크로드로

19세기 중반 무렵, 식민지 확장에 혈안이 되어 있었던 러시아와 서방 각국
은 전인미답의 거대한 땅인 중앙아시아에 눈독을 들였다. 인도에서 라다
크 지방을 거쳐 티베트와 중앙아시아로 진출하려는 영국과 시베리아에서
남쪽으로 영토를 확장하려는 러시아는 19세기 내내 서로 경쟁하며 대립했
다. 100여 년에 이르는 두 나라의 경쟁은 영국의 시인이자 소설가인 키플
링Rudyard Kipling(1865~1936)이 '그레이트 게임'이라고 명명해서 더 유명
해졌다. 당시 러시아에서는 불세출의 탐험가가 등장했는데, 서양에서 실크
로드 조사가 본격적으로 시작되기도 전인 1870년대에 이미 이 지역을 샅
샅이 조사한 프르제발스키Nikolai Mikhaylovich Przewalski(1839~88)가 바로

4장 제국주의와 실크로드

그 사람이다. 프르제발스키라는 이름에는 '최초'라는 수식어가 무수히 따라붙는다. 최초로 실크로드 일대를 전면적으로 조사했으며, 황하의 발원지와 중국 내륙, 롭 노르 호수를 최초로 발견했기 때문이다. 프르제발스키는 한국과도 인연이 깊은데, 실크로드를 탐험하기 직전에 그는 연해주와 조선을 조사했다. 그러나 그의 이름은 우리에게 생소하다. 서유럽의 실크로드 연구 성과에만 익숙한 우리가 쉽게 접하기 어려운 러시아의 탐험가이기 때문이다.

프르제발스키의 초상화.

　　프르제발스키가 실크로드 일대를 답사하려던 즈음, 그러니까 1860년에 러시아는 망해가는 청나라와 북경조약을 체결하고 우수리강 동편 연해주 일대를 할양받았다. 이후 연해주 일대에는 조선인들이 대거 이주해 살기 시작했고, 러시아로서도 새로 자신의 땅이 된 지역에 대한 실태 조사가 시급했다. 이에 러시아지리협회는 프르제발스키를 연해주로 파견했다. 프르제발스키는 연해주에서 두만강 일대에 이르는 지역을 조사하여 그곳으로 이주한 조선인들에 대한 생생한 보고서를 남겼으며, 국경을 넘어 함경북도 경흥을 방문하기도 했다. 프르제발스키의 연해주·조선 탐험 이야기는 이후 『우수리 주 여행 1867~69 Travels in the Ussuri Region 1867~69』라는 제목으로 간행되었다. 이 책은 한러 교류 초창기에 연해주에 정착한 고려인들과 국경 지역의 역동적인 삶을 담은 중요한 사료로 평가받는다.

프르제발스키 탐험대가 기록한 러시아로 이주한 최초의 고려인들(『우수리 주 여행 1867~69』수록).

연해주·조선에서의 조사로 능력을 인정받은 프르제발스키는 곧이어 러시아지리협회의 지원을 받아 중국 내륙에서 티베트에 이르는 지역을 조사했다. 그는 당시 서양인에게는 전인미답의 땅이었던 중국 서북부 내륙의 실크로드를 넘어서 티베트로 가는 것을 목표로 삼고 중국과 중앙아시아 일대를 네 차례 조사했다.

1차 조사는 1870~73년에 이루어졌는데, 캬흐타를 출발해서 몽골 오르도스 지역과 청해성 일대를 돌아보며 서양인 최초로 황하와 장강의 발원 지역을 탐사했다. 2차 조사(1876~77) 때는 현재의 중국 신강위구르자치구 이리伊犂에서 천산을 거쳐 롭 노르 호수에 이르는 지역을 탐사했다. 그리고 1879년의 3차 조사 때는 신강에 위치한 하미 분지를 거쳐 티베트의 수

현존하는 프르제발스키 말.

　도 라싸로 향했지만, 티베트 정부의 반대로 탕구라 산 근처에서 되돌아갈
수밖에 없었다. 하지만 이때에 그는 자신에게 전 세계적 명성을 가져다준
몽골의 야생말 프르제발스키를 발견했다. 4차 조사(1883~86) 때는 3차 조
사에 이어서 캬흐타에서 롭 노르를 거쳐 티베트 라싸에 가고자 했지만, 결
국 뜻을 이루지 못했다.

　　프르제발스키는 네 차례에 걸친 조사를 통해서 1만 킬로미터가 넘
는 거리를 측량했으며, 식물 표본 5000개, 조류 박제 1000마리, 포유류 가
죽 130장, 파충류 박제 70개, 곤충 3000마리 등을 채집해 와서 상트페테르
부르크의 러시아지리협회 사람들을 경악시켰다. 그는 직접 가져온 것 이외
에도 수많은 고고학 유적과 실크로드 주민들, 그리고 위구르 독립운동을 하

던 야쿱 벡Yaqub Beg(1820~77)에 대한 기록을 공개했다. 그의 조사로 실크로드 지역은 순식간에 세계적인 관심거리가 되었다. 헤딘을 비롯한 서양의 실크로드 연구자들은 사실상 프르제발스키의 조사에 크게 자극을 받아 연구를 시작했다. 따라서 그를 실크로드 연구의 선구자라 해도 과언이 아니다. 프르제발스키가 발견한 것 가운데 가장 주목을 끈 것은 롭 노르 호수와 야생말 프르제발스키였다.

## 사라진 호수 롭 노르를 둘러싼 논쟁

실크로드에 관심이 있는 사람이라면 사막에서 움직이는 유령의 호수 롭 노르 이야기를 한두 번쯤은 들어봤을 것이다. 롭 노르 호수는 중국의 『사기』에 '염택鹽澤', 즉 소금의 호수라는 이름으로 등장한다. 당시에는 사람이 살 수 없는 타클라마칸 사막에서 가장 큰 호수인 염택을 발견하는 것이야말로 실크로드의 실체를 증명하는 핵심이라 여겨졌는데, 프르제발스키가 2차 답사에서 서양인 최초로 롭 노르 호수를 발견했다. 하지만 그의 발견은 즉각적인 반발에 직면했다. 실크로드라는 이름을 처음 만들어낸 독일의 지리학자 리히트호펜이 프르제발스키가 발견한 것은 롭 노르 호수가 아니라고 주장했기 때문이다. 이로써 실크로드 연구사에서 거의 50년을 끌어온 최대의 이슈 '롭 노르 논쟁'이 시작되었다.

지금이야 실크로드 연구 분야에서 프르제발스키와 리히트호펜 둘 다 유명하지만, 당시만 해도 두 사람의 차이는 컸다. 프르제발스키는 러시아지리협회의 명령을 받아 변방을 조사하는 군사 장교의 신분이었고, 리히트호펜은 실크로드라는 용어를 제창하며 중앙아시아와 중국의 중요성을 강조하던 독일의 대표적인 지리학자였다. 그러나 무명의 프르제발스키가 발표한 조사 성과는 대단했다. 그 정점은 2차 조사에서 발견한 두 개의 호수 카라-부란Kara-Buran 호와 카라-쿠르친Kara-Kurchin 호였다. 그는 이 두 호수가 바로 중국 역사서에 기록된 염택, 즉 롭 노르라고 보았다. 프르제발스키는 원래 롭 노르는 짠물로 이루어진 소금 호수였지만 수로가 바뀌어 담수가 유입되면서 담수호로 바뀌었고, 고대에는 하나였던 호수가 이후 둘로 나뉘었다고 보았다. 롭 노르의 발견은 단순히 호수 하나를 찾아낸 것이 아니었다. 신기루처럼 막연했던 실크로드 연구를 실질적인 것으로 전환시켰다는 점에서 상징적인 의미가 컸다.

1877년 10월 프르제발스키가 롭 노르의 발견을 발표하자마자 기다렸다는 듯이 이듬해인 1878년 2월 리히트호펜이 그것은 롭 노르 호수가 아니라고 반박했다. 그는 청나라 때 발간된 지도와 1도 정도의 오차가 난다는 점과 프르제발스키가 발견한 호수는 염수호가 아니라 담수호라는 점을 근거로 제시했다. 사실 둘 다 충분한 반박 근거는 될 수 없었다. 담수호가 된 것에 대해서는 프르제발스키가 이미 설명을 했다. 게다가 리히트호펜의 제자 스벤 헤딘이 롭 노르 호수 근처에서 오아시스 도시 누란 유적을 발굴했는데, 리히트호펜의 말대로라면 롭 노르는 염수라 음용할 수 없으니 그 인근에 사람이 거주할 수 없었을 것이다. 즉 헤딘의 발견과 모순된다. 또한 청나라의 지도는 근대적 측량을 거치지 않은 것이기 때문에 절대적인 근거가 될 수 없었다.

중앙아시아와 중국의 중요성을 누구보다 잘 알고 있던 리히트호펜이 중앙아시아를 최초로 조사한 프르제발스키에게 비판적인 태도를 취한 이유는 따로 있었다. 사실 리히트호펜은 실크로드의 주요 지역을 방문한 적이 없었다. 그런데 경쟁국인 러시아의 한 무명 장교가 자신보다 앞서서 괄목상대할 만한 연구를 내놓았으니 쉽게 인정할 수 없었을 것이다. 하지만 리히트호펜이 간과한 점이 있었다. 그의 경쟁 상대인 프르제발스키는 무명 장교가 아니라 연해주-조선에서 알타이, 내몽골 등을 거치며 단련된 체력과 솜씨를 갖춘 현장 탐험가였다. 게다가 러시아는 장거리를 이동해 단기간에 조사하고 문화재를 털어가는 서구의 실크로드 탐험대들과 달리, 자국 영토를 기반으로 점차 주변 지역으로 관심을 확장해나가는 방식으로 연구를 진행했다. 즉 다른 지역은 몰라도 유라시아에서만큼은 러시아가 지속적이고 세밀하고 수준 높은 연구 성과를 보여주었다. 현지조사보다는 이론과 행정을 주로 담당했던 리히트호펜은 롭 노르를 직접 확인하러 갈 형편이 못 되었기 때문에 제자 헤딘에게 중앙아시아 답사를 권유했다.

## 헤딘의 호수 이동설

프르제발스키의 경쟁자로 등장한 사람은 리히트호펜과 독일 지리학계의 전폭적인 지지를 받은 스웨덴 출신의 헤딘이었다. 1차 조사는 무리하게 추진하다가 처참한 실패를 맛보았지만, 1899년 2차 조사에서는 커다란 성과를 거둔다. 프르제발스키가 발견한 호수의 동북쪽에서 물이 말라붙은 호수의 흔적과 그 주변에 있는 오아시스 도시 누란 유적을 발견한 것이다. 사막의 도시는 주변에 물이 있어야 하니, 누란 근처에 강이나 호수가 있었다는 뜻이 된다. 이에 헤딘은 바로 누란 근처에 롭 노르 호수가 있었다고 주장했다. 그는 더 나아가서 롭 노르 호수는 고대에 리히트호펜이 주장한 그 위치에 있었지만 1500년 동안 서남쪽으로 이동하여 프르제발스키가 찾아낸 지점으로 이동했다고 보았다. 헤딘의 말이 맞는다면 프르제발스키도 맞고 리히트호펜도 맞는 셈이니 리히트호펜도 체면치레를 하게 된다. 아울러 헤딘은 실크로드를 대표하는 탐험가로서 국제적인 명성을 얻게 될 터였다.

헤딘의 '롭 노르 이동설'은 프르제발스키와 리히트호펜의 논쟁에 대한 대안으로 나온 것이다. 하지만 엄청난 수량의 호수가 수십 킬로미터를 이동한다는 것은 다른 지역에서도 찾아보기 어려운 현상이니 쉽게 납득하기 어려웠다. 그러한 비판을 의식한 듯 스타인은 1928년에 간행된 『내륙 아시아Innermost Asia』(전 5권)에서 롭 노르를 길이 50킬로미터, 최대 폭 45킬로미터의 거대한 호수로 표현했다. 호수 이동설을 대신해서 프르제발스키와 리히트호펜이 주장하는 지역을 모두 롭 노르 호수로 본 것이다. 하지만 사막에 서울보다 큰 넓이의 호수가 있다는 것은 이동설만큼이나 설득력이 약하다.

프르제발스키가 4차 조사를 마친 직후인 1888년에 키르기스스탄에서 급사했기 때문에 롭 노르에 대한 더 이상의 논쟁은 없었다. 학자로서의 자존심이 걸려 있다고 할 법한 논쟁이 이렇게 다소 어정쩡하게 마무리되었고, 리히트호펜과 헤딘은 실크로드 전문가로서의 명예를 유지할 수 있었다. 이들의 논쟁은 지금 보면 지리학적인 설명이 부족하고, 제한적인 답사에 근거한 것인데도 여전히 그들의 주장이 여과 없이 소개되는 경우가 많다.

이후 중국학자들이 이 지역을 정밀하게 측량했다. 그 결과 롭 노르 호수는 주변의 다른 호수보다 10~20미터 정도 낮다는 것이 밝혀졌다. 즉

프르제발스키의 4차 탐험지도. ❶은 중국 신장 남부의 호탄시, ❷는 롭 노르 호수, ❸은 중국 청해성의 청해(프르제발스키의 『캬흐타에서 황하의 발원지까지』에 수록).

다른 호수와 실개천의 물이 롭 노르로 들어오는 것은 자연스럽지만, 반대로 롭 노르 호수의 물이 다른 곳으로 흘러 나가는 것은 애당초 불가능하다. 당연히 호수의 이동은 말이 안 된다. 결국 리히트호펜, 헤딘, 스타인의 가설은 모두 틀렸고, 처음에 프르제발스키가 조사해서 도출한 결론이 맞다는 것이 입증되었다. 프르제발스키의 연구는 단순히 호수가 거기 있었다는 것뿐 아니라 주변의 개천이 유입되는 경로 및 그 일대 원주민들로부터 들은 과거의 물 흐름까지 세밀하게 관찰하고 종합해서 낸 결과였기 때문에 맞는 것이 어

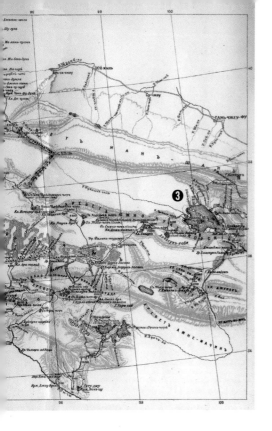

찌 보면 당연했다.

　　이처럼 지리학계에서는 이미 오래전에 헤딘의 '롭 노르 이동설'을 명쾌하게 부정했다. 하지만 한국에서 출판된 여러 실크로드 개론서에는 여전히 이 내용이 실려 있을 뿐 아니라 최근 중국에서 이루어진 과학적인 조사 결과는 거의 인용되지 않는다. 러시아와 중국의 연구를 인정하기 싫어하는 풍토라고밖에는 볼 수 없다. 실크로드에 서양 중심의 제국주의적 시각이 만연해 있다는 또 다른 증거이기도 하다.

## 야생의 조랑말, 프르제발스키 말

프르제발스키가 남긴 또 하나의 업적은 그의 이름을 따서 '프르제발스키 말'(최근에는 몽골어로 '타히'라고도 불린다)이라고 명명한 몽골의 야생 조랑말을 발견한 것이다. 프르제발스키는 신강의 하미 분지를 거쳐 라싸로 가는 3차 조사(1879~81)에서 티베트 근처까지 갔다가 당나귀처럼 다리가 짧고 목이 두꺼운 야생의 말떼를 목격했다. 다시 몽골로 돌아오는 길에도 앞서 본 것과 비슷한 말들을 발견했다. 이 말은 먼발치에서 보면 대략 120~130센티미터 정도로 몽골의 전통적인 말과 비슷한 크기이다. 전반적으로 다리가 짧고 머리가 큰 다부진 체격으로 얼핏 보면 당나귀와 비슷하다. 이 새로운 종의 야생말에 세계 학계는 열광했고, 그의 이름을 따서 프르제발스키 말이라고 명명했다. 하지만 실크로드의 유물이 경쟁적으로 도굴되었듯이 프르제발스키 말도 각국의 경쟁적인 포획 때문에 멸종 위기에 처하게 되었다. 다행히 이후 세계 각지의 동물원에 남은 프르제발스키 말을 야생으로 돌려보내는 데 성공하여 멸종의 위기는 벗어난 상태이다.

한국 고대사에도 동예의 명산품으로 조랑말의 일종인 과하마가 등장한다. 동예 지역은 고구려에 복속되어 양질의 조랑말을 키우는 종마장 역할을 했으며 『삼국지三國志』「위서魏書」에서도 주몽이 키우던 말을 과하마라고 했다. 삼국시대에 고구려는 몽골 초원 지역과 교류하며 양질의 말을 수입했으니, 그중에는 프르제발스키 말 계통의 조랑말도 포함되어 있었을 것이다. 또한 몽골제국 시기에 제주도에서 키우기 시작한 제주도 조랑말도 몽골 초원에서 들여온 것이다. 초원의 유목 전사가 유라시아 전역으로 확산되면서 그들의 말과 마구들도 함께 전파되었다. 바로 그 중심에 있었던 프르제발스키 말의 존재가 규명되면서 실크로드와 우리의 관계를 추정할 수 있는 또 하나의 근거가 마련되었다.


## 프르제발스키의 유산

프르제발스키는 그의 뒤를 이은 헤딘, 스타인 등과 마찬가지로 탐험에만 일생을 바치기 위해 독신을 고수했으며, 관직이나 학위, 대중강연 등에도 관심이 없었다. 탐사를 마치고 도시로 돌아오면 불곰 같은 체력으로 조사 내용을 정리하여 책으로 간행하고, 곧바로 다음 탐사를 준비하기에 바빴다. 게다가 그는 뛰어난 문필력의 소유자였다. 험난한 환경에서도 매일 야장野帳을 기록했는데, 별다른 가감 없이 곧바로 책으로 낼 수 있을 정도로 문장이 유려했다. 덕분에 그는 조사가 끝나면 1년도 안 되어 책을 출판할 수 있었고, 그 내용은 곧바로 영어로 번역되어 세계에 알려졌다. 그가 남긴 다섯 권

양탄자에 프르제발스키 말을 탄 병사의 모습이 그려져 있다(서기 1세기 초반, 몽골 노인 울라 2호분에서 출토).

의 책에는 탐험의 험난한 여정뿐 아니라, 탐험 기간 내내 그의 옆을 지키며 목숨을 걸고 야생 낙타나 말을 사냥하던 사냥개들에 대한 애정도 기록되어 있다. 그는 아끼던 사냥개들이 들짐승에 희생당하자 깊은 애통함을 글에 담기도 했다. 또한 현지 원주민들이 겪는 불행에 함께 분노하고 아파하는 한 인간의 모습을 유려한 필체로 남겼다.

러시아와 중앙아시아에서 그의 이름을 모르는 사람은 없다. 그들은 어려서부터 프르제발스키의 책을 읽으며 실크로드의 역사와 지리를 접하기 때문이다. 실제로 프르제발스키의 탐험은 이후 러시아의 실크로드 연구에 중요한 이정표 역할을 했다. 그와 동행한 수많은 연구자들은 이후 중앙아시아 일대로 퍼져나가 고고학, 역사학에서 지질학에 이르는 다양한 분

야의 연구를 수행했다. 몽골의 흉노 고분인 노인 울라를 조사한 코즐로프 Kozlov, 준가르와 티베트를 조사한 페브초프Pevtsov, 신강의 천산 산맥 일대를 조사한 로보로프스키Roborovsky 등이 그의 탐사대 출신이다. 이 밖에 자르코이Zharkoy, 이리치노프Irichinov 등 몽골 및 부리야트 출신의 코사크인들도 그의 조사에 참여했으며, 그들이 거둔 성과는 이후 바이칼과 몽골을 조사하는 밑거름이 되었다.


## 못다 이룬 꿈, 티베트 방문

수많은 업적을 남긴 프르제발스키도 평생 이루지 못한 꿈이 있었으니, 바로 중국 내륙을 거쳐 티베트의 라싸로 들어가는 것이었다. 네 차례나 시도했지만 결국 그는 라싸에는 도달하지 못하고, 탕구라 산맥에서 발걸음을 돌려야 했다. 당시는 섬서 일대에서 이슬람교도인 동간東干(회족의 일부)의 봉기가 광범위하게 일어나고 있었다. 청나라 정부는 그것을 구실로 서양인의 티베트 진입을 막았고, 티베트 정부도 서양인의 방문을 적극 반대하는 상황이었다. 결국 프르제발스키는 티베트에 들어가려던 계획을 포기해야 했고, 뒤를 이어 헤딘도 1900년 무렵 라싸에 가고자 했으나 같은 이유로 뜻을 이루지 못했다.

티베트 라싸에 입성한 최초의 서양인 실크로드 여행자는 영국의 장교 프랜시스 영허즈번드Francis Edward Younghusband(1863~1942)였다. 당시 인도에서 장교로 복무하던 그는 티베트를 러시아로부터 보호한다는 명분으로 군대를 이끌고 라싸에 입성했다. 티베트 정부의 허가가 나지 않아 발

티베트의 탕구라 산맥.

걸음을 돌린 프르제발스키와 달리, 영허즈번드는 기관총으로 무장한 군대
를 이끌고 가서 자신들을 막아선 티베트 병사들을 무자비하게 도륙했다. 이
것이 그 유명한 1904년 영국의 티베트 원정 사건이다. 실크로드 연구자임
을 자처했던 영허즈번드의 부대는 티베트 병사들에게 기관총을 난사해 병
사만 해도 628명을 죽였고, 민간인 사망자는 적게는 2000~3000명, 많게
는 5000명으로 추산된다.

　　　당시 영국이 내세운 명분과 달리, 러시아는 애초부터 티베트에 진출
할 의사가 없었다. 영국 병사들은 티베트의 어디에서도 러시아의 흔적을 찾
을 수 없었다. 사실 영허즈번드의 원정 이전에 이미 러시아 정부는 영국 정
부에 자신들은 티베트에 관심이 없음을 공식적으로 통보했다. 실제로 티베
트와 동투르키스탄(지금의 신강 일대) 지역을 차지한 것은 영국도 러시아도 아

상트페테르부르크의 프르제발스키 동상.

닌 중국이었다. 따라서 영국의 티베트 원정 사건은 19세기에 영국과 러시아가 중앙아시아의 패권을 놓고 벌인 '그레이트 게임'의 어두운 역사라고 할 수 있다.

러시아의 실크로드 연구자들을 스파이라고 폄하하는 주장이 지금도 서구의 출판물에 종종 등장하는데, 이는 영국이 1904년의 티베트 원정을 합리화하려는 의도가 다분하다. 프르제발스키가 해낸 엄청난 스케일의 조사 이후 영국은 이래저래 다급해졌고, 티베트에서 주도권을 차지하려는 욕심 때문에 이러한 비극을 초래하고 말았다. 실크로드라는 낭만적인 모습 뒤에 숨어 있는 강대국들의 탐욕을 상징적으로 드러낸 사건이라 할 수 있다. 아이러니하게도 티베트인을 학살하고 라싸로 입성한 영허즈번드는 티베트의 영적인 사상에 감화를 받아 영적 지도자를 자처하며 여생을 보냈는데, 이는 지금 서방에서 불고 있는 티베트 붐의 문을 여는 데 일조했다.

21세기의 실크로드는 지난 세기와 달리 자국의 국력을 앞세운 제국주의적 시각도 없고, 냉전의 장벽도 없다. 따라서 다양한 문화와 사람들의 교류에 대한 균형 있는 시각이 요구된다. 한국은 식민지를 경영한 제국주의 국가도 아니고 직접 실크로드를 답사한 적도 없는 일종의 후발 주자이다. 어쩌면 이는 강대국 중심의 실크로드 연구에서 벗어나 우리만의 안목과 시야로 그곳을 바라볼 수 있는 유리한 조건인지도 모른다. 기존의 연구들이 보여준 관점에 얽매이지 말고, 국경과 편견과 권위를 초월하여 폭넓은 시각에서 실크로드를 바라보는 연구를 시작해야 한다.

지난 세기 냉전의 영향인지 몰라도 우리에게 러시아의 실크로드 연구자들은 생소할 따름이다. 하지만 프르제발스키의 연구는 이후 러시아와 중앙아시아 여러 나라에서 실크로드 연구를 시작하는 기반이 되었고, 그가 배출한 수많은 연구자가 150여 년간 이 분야를 실질적으로 담당해왔다는 점에서 그의 이름은 결코 간과될 수 없다. 최근 몇 년간 실크로드를 한반도로 이으려는 여러 움직임이 있다. 현시점에 150년 전 조선을 거쳐 실크로드를 답사했던 프르제발스키의 이름을 되새겨보는 또 하나의 이유이기도 하다.

# 고대 실크로드 문명의 재발견과 영국의 오렐 스타인

주경미

## 실크로드 연구의 선구자, 스타인

2016년 가을, 중국을 출발하여 중앙아시아를 통과하는 실크로드 고속화물열차가 이란에 성공적으로 도착했다는 뉴스가 있었다. 중국의 일대일로 정책의 일환으로 운행된 이 기차는 중국 남부에서 출발하여 신강위구르자치구의 성도省都 우룸치를 지나 북쪽의 천산 산맥을 넘어 카자흐스탄, 키르기스스탄, 우즈베키스탄, 투르크메니스탄을 거쳐 이란의 테헤란까지 장장 9500여 킬로미터를 14일 만에 주파했다. '철의 실크로드'라고 불리는 이 철길은 앞으로 이란을 관통하여 유럽까지 이어질 전망이다.

중국과 유럽을 연결하는 신新실크로드 구상은 실크로드의 중국 쪽 기점인 서안에서 자란 시진핑 주석의 주도로 진행되고 있는데, 중국을 중심으로 하는 세계 경제의 교류가 가장 큰 목적이다. 실크로드 연구자로서 다소 아쉬운 점은 철의 실크로드라 불리는 새로운 중국발 철도 노선이 고대 카라반의 이동 경로나 전통적으로 실크로드라 불려온 길과는 다소 차이가 있다는 점이다.

사실 실크로드라는 동서 교섭로는 하나가 아니라 여러 갈래로 이어진 복잡한 길로, 중앙아시아 내륙을 관통하는 경로만 해도 몇 가지가 있다. 실크로드의 생명력은 바로 이러한 다양성과 복잡성의 네트워크에 있다. 기원 전후부터 기원후 10세기경까지 고대의 카라반이 지나다니던 실크로드는 서안에서 감숙성을 지나 서쪽으로 향하다 만나는 거대한 타클라마칸 사막을 횡단하는 사막길이다. 죽음의 사막이라 불리는 이 일대의 타림분지를 여행하는 길은 사막 북쪽의 거대한 천산 산맥과 남쪽의 곤륜 산맥 사이의 오아시스들을 연결하며 이어진다. 반면 시진핑의 일대일로 정책에서는 이

타림분지의 누란 유적 일대(1914~15년 스타인 탐사대 촬영).

마크 오렐 스타인(1909년 촬영).

옛길보다는 우룸치에서 북쪽으로 천산 산맥을 넘어 멀리 돌아가는 길을 새로 개발했는데, 이는 타림분지 일대의 정치적 상황과 무관하지 않다.

실크로드의 옛 사막길은 16세기 초반 마젤란의 세계일주 항해 성공 이후 급속하게 쇠퇴하여 한동안 역사상에서 완전히 잊혔다. 타림분지 인근의 오아시스를 따라서 발전한 고대 실크로드 문명은 사막의 모래바람 속에 묻혀 19세기 후반까지 역사의 미스터리로 남아 있었다. 옛 문헌의 기록으로만 전해지던 이 일대의 오래된 문명을 처음 발굴하여 세계 학계의 주목을 받은 인물은 헝가리 출신의 영국인 마크 오렐 스타인이다.

19세기 후반 남하 정책을 펴던 러시아와 인도 이북으로 진출하던 영국은 비슷한 시기에 타림분지로 접근하기 시작했다. 당시 타림분지 일대는 청나라의 지배 아래 있었다. 근대 초기 아시아 내륙에서 가장 오지였던 이 지역으로 헝가리, 스웨덴, 영국, 러시아, 독일, 일본 등 여러 나라의 탐험대가 몰려들면서 사막길에 남아 있던 옛 유적과 유물들은 세계 여러 나라로 흩어졌다.

이 수많은 탐험가들 중에서 가장 흥미롭고 중요한 인물이 바로 스타인이다. 스타인에 대한 평가는 중국과 서구에서 완전히 상반된다. 중국에서는 가장 지독한 보물 도굴꾼, 희대의 도둑 등으로 비난하는 반면, 서구 학계에서는 중앙아시아의 고대 실크로드 문명 및 돈황학 연구의 선구자로 추켜세운다.

## 실크로드 탐사에 나서다

헝가리 부다페스트의 유대인 가정에서 태어난 스타인은 평생 독신으로 살면서 타클라마칸 사막 일대를 횡단하는 중앙아시아 내륙 탐사를 네 차례에 걸쳐 진행했다. 그의 탐사대는 언제나 서양인 동행은 전혀 없이 전부 현지 고용인들로만 꾸려졌다. 대신 그는 탐사 때마다 '대쉬Dash'라는 이름의 강아지를 한 마리 데리고 다녔는데, 평생 동안 모두 일곱 마리의 대쉬가 동행했다고 한다. 스타인의 타림분지 및 사막 횡단 탐사는 한겨울에 무리하게 진행되었다. 대원들이 물이 없어서 고생하다가 죽을 뻔한 일도 많았고, 스타인 자신도 2차 탐사 도중에 심각한 동상에 걸려 발가락 두 개를 절단하는 수술을 받기도 했다.

그러나 그는 아무리 힘든 여행길에서도 내내 일지를 작성하여 기록을 남겼다. 지리적 실측 및 고고학적 발굴은 비교적 최신 기술을 적용하여 이루어진 편이다. 그는 직접 유적 측량을 진행했으며, 중요한 곳은 사진을 촬영해놓았다. 또한 틈틈이 친구들에게 편지를 써서 근황을 알렸으며, 학계의 여러 동료들과도 꾸준히 정보를 교환했다. 그는 타림분지 인근에서 진행한 네 차례의 탐사 결과를 토대로 『고대 호탄Ancient Khotan』(전 2권), 『세린디아Serindia』(전 5권), 『내륙 아시아』(전 5권) 등의 보고서를 발간했으며, 그가 수집한 수많은 유물과 자료들은 현재 영국박물관, 영국도서관, 인도의 뉴델리국립박물관 등에 비교적 양호한 상태로 보존되어 있다.

중앙아시아 미술사와 고고학적 측면에서 보면 스타인은 가장 중요한 학자 가운데 한 사람으로 평가된다. 그는 미란, 누란, 단단윌릭 등 타림분지 남쪽 사막에 숨겨진 여러 고대 유적을 직접 발굴했을 뿐만 아니라, 감숙성 최북단의 돈황석굴 장경동에 숨겨져 있던 수많은 고대 문서와 유물을 처음으로 수집해 서구에 공개했다. 돈황 장경동의 유물 수집 문제는 스타인에 대한 상반된 평가와 직접적으로 연결된다. 유물을 빼앗겼다고 생각하는 중국 측에서는 지속적인 비난을 보내고, 반대로 버려질 뻔한 유물들을 암흑 속에서 구출해냈다고 생각하는 서구 학계에서는 선구적이고 모범적인 학

스타인의 제3차 중앙아시아 탐사대. 투르판의 한 유적 앞에서 탐사대 일행과 찍은 사진이다. 중앙에 스타인이 대쉬 3세를 데리고 앉아 있다. 대쉬 3세는 1912년부터 스타인의 여행에 동행했다.

미란 유적지 전경. 스타인은 한없이 펼쳐진 황량한 사막에서 한겨울에 현지인 인부들을 이끌고 유적 탐사와 발굴을 진행했다. 스타인의 탐사 이전에도 이후에도 이 유적지 인근에는 사람이 거의 살지 않는다(1907년 스타인 탐사대 촬영).

돈황 제16굴과 제17굴 전경. 앞쪽의 작은 문이 장경동인 17굴의 입구이며, 앞에 늘어놓은 두루마리들이 스타인이 조사하기 위해서 꺼내놓은 고사본들이다. 멀리 뒤쪽으로 16굴의 본존과 협시 불상들이 보인다(1907년 스타인 탐사대 촬영).

자로 존경을 표하는 경향이 강하다.

스타인은 어렸을 때는 부다페스트와 드레스덴에서 교육을 받았고, 이후 비엔나대학과 라이프치히대학에서 산스크리트어와 페르시아어를 공부했다. 1883년 튀빙겐대학에서 박사학위를 받고, 1884년 영국으로 건너가 본격적으로 동양학 연구를 시작했다. 이후 1887년 당시 영국 식민지였던 인도로 건너가 라호르(지금은 파키스탄에 속함)의 펀잡대학에서 교편을 잡았다. 1888~99년 펀잡대학의 동양학부장을 역임하던 중에 헤딘이 1898년에 발간한 『아시아를 관통하여Through Asia』를 읽고 자극받아 중앙아시아 오지 탐사를 결심하고 실행했다.

스타인의 중앙아시아 타림분지 및 고대 실크로드 유적에 대한 1차 탐사는 인도 식민지 정부의 후원으로 1900년 5월부터 1년간 진행되었다. 당시 그는 타림분지 남쪽의 호탄 인근 유적지들을 사막 속에서 찾아내 발굴 조사했는데, 이때 유명한 라와크의 불교 유적 및 니야, 엔데레, 단단윌릭, 요트칸의 유적들을 처음으로 조사했다. 이 조사에서 초기 간다라 불교 조각과 유사한 양식의 불상 및 수많은 벽화와 그림, 조각들이 발굴되었다. 그중에는 비단의 전래와 관련된 공주 이야기나 힌두교 신상, 이란풍의 '비단의 신'을 그린 목판 등도 포함되어 있었다.

스타인은 이 미술품들의 양식이 중국이 아니라 서아시아나 인도 미술의 영향을 받았음에 주목하여, 타림분지 남쪽 오아시스의 고대 문명이 중국보다는 서쪽의 인도 및 페르시아 문명과 친연성이 있다는 사실을 처음으로 확인했다. 이는 당시 중국이 지배하던 타림분지 일대의 역사적, 문화적 성격이 중국의 문화적 전통 아래에서 발전한 것이 아님을 알려주는 것으로서 당시 서구 학계에 큰 충격을 주었다.

　　스타인의 1차 탐사 보고를 통해서
고대 실크로드의 옛 문명들이 타클라마칸
사막 인근 지역에 다수 묻혀 있음을 알게
된 유럽의 동양학자들은 이때부터 경쟁적
으로 이 지역을 탐사하기 시작했다. 그와
함께 고대 실크로드 문명의 발굴과 파괴도
본격화되기 시작했다.

6세기경에 제작된 〈비단의 신〉 채색 목판 뒷면
(1901~02년 단단윌릭 유적 출토, 영국박물관 스타인 컬렉션).

## 돈황 장경동 문서와 유물의 수집

1904년 영국 시민권을 획득한 스타인은
1906년 4월부터 1908년 10월까지 인도
정부와 영국박물관의 지원으로 중앙아시
아 타림분지 일대에 대한 2차 탐사를 진행
했다. 그는 이때 돈황 장경동의 문서와 유물을 수집하여 널리 이름을 알렸
다. 돈황 시내에서 조금 떨어진 명사산鳴沙山은 모래로 이루어진 산으로 지
금은 유명한 관광지가 되었지만, 이전에는 황량한 모래사막의 시작점일 뿐
이었다. 명사산 한쪽에 자리 잡고 있는 천불동千佛洞(지금의 돈황 막고굴)은 중
앙아시아 석굴사원 중에서 가장 잘 보존되어 있는 중요한 불교 유적지이다.
스타인은 2차 답사에서 호탄과 롭 노르 호수 일대의 미란과 누란 유적을 탐
사했으며, 더 동쪽으로 이동해 돈황 천불동까지 탐사를 진행했다.

돈황 명사산 입구. 현재는 월아천과 명사산이 돈황 지역의 주요 관광지로 부상하여 이곳에서 낙타 타기, 모래썰매 체험 등이 이루어지고 있다.

　　헝가리 출신인 스타인이 돈황을 최종 목적지로 정한 것은 그곳을 처음 방문한 서양 학자들이 헝가리 지질학 탐험대였다는 점과 관련이 있다. 당시 헝가리 학자들은 고대 헝가리인의 기원이 중앙아시아의 훈Hun족에 있다고 생각하여 1877~80년에 중앙아시아 지역을 탐사했다. 그들은 1879년 돈황 천불동을 처음 확인하고 서양 학계에 최초로 보고하였다. 이 탐험대의 일원이자 당시 헝가리지리학회의 회장이었던 로치 라요스Loczy Lajos(1849~1920)는 스타인에게 꾸준히 편지로 연락하여 돈황 천불동의 아름다운 경관에 대해 알려주었다. 스타인은 그의 영향을 받아 돈황 방문을 꿈꾸었고, 2차 탐사에서 그 꿈을 실현하여 세계 문명사에 잊을 수 없는 족적을 남겼다. 스타인의 돈황 탐사는 고대 실크로드 문명 연구와 스타인의 탐사 여정 중에서 가장 획기적인 사건 가운데 하나였다.

3~4세기경에 그려진 미란 불교 사원지 출토 벽화 〈붓다와 제자들〉. 눈을 크게 뜨고 있고 콧수염을 기른 붓다의 형상은 간다라의 스와트 지역 불교 미술 양식의 영향을 받은 것으로 보인다(1907년 스타인 탐사대 촬영, 인도 뉴델리국립박물관 소장).

스타인은 돈황 답사 직전에 방문한 사막에서 황폐한 미란의 불교 사원지를 발굴했는데, 그곳에서 날개 달린 아름다운 천사상과 붓다의 일대기를 그린 벽화를 찾아냈다. 또한 누란의 고대 도시 유적지에서 한자와 카로슈티어로 쓰인 목간과 서책을 다수 발굴했다. 스타인은 미란 출토 벽화들을 포함한 발굴품을 모두 카쉬가르로 보내 영국으로 반출하고자 했지만 아쉽게도 일부 유물은 영국에 도착하지 못한 채 행방불명되었다. 최근 그중 일부가 인도 뉴델리국립박물관에 보관되어 있음이 확인되기도 했다.

1907년 3월 돈황에 도착한 스타인은 만리장성의 서쪽 끝부분을 확인하여 발굴했으며, 돈황 천불동에서 방대한 양의 고문서가 발견되었다는 소식을 듣고 직접 조사를 하러 갔다. 당시 천불동을 관리하던 인물은 왕원록王圓籙(1851~1931)이라는 도사였다. 그는 1900년 6월 천불동을 정비하다

왕원록 도사(1907년 스타인 탐사대 촬영).

가 우연히 제16굴 복도의 벽 안쪽에서 수만 점에 달하는 고문헌과 유물로 꽉 차 있는 비밀의 방 하나를 발견하여 청나라 정부에 신고했다. 이것이 유명한 장경동이다(지금의 제17굴). 당시 정부 관리들은 특별한 관심이나 지원 없이 이 유물들을 그대로 왕 도사에게 맡겼다.

　　돈황석굴을 보수 및 관리하기 위해 돈이 필요했던 왕 도사는 스타인과 협상하여 조사를 허가하고, 그에게 장경동 유물 중 일부를 팔았다. 스타인은 유물 가운데 중국어, 산스크리트어, 소그드어, 티베트어, 위구르어를 비롯한 여러 문자로 쓰인 고사본들, 그리고 질 좋은 비단과 종이에 그려진 다양하고 아름다운 불교 회화들을 조사했다. 스타인의 장경동 조사는 바로 현대 돈황학의 출발점이 되었다. 아쉽게도 스타인은 중국어를 읽지 못해서 중국어 문헌을 충분히 검토하지 못했지만, 비단이나 종이에 그려진 아름다운 그림들이나 그가 읽을 수 있는 다양한 언어로 기록된 여러 가지 필사본 및 목판본 등을 조사하고 그중 수천 권을 구입해서 영국으로 가져왔다. 이 유물들은 스타인의 2차 탐사를 지원한 영국박물관에 기증되었다.

　　스타인이 발견하여 유럽으로 가져간 장경동의 문서들은 중국 및 중앙아시아의 고대 역사, 문화, 종교, 예술 연구에 매우 중요한 자료들이다. 스타인은 2차 탐사의 성공으로 대중적인 명성을 얻었고, 세계 학계에서도 널리 인정받게 되었으며, 1913년에는 영국 국왕으로부터 기사 작위를 받기도

4장 제국주의와 실크로드

돈황 장경동에서 출토된 중국 당나라 시대(8세기경)의 〈자수 석가불삼존도〉(영국박물관 스타인 컬렉션).

했다. 그는 1913년 7월부터 1916년 2월까지 타림분지 남쪽과 돈황, 투르 판 일대에서 3차 탐사를 진행한 뒤 보고서를 발간했는데, 이 보고서들은 지 금까지도 규모나 내용 면에서 모두 훌륭한 학술 성과로 평가받고 있다.

스타인은 1930년에 또다시 4차 탐사를 시도했지만, 이때는 중국 정 부의 정책 변화로 별다른 성과를 거두지 못했다. 이후 그는 인도 서북 지역 및 이란 지역 탐사를 꾸준히 진행했으며, 80세의 노령으로 아프가니스탄 답사를 위해 수도 카불에 갔다가 병에 걸려 1943년 10월 세상을 떠나 그곳 에 묻혔다.


## 스타인 이후 국제 학계의 돈황 연구 경향

1907년 스타인이 돈황 장경동을 다녀간 이후, 프랑스의 펠리오를 비롯한 여러 나라의 탐험대가 장경동 유물을 구입하여 해외로 반출했다. 중국 정부 는 유물 유출이 여러 번 이루어지고도 한참이 지난 후에야 왕 도사를 처벌하 고, 남은 문서들을 북경의 도서관으로 옮겼다. 중국에서는 장경동 유물을 대 량 반출해 가져간 스타인, 펠리오 등을 문화재 도굴꾼이자 제국주의의 스파 이라고 비난했지만, 스타인이 탐사할 당시 그들이 타림분지 일대의 실크로 드 고대 문명에 거의 관심을 두지 않은 것도 사실이다. 스타인이 아니었다면 장경동의 문서와 유물이 지금까지 남아 있을 가능성은 상당히 희박하다.

서구의 문화적 침략으로 인식되기도 하는 19~20세기 초반 서양 탐 험가들의 발굴과 연구는 그 성격이 일종의 보물찾기에 가깝기는 했다. 그 들 중에서 스타인만큼 뛰어난 열정과 탐구심으로 끈질기게 자료를 수집 정리하고 연구한 학자는 많지 않다. 중국은 지금도 스타인이 수집한 유물들을 영국과 각각의 소장처에서 자신들에게 반환해야 한다고 주장하고 있지만, 이에 대해서는 여러 가지 이견이 있다.

이와 관련하여 우리가 새롭게 주목해야 할 것은 '스타인 컬렉션 Stein Collection'의 상당수를 소장하고 있는 영국 학계의 활동이다. 1994년 영국도서관의 수잔 휫필드Susan Whitfield는 국제돈황프로젝트International Dunhuang Project(IDP)를 발족하여 영국, 중국, 러시아, 인도, 독일, 미국, 프랑스, 헝가리, 일본, 한국 등에 분산되어 있는 돈황 관련 문헌과 문화재들을 온라인상에서 연결하는 프로젝트를 진행하고 있다(http://idp.bl.uk/ 참조). 이는 돈황 관련 문화재를 소장한 각각의 기관들이 자신들의 소장품을 디지털 데이터베이스화하여 공유할 수 있는 온라인 연구 기반 조성 사업이다. 현재 영국, 중국, 러시아, 일본, 독일, 프랑스 등 6개국이 참여하여 총 51만 점 이상의 전산 자료가 공유되고 있다.

영국박물관과 영국도서관에서는 스타인에 대한 연구와 학술대회를 지금도 꾸준히 진행하면서, 그가 시작한 돈황학과 고대 실크로드 문명 연구를 이어가고 있다. 영국을 중심으로 다국적 네트워크로 연결된 스타인의 학문적 후예들이 인터넷이라는 가상공간에서 자유롭고 개방적인 신실크로드를 구축해가고 있는 것이다. 만약 그가 수집한 유물들이 여전히 중국에 있다면, 고대 실크로드 문명에 대해 지금 우리가 가지고 있는 정보는 양적으로 훨씬 더 빈약하거나 어쩌면 전무할지도 모른다.

'소 잃고 외양간 고친다'는 말처럼, 중국 정부는 장경동 유물이 계속 해외로 유출되자 그 지역을 정비하기 시작했다. 그 결과 돈황석굴은 2000

2007년에 촬영한 돈황석굴 전경. 2000년대 이후 돈황석굴은 국가의 지원을 받아 보수공사를 꾸준히 진행하여 현재는 무너진 석벽을 모두 시멘트로 보수하고 난간을 만들었다. 석굴문은 전부 철문을 달고 자물쇠로 걸어놓아서 허가를 받지 않고는 들어갈 수 없다.

년대 이후 견고한 시멘트 성곽으로 탈바꿈했다. 유적의 상태를 보존한다는 명목으로 석굴은 철문으로 막고 자물쇠를 채웠다. 관람객은 국가기관의 허가를 받은 후 입장료를 내고 열쇠를 가진 관리인의 뒤를 따라 들어가 일부만 볼 수 있다. 그중에는 외국인이 관람할 수 없는 석굴도 있고, 일부 석굴은 한동안 '특굴'로 지정되어 200위안 이상의 돈을 지불해야만 볼 수 있었다. 또한 돈황석굴 내부에서는 보존을 이유로 사진 촬영을 전면 금지했으며, 이미 촬영되어 출간된 사진을 이용할 때도 까다로운 절차를 거친 후 고액의 사용료를 지불해야 한다. 중국의 폐쇄적인 문화재 보호 정책은 스타인 이후 들이닥친 외국인들의 문화재 탈취에서 비롯한 것이기도 하지만, 기본적으

4장 제국주의와 실크로드

로 중국의 문화 정책과 연구가 서구 학계에 비해서 자국중심주의적이고 비개방적으로 진행되는 경향이 강하기 때문이다.

시진핑이 새롭게 시작하는 일대일로 정책은 중국의 국경을 넘어 유라시아 대륙으로 경제를 확장해나가겠다는 야심찬 포부로 시작하여 고속철도라는 최신식 기술로 현실화되고 있지만, 이것을 고대 실크로드의 자유롭고 개방적인 문화 교류의 정신을 이어가는 정책이라고 보기에는 의문이 남는다. 실크로드는 본래 하나가 아니라 여러 갈래 길의 네트워크였다. 실크로드의 옛 도시 국가들과 고대 문명은 중국뿐 아니라 인도, 페르시아, 중앙아시아 지역의 수많은 언어와 인종과 문화가 결합한 다양하고 개방적인 형태로 발전해왔다. 실크로드 문화의 다양성과 개방성은 헝가리인으로 태어나 영국인으로 살았던 스타인이 중앙아시아의 사막에서 자유로운 학문적 탐구심을 발휘하여 꾸준히 기록하고 촬영해 힘겹게 재발견한 것이다. 중국이 그를 비난하는 것이 일면 이해되기도 하지만, 다른 한편으로 스타인이 꾸준히 문헌학과 지리학, 고고학을 연구하며 살았던 성실하고 열정적인 학자였다는 점도 인정해야 한다고 생각한다.

현대 중국의 신실크로드 정책 및 폐쇄적인 문화재 보호 정책과 가상 세계에서 자유롭게 학문의 길을 이어가는 영국 학자들의 국제돈황프로젝트는 모두 실크로드의 사라진 고대 문명을 재발견한 스타인의 업적에서 시작된 것이지만, 서로의 방향성과 진행 방식은 스타인에 대한 상반된 평가만큼이나 대조적이다. 지금 세계에서 벌어지고 있는 신실크로드 구축의 다양한 모습을 보면서, 한국은 여기에 과연 어떤 방식으로 참여할 수 있을지에 대해서 진지하게 고민해야 할 시점에 서 있다.

# 벽화 절취의 달인, 독일 탐험대의 그륀베델과 르 콕

임영애

## 독일 탐험대의 실크로드 탐사

독일 탐험대의 벽화 절취 기술은 실로 경이로웠다. 그들이 지나간 자리는 부스러기조차 남지 않을 만큼 깔끔했다. 이들이 수집한 벽화는 1차 세계대전 발발 직전인 1914년 6월 러시아 국경을 통과하여 베를린에 도착했다. 처음 계획대로 이 벽화들은 베를린인도미술관에 원래의 석굴과 같은 규모의 모형을 만들어 본래의 위치에 붙여 전시되었다. 중앙아시아의 벽화를 절취하면서 그들은 이렇게 약속했다.

"이 훌륭한 보물을 구출해야 한다. 이대로 방치해두면 이슬람교도에 의해 파괴되거나 지진으로 붕괴될 위험이 있다. 그렇게 되기 전에 베를린으로 옮겨가 최고의 기술로 보존 처리를 해두면 오히려 세계적인 보물이 될 수 있다."

하지만 벽화는 2차 세계대전 때의 공습으로 잿더미가 됐다. 석굴 모형에 단단히 붙여놓은 벽화는 재빨리 떼어내 안전한 곳으로 옮길 수가 없었기 때문에 고스란히 화를 입었다. 운좋게 폭격을 면한 수집품과 당시 다렘 미술관으로 옮겨 전시되고 있던 일부만 살아남아 지금에 이른다. 결국 그들이 안전하게 절취해 완벽히 복원했다고 자랑하던 중앙아시아 벽화는 베제클릭 석굴사원의 걸작 〈서원도誓願圖〉를 비롯해 대략 40퍼센트가 이 세상에서 사라졌다. 그로 인한 피해는 이뿐만이 아니었다. 현지인들도 돈이 된다는 생각으로 유물을 훔치기 시작했고, 심지어는 흙으로 만든 소조상이 훌륭한 비료가 된다는 소문이 돌면서 마구잡이로 떼어내기도 했다.

독일 탐험대는 1902~14년 네 차례에 걸쳐 중앙아시아로 파견된 조직적 학술 조사단이다. 대장은 그륀베델Albert Grünwedel(1856~1935)과 르콕Albert von Le Coq(1860~1930)이었다. 1차와 3차는 그륀베델이, 2차와 4차는 르 콕이 탐험대를 이끌었다. 1902년 12월 초 1차 탐험대장을 맡은 그륀베델은 인도학 연구자이자 당시 베를린인도미술관의 인도부장이었다. 그륀베델은 매우 치밀한 성격의 탐구파 학자였다. 그에게 중앙아시아 유물은 수집 대상이 아니라 연구 대상이었다. 반면 르 콕은 거칠지만 대단한 행동력을 지닌 탐험가였다. 그 누구보다도 발굴 감각이나 벽화 채집에 뛰어난 재능을 보였다. 그륀베델과 르 콕은 처음부터 삐걱거렸고, 탐사가 끝날 때까지 지속적으로 의견 차이를 보여 서로가 서로를 힘들게 했다. 1~4차 탐험을 모두 함께한 사람으로 박물관 기술직 바르투스Theodor Bartus가 있는데, 모든 벽화의 절취는 손끝이 야무진 그가 맡았다. 이들이 10여 년에 걸친

1 그륀베델.
2 르 콕.
3 바르투스.
4 독일 탐험대.

네 차례의 탐험을 차근차근 감행할 수 있었던 것은 무기상인 크루프Krupp 집안의 전폭적인 재정 지원 덕분이었다.

이들이 처음 목표로 한 곳은 투르판이었다. 그곳에는 베제클릭 석굴 같은 아름다운 벽화가 잘 남아 있다는 사실을 알고 있었기 때문이다. 그래서 이들을 '투르판 탐험대'라고도 부른다. 독일을 출발하여 머나먼 투르판에 도착하는 데만도 꼬박 3개월이 걸렸다. 이들은 1차 탐험 당시 약 5개월 동안 투르판 일대의 유적지를 조사하며 회화, 불상, 각종 고문서 46상자를 얻었다. 상자 하나가 37.5킬로그램이었다고 하니 그 양만도 어마어마했다. 그들이 가져온 보물은 독일의 동양학자들을 흥분시켰다. 흥분한 것은 학자들만이 아니었다. 당시 독일 황제는 크게 기뻐하며 1904년 11월 곧바로 2차 탐험대를 보냈다. 1차 탐험대의 대장 그륀베델은 건강을 이유로 빠지고, 이번에는 르 콕이 대장을 맡았다. 2차 탐험대도 투르판으로 갔다. 그들은 투르판의 유적지를 발굴하며 각종 유물을 손에 넣었지만, 가장 큰 성과는 베제클릭 석굴 벽화의 절취였다.

## 르 콕의 벽화 절취

르 콕은 바르투스와 함께 베제클릭 제9호굴(지금의 제20굴)을 완벽하게 절취했다. 2차 세계대전의 공습으로 소실된 벽화가 바로 이것이다. '베제클릭'은 '아름다운 그림으로 장식된 곳'이라는 뜻이다. 이 석굴에서 가장 유명한 그림은 앞서 언급한 〈서원도〉인데, 위구르 불교 미술을 대표하는 작품이다. 중앙의 부처를 중심으로 주변에 공양인들이 배치돼 있다. 공양인들 가운데

베제클릭 석굴 전경.

하나는 석가모니의 전생으로, 다음 생애에 부처가 되겠다는 서원을 세웠음을 보여준다.

　　1905년 8월 초, 르 콕은 돈황석굴에서 엄청난 양의 서화가 보관돼 있는 장경동이 발견됐다는 소식을 접한다. 기대에 부풀어 돈황으로 직행하던 길에 그는 한 통의 전보를 받는다. 건강을 회복한 그륀베델이 3차 탐험대 대장으로 베를린에서 오고 있다는 소식이었다. 돈황으로 갈 것이냐, 대장 그륀베델을 맞으러 갈 것이냐를 두고 고민하던 르 콕은 동전을 던졌다. 동전은 그륀베델의 손을 들어줬다. 그는 결국 돈황을 포기하고 그륀베델에게 갔다. 그를 더욱 화나게 한 것은 그륀베델의 도착이 52일이나 늦어진 것이다. 그 정도면 돈황을 다녀오고도 남았을 시간이었다. 우여곡절 끝에 르 콕은 그륀베델과 함께 3차 탐험을 시작한다. 만약 그때 르 콕이 과감하게 돈황으로 갔더라면 돈황 장경동의 수많은 서화는 어쩌면 또 다른 운명을 맞았을지도 모르겠다. 훗날 르 콕은 이렇게 적었다.

내가 이 보물을 손에 넣을 수 없었던 것은 개인적으로는 아무리 생각해도 분하지만, 보다 좋은 곳으로 갔다고 생각하며 스스로 위로하고 있다.

3차 탐험은 그렇게 시작되었다. 이때 처음으로 쿠차의 키질 석굴과 쿰트라 석굴 벽화를 조사했다. 당시 이들이 발견한 키질 석굴 벽화는 엄청난 것이었다. 이들은 석굴 벽화를 절취하면서 굴마다 별명을 붙였다. 이를테면 조사 도중 입구에서 커다란 바위가 떨어진 굴은 '낙석굴', 항해 이야기가 그려진 굴은 '항해자굴' 같은 식이었다. 이때 그륀베델은 스케치와 측량만 해서 베를린의 박물관에 모형을 만들자는 의견을 제시했지만, 르 콕의 생각은 달랐다. 모두 떼어내 베를린으로 가져가고 싶었다. 그러나 그륀베델의 반대가 너무 완강해서 "만약 내 주장을 굽히지 않으면 관계가 끝날 것 같았다"고 르 콕은 훗날 자신의 책에서 밝혔다. 벽화 이외에도 수많은 소조상, 목조상을 비롯해 마니교, 네스토리우스파 기독교 문서 등 여러 언

1 키질 제212굴 벽에 그려진 헤엄치는 인물들(6세기, 독일 베를린인도미술관 소장).
2 키질 제77굴 벽에 그려진 집금강신執金剛神(6세기, 독일 베를린인도미술관 소장).

어와 문자로 기록된 문서를 손에 넣었다. 독일로 돌아가 이것들을 정리하는 데만도 6년이라는 시간이 걸렸으니, 그 양이 얼마나 많았는지 충분히 상상할 수 있다.

그륀베델이 빠진 1913년의 4차 탐험에서 르 콕과 바르투스는 제 세상을 만난 듯했다. 자유롭게 굴 안의 벽화를 닥치는 대로 뜯어냈다. 3차 탐험 때 그륀베델의 반대로 가져가지 못한 벽화도 결국 떼어냈다. 영국의 스타인도 벽화를 절취했지만, 그조차 독일 탐험대의 무자비한 절취 방식을 비난할 정도였다. 모든 탐험에 참여한 바르투스가 바로 그 벽화 절취의 달인으로, 독일 탐험대가 베제클릭이나 키질 석굴에서 반출한 벽화 대부분은 그의 경탄할 만한 솜씨에 의한 것이었다.

2차와 4차 탐험을 이끈 르 콕은 벽화를 무조건 뜯어가기를 고집한 극단적인 문명 파괴자였다. 후일 그는 베제클릭 석굴에서 벽화를 떼어내는 데 성공한 일을 다음과 같이 술회했다.

> 오랜 시간 힘들여 작업한 끝에 벽화를 모두 떼어내는 데 성공했다. 그것들은 20개월 만에 무사히 베를린에 도착했다. 그 벽화들은 박물관의 방 하나를 가득 채웠다.

당시 베를린인도미술관에 전시된 대형 벽화 28점은 중앙아시아 벽화 가운데 최고 걸작으로 평가된다. 물론 앞서 이야기한 것처럼 2차 세계대전 중 미군의 폭격으로 완전히 파괴되어 잿더미로 변해버렸지만 말이다. 1차, 3차 탐험대 대장이었던 그륀베델은 벽화와 각종 미술품을 마구잡이로 탈취한 르 콕과 바르투스를 비난했다. 그의 목적은 유물에 과학적으로 접근하고, 그것이 원래 위치한 장소가 어디인지를 파악하여 그 의미를 연구하는 것이었기 때문이다. 그는 자신의 원칙대로 새로운 유물을 발견하면 스케치와 측량을 했을 뿐이다.

넓은 지역을 개괄적으로 조사했던 영국 탐험대와 달리 독일 탐험대는 한 지역을 집중적으로 치밀하게 조사했다. 독일인 특유의 철저함은 발굴 조사에서도 그대로 드러났다. 유물 정리는 르 콕이, 벽화를 모사하고 기록하는 일은 그륀베델이 맡았다. 이들의 기록은 귀국 후 정리되어 『고대 쿠차Alt-Kutscha』와 『중국-투르키스탄의 고대 불교 유적Altbuddhistische Kultstätten in Chinesisch-Turkistan』이라는 책으로 출간되었다. 특히 그륀베델의 키질 석굴 조사는 실로 치밀하여 벽면의 세부에 대한 꼼꼼한 기술은 지금 봐도 손색이 없을 정도다. 그가 남겨놓은 기록은 쿠차와 투르판 지역 연구의 가장 중요한 기본 자료로서 지금도 높이 평가된다. 특히 그는 벽화 모사 솜씨가 매우 뛰어났는데, 사진과 대조해보면 거의 구별이 되지 않을 만큼 흡사했다. 아마도 뮌헨미술학교에서 수학한 경험이 큰 도움이 되었을 것이다.

## 절취한 벽화를 팔아넘기다

베제클릭 석굴은 여러 탐험대에 의해 절취당했는데, 독일 탐험대가 남긴 위의 두 보고서는 원래의 모습을 살필 수 있는 유일한 자료이기도 하다. 지금 생각해봐도 당시 호화 장정의 보고서를 출간하는 일은 결코 쉽지 않았을 것이다. 1차 세계대전에서의 패배, 그리고 독일을 괴롭힌 인플레이션이라는 상황에서 말이다. 이들은 결국 출판 비용을 마련하기 위해 벽화의 일부를 매각할 수밖에 없었고, 이는 주로 미국과 일본 수집가의 손에 넘어갔다. 이 때 팔려나가 세계 각지로 흩어진 양도 적지 않다. 귀중한 투르판 컬렉션을 기록으로 남겨 후세에 전하고자 하는 그들의 집념을 전혀 이해 못할 바는 아니지만, 기록 보존을 위해 절취한 벽화를 팔아넘긴 상황은 참으로 아이러니하다.

그들이 베를린으로 옮겨온 벽화는 대부분 쿠차와 투르판의 유물이다. 특히 중앙아시아 미술의 정수로 손꼽히는 쿠차 키질 석굴과 쿰트라 석굴, 투르판 베제클릭 석굴의 벽화는 독일 탐험대의 수집품 가운데서도 독보적이라 할 수 있다. 베제클릭 석굴 벽화가 독일에만 있는 것은 아니다. 러시

국립중앙박물관에 있는 베제클릭 석굴 벽화와 그 복원도.

아 에르미타주박물관, 그리고 한국과 일본에도 있다. 유입 경로는 모두 다르지만, 이들 벽화가 원래 어디에 있었는지를 밝혀내는 데는 독일 탐험대의 보고서가 결정적인 역할을 했다. 현재 한국의 국립중앙박물관에는 베제클릭 석굴 제4호굴(지금의 제15호굴)의 벽화 파편이 소장되어 있는데, 이 역시 독일 탐험대의 보고서를 통해 원래 위치를 밝혀낼 수 있었다.

　　투르판 카라-호자에서 절취한 마니교 벽화는 세상에 처음 공개되는 것이었다. 마니교 경전도 지금까지 보지 못했던 수집품이었다. 마니교는 이란인 마니Mani, 摩尼(216~277)가 3세기 전반에 창시한 종교이다. 마니교의 적극적인 포교 정책은 각지에서 조로아스터교, 기독교와 충돌을 일으켰고,

투르판 고창의 K사원지에서 발굴된 마니교 경전
단편(독일 베를린인도미술관 소장).

결국 사산 왕조(226~651)의 조로아스터교에게 이단으로 낙인찍혀 마니는 사형을 당했다. 이후 마니교도들은 박해를 피해 동쪽으로 달아나다 사마르칸드에 정착했고, 694년 당나라 측천무후 때 소그드인을 통해 공식적으로 중국에 들어갔다. 마니교는 중국에서는 자리 잡지 못했지만, 투르판 위구르 왕실의 적극적인 후원을 받아 번성했다. 이를 입증하는 것이 바로 투르판의 마니교 벽화와 경전이다.

마니는 그림에 각종 상징을 담아 포교의 수단으로 삼았다. 투르판에서 발굴된 8~9세기경의 마니교 경전을 보면 중앙의 후기 소그드 문자를 중심으로 좌우에 하얀 모자에 하얀 옷을 입은 마니교 승려들이 앉아 있다. 한손 또는 양손에 펜을 쥐고 탁자에 놓인 종이에 경전을 베껴 쓰고 있다. 이들이 입고 있는 흰색은 빛과 밝음, 그리고 신성을 상징하며, 세속을 초월하려는 염원을 담은 것이다. 마니교 승려 위에 그려진 세 줄기 나무는 마니교의 상징인 '생명의 나무'이다. 마니교도는 남쪽에는 죽음의 나무가 있고, 생명의 나무는 동·서·북의 세 방향으로 뻗어 나간다고 믿었기 때문에 늘 세 줄기 나무를 그린다. 화면의 좌우가 모두 잘려나가 그림에는 줄기가

4장 제국주의와 실크로드

두 개만 보이지만, 원래는 세 개였을 것이다. 나무에 매달린 포도는 바로 그들의 교주인 마니를 상징한다.

독일 탐험대의 무지막지한 벽화 절취는 비난받아 마땅하지만, 그들이 세계 고고학 발굴의 역사에 한 획을 그었음은 분명하다. 방대한 규모의 새로운 자료가 학계에 소개되면서 유럽의 동양학 연구가 크게 진전되었고, 오랫동안 막연했던 중앙아시아의 역사와 미술을 점차 명료하게 하는 데도 큰 기여를 했기 때문이다. 지금 독일의 베를린인도미술관에 가면 2차 세계대전의 폭격에서도 살아남은 유물들을 만날 수 있다.

# 최초의 여성 실크로드 탐험가 포타니나

강인욱

## 혁명가의 동생

낭만적인 이미지와 달리 실크로드는 험난한 자연환경과 국가 간 충돌로 거친 남성들이 경쟁하는 장이었다. 게다가 유목 경제의 특징이 기본적으로 여성의 지위를 인정하는 분위기도 아니었던지라(적어도 외부적으로는) 여성의 역할이 그리 크지 않았을 것이다.

그러나 실크로드 탐험가들 가운데는 여성도 있었다. 러시아의 여성 사회운동가 포타니나Aleksandra Potanina(1843~93)가 그 대표적인 사례로, 그녀는 최초의 여성 실크로드 탐험가이다. 물론 시베리아 출신의 사회운동가이자 실크로드 탐험가인 남편 포타닌Grigory Potanin(1835~1920)과 같이 다녔다는 점을 문제 삼을 사람이 있을지도 모른다. 하지만 그녀의 실제 행

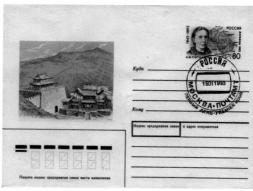

포타니나의 사진과 그녀의 활약을 기념하여 만들어진 엽서.

적을 보면 남편 포타닌을 능가하는 실력과 능력으로 다른 연구자들이 해내지 못한 성과를 거두었다는 점에서, 단순히 '여성 최초'가 아니라 실크로드 연구의 새로운 경지를 개척한 탐험가라고 평가할 수 있다.

1843년 니지니고로드에서 태어난 포타니나(처녀 시절의 성은 라브롭스카야Lavrovskaya)는 당시의 일반적인 여성과 마찬가지로 가사에 전념하며 성장했다. 몸이 허약했고, 마을 밖으로는 거의 나간 적이 없을 정도로 무척이나 소극적이었다고 한다. 성격마저 내성적이어서 비슷한 또래의 친구도 거의 없었고, 오히려 어른들과 어울리길 좋아하는 다소 고집스런 아이였다. 포타니나의 운명이 바뀌기 시작한 것은 18세가 되던 해 아버지가 돌아가신 이후였다. 생활이 어려워져 집안에서 결혼을 강요했는데, 포타니나는 단호히 거절하고 대신 여성학교에 들어가 집안을 도우며 자기 공부를 하는 독신의 삶을 살았다.

그렇게 다소 지루한 삶을 살던 그녀가 스물아홉이 되던 1872년 집안에 큰 사건이 일어났다. 그녀의 오빠 콘스탄틴 라브롭스키Konstantin Lavrovsky가 혁명운동을 하다가 감옥에 갇힌 것이다. 그녀와 어머니는 옥바라지를 위해 감옥이 있는 니콜스크로 갔다. 여기서 그녀는 오빠의 친구이자 동지인 포타닌과 운명적으로 조우했다. 장래에 그녀의 남편이 될 포타닌은 당시 시베리아를 제정 러시아의 식민지로 만들 수 없으니 독립시켜야 한다는 '시베리아 독립운동'을 주도한 죄로 감옥에 있었다. 포타닌은 시베리아 출신이었으며, 그와 동료들은 독립운동가이면서 시베리아 전역을 조사하는 학자이기도 했다. 19세기 실크로드와 시베리아 고고학 연구가 이들 선각자들과 깊이 관련되어 있는 연유이다.

## 운명 같은 포타닌과의 만남

강한 의지의 소유자인 포타닌을 만난 포타니나는 1년간 편지를 주고받았고, 결국 그와 결혼을 맹세하기에 이르렀다. 1874년 두 사람이 결혼할 당시 그녀의 나이는 서른하나였고, 남편 포타닌은 서른아홉이었다. 이때 포타닌은 이미 9년 동안 옥살이와 노역형을 치른 이후였으니, 젊은 남녀의 뜨거운 사랑이었다기보다는 동지적 결합이라고 보는 게 맞을 것 같다. 다행히 포타닌은 결혼 직후 수도를 제외한 다른 지역으로 갈 수 있는 자유를 얻었고, 실크로드 연구의 선구자 역할을 했던 세묘노프-텐샨스키Semenov-Tianshansky의 도움으로 완전한 자유를 얻었다.

　　이 신혼부부는 곧바로 상트페테르부르크로 이주했지만, 늦깎이 신혼생활을 즐길 의도였다기보다는 다년간 꿈꾸어온 중앙아시아 답사를 준

포타니나의 동반자였던 실크로드 탐험가 포타닌.

비하기 위해서였다. 두 사람은 대학에서 영어, 불어 등 외국어를 비롯하여 다양한 학문을 배우며 몽골과 자바이칼 일대의 답사를 준비했다. 상트페테르부르크에 살던 중 포타니나의 심장에 문제가 있음이 발견되었지만, 주치의의 만류에도 불구하고 그녀는 답사를 고집했다. 답사에 대한 이런 불같은 의지는 결국 그녀의 명을 단축시키게 된다.

## 짧은 여정, 긴 여운

이후 포타니나는 33세 때인 1876년에 첫 번째 조사를 시작한 이래 남편과 함께 모두 네 번의 답사를 다녔다. 첫 번째 답사는 1876년 7월~1877년 12월의 서북 몽골 답사였다. 그녀의 역할은 다양한 식물과 동물을 채집하여 꼼꼼하게 정리하고 기록하는 것이었다. 카메라보다는 스케치가 더 필요하던 시절이었기 때문에 그녀는 상트페테르부르크의 유명한 화가 이반 쉭신Ivan Shikshin에게서 따로 그림 지도를 받았다. 실제로 포타니나는 미술에 상당한 소질이 있었던 듯 그림이 사실적이고 세밀하다. 그녀의 그림은 모두 현재 톰스크대학박물관에 소장되어 있다.

하지만 아무리 강하고 진취적인 포타니나라고 해도 당시 사회가 그녀에게 부여한 성역할은 피해갈 수 없었다. 최초의 여성 실크로드 탐험가인 탓에 그녀는 조사 기간 내내 남자들을 위한 허드렛일까지 도맡아야 했다. 물품 구입은 물론 속옷 세탁 등도 그녀의 몫이었다. 남자들 사이에 끼어서 따라다니는 것 자체도 쉽지 않았고 주어진 일도 두 배였지만, 그렇다고 해서 자신의 고충을 드러낼 수는 없었다. 이런 힘겨운 여정 끝에 포타닌 탐험대의 연구는 두 권의 책과 두 권의 자료집으로 나왔고, 러시아지리협회는 그녀에게 메달을 수여했다. 이때 그녀는 "빨래 좀 했다고 메달까지 받았네요"라고 말했다. 단순한 겸양의 말은 아니었을 것이다.

보통의 여성이라면 그 엄청난 답사의 여정을 다시 떠나겠다고 결심하기는 쉽지 않았을 것이다. 하지만 고집스러운 포타니나는 곧바로 두 번째 답사를 준비했다. 이번 답사는 지난번보다 더 힘든 여정으로 알타이를 거쳐 투바공화국(당시의 우량카이)까지 가는 1800킬로미터에 이르는 길이었다. 이 여정에서 포타니나는 알타이 지역의 샤먼들을 만나 그들의 노래와 이야기를 채록하고 번역까지 했다. 이제까지 샤먼의 노래에 관심을 기울인 학자는 없었으니, 그녀의 섬세함이 다시 한 번 빛을 발했다.

세 번째 답사는 1884~86년 티베트 지역에서 무려 2년 반에 걸쳐 막대한 규모로 진행되었다. 그들의 여정은 모두 6000베르스타(1베르스타=1066미터)였으며, 측량된 거리만 5700베르스타였다니 그 범위는 실로 엄청났다. 엔간한 남자들도 견디기 어려운 이 답사에서 포타니나가 획득한 자료는 특히나 여성으로서의 장점을 충분히 살려 얻어낸 것이라 그 가치가 더욱 높다. 포타니나는 몽골 및 중국 여성들과 자유롭게 교류하며 남자들은 접하기 어려운 현지 여성들의 의복, 가족관계, 부엌, 장신구, 여성 문화 등에 가까이 다가갈 수 있었다. 게다가 그림 실력이 뛰어난 덕에 다양한 풍습과 장신구, 의복을 디테일하게 그려낼 수 있었으니 금상첨화였다. 바쁜 와중에도 그녀는 자기가 모은 자료들을 정리해서 책으로 발간했다. 포타니나에게 명성을 안겨준 것은 바로 1887년에 발간한 책 『부리야트인Buryats』이었다. 특유의 섬세함과 뛰어난 그림 솜씨로 거의 완벽하게 복식을 묘사했고 부리야트인들의 민속을 세밀하게 정리했다. 그녀의 책은 지금도 부리야트를 연구하는 데 가장 먼저 참고해야 하는 교과서 역할을 하고 있다.

하지만 험난한 답사 여정을 계속하는 것은 그녀의 건강상 무리였다. 그녀는 건강을 돌보지 않고 2차 티베트 답사를 나섰다가 오르도스를 거쳐 사천 지역을 통과하던 중 중병에 걸리고 말았다. 아내이자 인생의 동지인 부인이 몸져눕자 포타닌은 답사를 포기했다. 나머지 일정은 다른 두 명이 각각 루트 하나씩을 맡아 진행하기로 하고, 자신은 병든 부인과 함께 상해로 향했다. 결국 포타니나는 1893년 향년 50세로 상해 근처에서 죽었다. 사랑하는 부인을 타지에 묻고 떠날 수 없었던 포타닌은 그녀의 유해를 몽골과 러시아의 국경도시 캬흐타의 묘지에 안장했다. 포타니나의 무덤에는 그녀의 활약을 알리는 기념

포타니나가 그린 알타이의 샤먼.

비가 서 있다고 한다.

　　남성들의 경쟁무대였던 실크로드의 역사에서 포타니나의 역할이 돋보이는 이유는 그녀가 단순히 남편을 따라 다닌 것이 아니라 독자적인 연구를 했기 때문이다. 그녀는 1887년 러시아지리협회의 회원이 되었는데, 여성으로서는 거의 최초였다. '거의'라고 쓴 이유는 한 달 반 앞서서 다른 여성회원이 선발되었기 때문이다.

　　포타니나가 실제로 활동한 기간은 17년이나 된다. 그녀는 혁명가의 집안에서 태어나 자신의 삶을 단축해가면서까지 실크로드에 대한 열망을 불살랐지만 그 이름은 아직 러시아를 제외한 다른 나라에서는 생소하게 느껴진다. 러시아에서는 150년이라는 시간이 무색할 정도로 여전히 그녀의 기록과 저서가 폭넓게 인용되고 있다. 특히 의복과 샤먼, 여성들에 대한 세밀한 기록은 타의 추종을 불허한다. 그리고 보니 우리는 지금껏 '남성들의 실크로드'와 '남성들의 유목사회'에만 익숙해 있었다. 그녀가 조금만 더 살았더라면, 오늘날의 남성 중심적 연구에서 한 걸음 더 나아갈 수 있는 돌파구가 되었을 텐데 하는 아쉬움이 남는다.

# 실크로드의 발견과 제국주의의 그림자, 리히트호펜과 헤딘의 1차 탐험

강인욱

## 리히트호펜의 실크로드

지금은 누구나 아는 실크로드라는 말은 근대 독일의 지리학계에서 만들어 낸 용어다. 동서양을 통틀어 어느 역사 문헌에서도 실크로드 내지는 그와 비슷한 용어를 찾아볼 수 없다. 동서양이 교역을 하긴 했지만, 그들을 유라시아라는 큰 판도에서 이을 수 있다는 생각은 하지 않았기 때문이다. 실크로드는 19세기 말 독일의 지리학자 리히트호펜이 처음 제안한 말로, 본격적으로 사용된 지는 100여 년밖에 안 된다. 리히트호펜은 알렉산더 폰 훔볼트 Alexander Von Humboldt(1769~1859), 카를 리터Carl Ritter(1779~1859)와 함께 19세기 독일의 지리학을 정립한 3대 위인으로 꼽힌다.

　리히트호펜의 실크로드는 그 이전에 활동했던 훔볼트와 리터의 연구가 발전하여 정립된 것이다. 훔볼트는 당시 서구에서는 미지의 세계나 마찬가지였던 시베리아와 유라시아 대륙에 대한 지리적 연구를 본격적으로 진행한 인물이고, 리터는 1817년에 출간된 『지리학Erdkunde』이라는 저서를 통해 지구 전체를 하나의 몸으로 보고 각 대륙을 수평적, 수직적 차원에서 살펴보았다.

두 학자의 연구에 큰 영향을 받은 리히트호펜은 중국과 서양의 교역이 유럽 열강들이 기존에 이용하던 해상로뿐 아니라 유라시아를 관통하는 육로에서도 이루어졌다고 상정했다. 리히트호펜은 실제로 자신의 연구에 가장 큰 영향을 미친 저작으로 리터의 『지리학』과 훔볼트의 『중앙아시아 Asie Centrale』(1829)를 꼽았다. 리히트호펜은 16년에 걸친 현장조사 기간 동안 중국 이외에도 미국, 인도 등 다양한 지역을 조사했다. 하지만 그가 평생을 두고 연구한 주제는 중국이었다. 그는 독일도 중국에 식민지를 설치해야 한다고 주장하기도 했다.

리히트호펜은 평생에 걸쳐 중국에 대해 조사한 내용을 집대성한 지지地誌 『중국』(전 5권, 1877~1912)을 간행했는데, 그중 첫째 권을 자신이 직접 가보지 않은 중앙아시아의 신강, 알타이, 파미르 지역에 할애했다. 그러면서 중국의 비단이 이 지역을 통해 북인도까지 전해졌다며 '실크로드'라는 개념을 제안했다. 그는 1879년부터 대학에 '중앙아시아 무역 길의 역

'실크로드'라는 개념을 처음으로 제창한 리히트호펜.

사'라는 강의를 개설했을 정도로 이 지역에 대한 애착이 컸다. 하지만 정작 중앙아시아 방문은 정치적인 상황 때문에 실현되지 못했다. 1861년에 중국과 중앙아시아를 방문하겠다는 계획을 세웠지만 뜻을 이루지 못했고, 1870년 8월부터 1871년 5월까지 중국 동부 해안과 남만주, 내륙아시아 경계 등을 답사한 것이 전부다. 그는 1872년 독일로 귀환하면서 필드 활동을 그만두었다. 대신 두 개의 지리학협회를 이끌며 1903년부터 2년간 베를린 대학의 총장으로 재직하는 등 교육자로서 명성을 쌓았다. 그의 가장 대표적인 제자가 바로 스벤 헤딘이다. 스벤 헤딘이 리히트호펜과 독일 지리학계의 전폭적인 지원을 등에 업고 중앙아시아 답사에 성공하여 전 세계적으로 실크로드 붐을 일으킨 것은 잘 알려진 사실이다.

그렇다면 리히트호펜이 직접 답사도 하지 않은 중앙아시아, 특히 신강과 알타이 지역에 관심을 가진 이유는 무엇이었을까? 19세기 독일 지리학의 위대한 발전은 당시 독일의 사정과도 관련이 있다. 다른 서구 열강들이 아시아와 아프리카 일대를 경쟁적으로 식민지화하는 동안, 독일은 프러시아 시대에 작은 나라들로 분열되어 있었기 때문에 식민지 경쟁에서 밀렸다. 해상 교역로 확보와 식민지 건설에 실패한 독일은 상대적으로 유라시아 대륙에 대한 지리학적 조사에서 우위를 보였다. 리히트호펜의 중앙아시아에 대한 관심은 본래 중국 연구에서 시작되었는데, 독일이 다른 지역에서는 식민지 경영에 실패했지만 내륙의 중앙아시아를 거쳐 중국으로 통하는 새로운 루트를 개발한다면 아시아 지역을 식민지로 만들 수 있다는 생각이었다. 즉 실크로드라는 개념은 단순히 사라진 과거의 교역로를 찾아내고자 하는 역사적인 관심이 아니라, 아시아가 (식민지 건설을 통해) 현재의 유럽과도

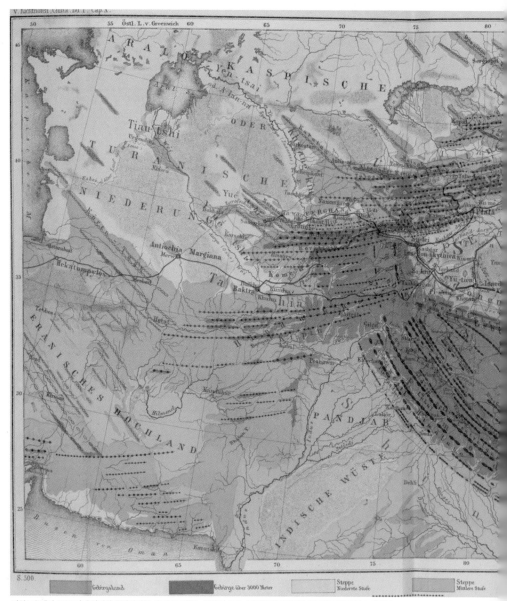

리히트호펜이 1876년에 작성한 중앙아시아 실크로드 지도. 기원전 128~기원후 150년까지 중국의 교통로를 표시했다. 동쪽 끝은 중국 서안으로 되어 있지만, 서쪽은 카스피해 아래로 계속 유럽으로 향하도록 표시되어 있다.

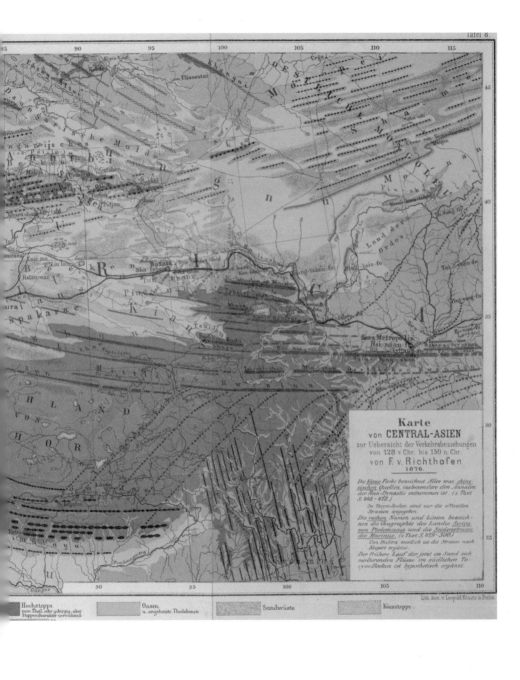

Karte
von CENTRAL-ASIEN
zur Uebersicht der Verkehrsbeziehungen
von 128 v.Chr. bis 150 n.Chr.
von F. v. Richthofen
1876.

*Die blaue Farbe bezeichnet Alles was chinesischen Quellen, insbesondere den Annalen der Han-Dynastie entnommen ist. (s. Text S. 448–478.)*

*In Tarym-Becken sind nur die officiellen Strassen angegeben.*

*Die rothen Namen und Linien bezeichnen die Geographie des Landes Serica von Ptolemaeus und die Seidenstrasse des Marinus. (s.Text S.929–500.)*

*Von Bukra westlich ist die Strasse nach Kiepert ergänzt.*

*Der frühere Lauf der jetzt im Sand sich verlierenden Flüsse im südlichen Tarym-Becken ist hypothetisch ergänzt.*

Lith. Anst. v. Leopold Kraatz in Berlin.

Hochsteppe
zum Theil sehr gebirgig, aber
Steppencharakter vorwaltend

Oasen
u. angebaute Thalebenen.

Sandwüste

Kiessteppe

연결될 수 있음을 주장하기 위해 제안된 것이다.

리히트호펜의 지리학적 관점은 새로운 대륙을 발견하는 것에 머물렀던 이전 시대와는 달랐다. 그는 '발견의 시대'를 거쳐 형성된 새로운 지리학의 과제는 다양한 지역에 관한 자연적 지식과 인문적 지식을 통합해서 축적해가는 것이라고 주장했다. 다시 말해서 그는 지리학을 연구할 때는 먼저 자연적 특징을 파악하고, 그다음에 인간과 자연의 관계를 밝히는 것을 주요 목적으로 삼아야 한다고 했다. 각 지역에서 보이는 여러 특징을 비교해서 지역민들 간의 관계를 밝히는 것, 그는 이 개념을 '지지Chorologie'라고 했다. 비단을 매개체로 하여 동서 문명의 교류를 밝힌 것도 바로 이러한 개념에서 나온 것이다.

리히트호펜은 중앙아시아를 직접 방문하지 못했기 때문에 그가 주창한 실크로드 개념은 현장조사의 결과라기보다는 학문적 원리에 가깝다. 하지만 이런 단점에도 불구하고 그를 기점으로 중앙아시아에 대한 연구가 본격적으로 시작되었고 이것이 이후 헤딘의 현장조사로까지 이어졌으니 그의 업적은 결코 과소평가될 수 없다. 최근 누들로드, 페이퍼로드, 옥의 루트 등의 이름으로 특정 유물의 교역로를 중심으로 한 동서 문명 교류사 연구가 활발히 진행되고 있는데, 이러한 움직임의 원조가 바로 리히트호펜이었다는 점에서도 그의 영향은 매우 크다고 하겠다.


## 헤딘의 특별한 실크로드 답사

실크로드에 관심이 있는 사람들은 대부분 어릴 적 책에서 만난 강인한 탐험가의 모습을 떠올린다. 필자 역시 40여 년 전 한 소년잡지에서 봤던, 죽을 고비를 넘기며 초인적인 능력으로 사막을 횡단하여 마침내 찬란한 고대 도시를 발견한 탐험가의 모습을 기억한다. 그의 이름은 바로 스벤 헤딘이다. 타클라마칸 사막을 횡단하던 중에 현지인의 배신으로 죽을 위기에 처한 헤딘이 천신만고 끝에 물을 발견하고는 자신을 따르던 카심에게 장화로 물을 떠서 먹여주던 장면은 지금도 실크로드 애호가들의 뇌리에 생생히 남아 있다.

스웨덴 출신인 헤딘은 독일 베를린대学에서 수학하던 중 리히트호펜과 운명적인 조우를 했다. 공명심과 탐험심이 넘쳤던 그는 리히트호펜의 못 다한 꿈을 이루기 위해 실크로드 탐험을 자원했다. 이후 1893~1930년에 걸쳐 모두 네 차례 중앙아시아를 탐험하고, 그 여정을 생생한 글로 발표했다. 대부분의 탐험가들이 오로지 탐험만 좋아했던 데 비해 그는 명성도

헤딘이 카심에게 물을 먹이는 장면(크리스토프 바우머Christoph Baumer의 『남 실크로드Southern Silk Road』에 수록).

실크로드의 발견과 제국주의의 그림자, 리히트호펜과 헤딘의 1차 탐험

좋아했다. 세계를 돌아다니며 자신의 모험을 과시하여 정치적인 힘을 얻고자 했다. 때문에 헤딘에 대한 평가는 다소 엇갈린다. 실크로드의 성립 자체가 러시아와 영국의 그레이트 게임의 여파이고, 한국에서는 서구나 일본 쪽 이야기만 일방적으로 알려졌기 때문에 그의 생전 행적에 비판적으로 평가할 대목이 적지 않음에도 그의 성과는 무시할 수 없다는 식의 옹호론이 많다. 하지만 약간 시야를 넓혀서 보면 그의 행적은 우리가 생각하던 것보다 훨씬 심각한 문제를 내포하고 있다.

헤딘이 실크로드를 답사한 계기는 그 일대를 처음 답사하고 롭 노르 호수를 발견한 프르제발스키 때문이었다. 프르제발스키의 엄청난 답사 성과에 선수를 빼앗긴 독일의 리히트호펜이 프르제발스키가 발견한 것은 롭 노르 호수가 아니라며, 자신의 주장을 입증하기 위해 제자 헤딘에게 중앙아시아 답사를 권유했다. 리히트호펜의 지원을 등에 업은 헤딘의 1차 탐험은 롭 노르 호수를 답사하고 타림분지를 거쳐 티베트의 중심 라싸로 가는 것이 최종 목표였다. 답사 도중에 그는 '롭 노르 이동설'을 주장해서 스승 리히트호펜의 설을 지지하기도 했다. 하지만 헤딘의 '롭 노르 이동설'은 사막의 지리적 환경을 전혀 고려하지 않은 허황된 가설일 뿐이었다. 그의 설이 제기되자마자 지리학계에서는 이치에 맞지 않는다는 반론이 나왔고, 지금까지도 그의 견해를 뒷받침할 만한 증거는 전혀 발견되지 않았다. 하지만 대부분의 실크로드 관련 서적에서는 헤딘의 설만 소개하며 마치 헤딘이 프르제발스키의 오류를 바로잡은 것처럼 서술하고 있어 독자들이 오해하기 쉽다.

러시아 탐험대의 성과에 대한 반발로 이루어진 헤딘의 1차 탐험은

대중 강연을 하고 있는 스벤 헤딘.

스벤 헤딘과 히틀러의 만남.

1895년에 실시되었다. 이때 헤딘은 제대로 된 사전 조사 없이 무모하게 타클라마칸 사막을 건너려 했고, 그 결과 처참한 실패를 맛보았다. 헤딘은 안내인 네 명, 낙타 여덟 마리, 개 두 마리, 양 세 마리, 닭 열 마리 등과 함께 오아시스 마을인 메르케트를 출발했지만 무기와 측량 도구를 전부 잃어버린 채 자신을 제외하고는 단 한 명만이 살아남아 돌아왔다. 한마디로 처참한 실패였다. 그런데도 그의 회고록은 현지 가이드를 맡은 메르케트 마을 출신의 욜치(우즈벡어로 일꾼이라는 뜻으로 본명은 카심 아쿤)에 대한 악평으로 가득 차 있다. 물을 충분히 준비해 오지 않은 욜치가 탈진해서 낙타와 양의 피를 먹었고, 심지어는 다른 사람의 물을 몰래 훔쳐 먹다가 천벌을 받아 고통 속에 죽어갔다는 것이다. 지난 100여 년간 헤딘을 다룬 모든 책에서 이 회고록 내용을 마치 진실인 양 그대로 인용해왔다.

생각해보자. 헤딘은 탐험대의 리더로서 대원들의 목숨을 책임져야 하는 사람이었다. 모든 상황에 대한 1차적인 책임은 헤딘이 지는 것이 마땅하다. 그는 1차 탐험에서 장총, 측량도구 등 탐험가로서 소지해야 할 것들을 모두 버리고 간신히 목숨만 건졌다. 한 집안의 가장이었을 대원들, 데려간 동물들도 모두 사막에서 잃었다. 정상적인 사람이라면 자신의 책임을 다하지 못한 것에 죄책감을 느낄 법도 한데 그는 그런 감정을 거의 보이지 않았다. 오히려 욜치에게 모든 죄를 돌렸다. 욜치가 엉뚱한 곳으로 길을 안내했고, 물 준비도 부족했으며, 심지어는 그것을 훔쳐 먹다가 들켰다는 것이다.

설사 헤딘의 이야기가 사실이라고 해도 이는 리더에게 어울리는 태도가 아니다. 실패의 원인을 현지 주민에게 돌리는 그의 서술은 전형적인 인종차별주의에 기반한 제국주의적 시각이라고 볼 수밖에 없다. 게다가 최근 헤딘이 서술한 욜치 이야기가 조작된 것으로 밝혀졌다. 1990년대 후반 브루노 바우만Bruno Baumann(1955~)이라는 탐험가가 헤딘의 발자취를 따라 같은 코스를 답사한 적이 있다. 바우만은 헤딘과 똑같은 날짜에 출발하여 그의 자취를 따라가는 답사를 하던 중 놀라운 사실을 발견했다. 헤딘이 그렇게 욕을 했던 욜치가 탐험 당시에 죽지 않았다는 것이다. 바우만은 메르케트 마을에서 욜치의 손자 투르숨을 만났다. 투르숨에 따르면, 욜치는 다시 마을로 돌아왔고, 마을 사람들의 존경을 받으며 촌장을 지냈다고 한다. 바우만은 투르숨의 말을 그대로 믿을 수가 없어서 마을의 연장자들을 만나 교차 검증을 했는데, 역시 틀림없는 사실이었다. 욜치는 오히려 헤딘을 도왔다는 이유로 큰 피해를 입었다. 그는 헤딘과의 탐험에서 가져온 물건들을 집에 보관하고 있었는데, 훗날 정권을 잡은 공산주의자들에게 발각되어 서양인에게 부역했다는 이유로 재산을 압류당했다고 한다.

욜치가 살아 돌아왔다는 점 하나만 보더라도 헤딘의 1차 탐험에 근본적인 의문을 품지 않을 수 없다. 누군가 욜치에게 물을 떠다줄 상황도 아니었고, 도저히 살아남기 힘든 극한 상황이었는데 욜치는 어떻게 살아 돌아올 수 있었을까? 더욱이 헤딘이 버리고 간 총과 기타 물건들이 카쉬가르에서 고스란히 유통되었다는 것도 헤딘의 서술이 사실과 다름을 증명한다.

여러 정황을 종합해볼 때 헤딘은 길도 제대로 모르면서 공명심 때문에 무모하게 타클라마칸 사막에 뛰어들었다. 그를 따라 나섰다가 뒤늦게 상황을 파악한 현지 주민들이 다 떠나버리자 그는 모든 장비와 동물들을 버리고 간신히 몸만 빠져 나왔을 가능성이 높다. 타클라마칸 사막의 봄은 건조

1차 탐험을 준비하는 헤딘.

하기가 이를 데 없고, 모래 폭풍마저 심하게 불어 도저히 먼 길을 떠날 수 없는 시기다. 현지인도 감히 길을 나서지 않는 시기에 그는 무리하게 닭과 가축들을 이끌고 길을 떠났으니, 성공에 대한 집착이 낳은 처참한 결과였던 것이다. 결국 헤딘은 모든 것을 잃고 간신히 돌아왔지만 그 모든 잘못을 욜치라는 '악당'에게 돌려 오히려 영웅 대접을 받았다.

국내에도 소개된 바우만의 기록 『타클라마칸 – 돌아올 수 없는 사막』에 따르면 현지인이었던 욜치는 탐험에서 돌아온 뒤 존경받는 촌장으로 살았던, 메르케트 마을에서 가장 현명한 사람이었다. 헤딘의 서술은 상식적으로 보아도 이해가 되지 않는다. 현지 사정에 정통한 사람이 생존을 위한 물을 충분히 준비하지 않았을 가능성은 별로 없다. 그보다는 헤딘이 빨리 가고 싶은 마음에 짐을 가볍게 하자며 물을 제대로 넣지 않았을 가능성이 높다. 그러고는 탐험에 실패하자 서방에서는 쉽게 검증할 수 없는 현지인에게 그 과오를 돌렸던 것 같다. 헤딘의 뒤를 그대로 따라간 바우만의 기록을 보면 답은 쉽게 나온다. 바우만은 헤딘과 조건을 동일하게 하기 위해 출발 날짜와 여정을 똑같이 짰다. 다만 물을 충분히 준비한 것이 헤딘과 달랐을 뿐이다. 바우만에 따르면 헤딘이 너무 건조하고 바람이 심하게 부는 봄에 출발한 탓에 낙타의 등에 충분한 물을 실을 수 없었을 것이라고 한다. 한마디로 헤딘의 1차 탐험은 그의 공명심과 과욕이 부른 참사였다고 할 수 있다. 물론 실크로드를 처음 답사하는 과정에서 이러한 실패는 충분히 예상할 수 있는 일이었다. 실제로 헤딘은 이후 자신의 과오를 딛고 성공적인 답사를 수행했다. 하지만 현지인에 대한 오만, 공명심, 그리고 백인우월주의에 입각한 정치적인 태도로 인해 그의 업적은 평가 절하되고 있다. 이는 실크로드를 둘러싼 제국주의가 낳은 비극이자 서구 중심적 실크로드 연구가 낳은 부작용이라고 할 수 있다.

# 사라진 오아시스 누란을 발견한 집념의 탐험가
# 스벤 헤딘

조원

## 헤딘의 2차 탐험과 '누란' 발견

누란인에게 로푸 호수(롭 노르 호수—인용자)는 신이자 조상이며, 그들의
생활 자체였다. 누란 사람들은 로푸 호수 없이는, 또한 몇 십 줄기로 나
누어져 그곳으로 흘러 내려오는 타림강 없이는, 그리고 또한 호반을 뒤
덮는 밀림과 갈대, 그리고 거기에 내리쬐는 햇빛, 거기에 부는 바람 없
이는 결코 누란을, 자신들을 생각할 수 없었다.

이노우에 야스시井上靖(1907~91)의 역사소설 『누란』에는 타림분지의
오아시스 소왕국 누란의 이야기가 그려져 있다. 누란은 실크로드 동부 지역

4장 제국주의와 실크로드

누란 왕국의 위치.

　의 요충지에 위치한 도시국가였다. 중개무역으로 한때 부와 영화를 누렸던 그들은 서역 경영을 둘러싸고 경쟁을 벌인 한나라와 흉노의 틈바구니 속에서 비극적인 운명을 맞는다. 누란에 관한 기록은 기원전 2세기경 사마천이 쓴 『사기』에 처음 나온다. 한나라에 의해 '선선鄯善'이라는 새로운 이름을 갖게 된 이들은 5세기까지 존속하다가 북위에 의해 멸망당해 타림분지에서 완전히 소멸된다.

　　이 사라진 나라 누란이 세상에 다시 알려진 것은 공교롭게도 20세기 들어 리히트호펜이 '실크로드'라는 용어를 사용하면서부터였다. 누란을 발견한 사람은 리히트호펜의 제자이자 열성적인 탐험가였던 헤딘이다. 그는 19세기 말~20세기 초 중앙아시아와 티베트 일대를 탐사하면서 세계적인 탐험가로서의 명성과 '친나치주의자'라는 최악의 오명을 함께 얻은 인물이다. 그는 중앙아시아와 티베트 지역에서 사라진 도시의 유적과 유물을 발견하고, 그 지역의 지도를 제작하여 실크로드를 실재하는 지리적 공간으로서 구체화한 장본인이었다.

1차 탐험에서 가까스로 살아남은 그는 탐험의 실패에도 불구하고, 스웨덴 오스카르 국왕Oscar II과 백만장자 노벨Alfred Bernhard Novel의 재정적 지원에 힘입어 2차 탐험에 나섰다. 1899~1902년에 진행된 2차 탐험에서는 중앙아시아의 야르칸드강과 타림강을 측량하여 지도를 제작하는 것이 목적이었다. 이와 더불어 헤딘은 당시 학계에서 이견이 분분했던 '롭 노르의 수수께끼'를 밝혀보고자 했다. 당시 롭 노르의 위치를 둘러싸고 러시아의 탐험가인 프르제발스키와 리히트호펜 사이에 격렬한 논쟁이 벌어지고 있었기 때문이다.

1899년 헤딘은 러시아를 거쳐 카쉬카르에 도착했다. 그는 야르칸드 강변에서 카누를 구입했고, 물길을 따라 타클라마칸 동쪽 끝에 있는 롭 사막을 향해 갔다. 서역남로(타클라마칸 남쪽)상의 오아시스 도시 체르첸을 지나 20일이 지났을 즈음 롭 사막에 도달한 헤딘 일행은 모래 위에서 오래된 목재 가옥을 발견했다. 그곳에서 조사를 시행하여 중국 고대의 동전, 철제 도끼 등을 확보했다. 조사를 마무리하고 캠프로 돌아와 보니 물이 부족했다. 물을 얻기 위해 모래를 파려고 하는데 삽이 없었다. 일행 중 한 사람이 방금 전에 조사한 고대 유적지에 삽을 두고 왔다고 자백했고, 몇 사람이 삽을 찾으러 다시 그 유적지로 향했다. 길을 헤매던 중에 모래 밖으로 나와 있는 독특한 목조상을 발견했다. 이들의 말을 전해들은 헤딘은 곧바로 그 지역을 조사하러 가고 싶었지만, 가져온 물이 얼마 남지 않아 답사를 강행할 수 없었다. 강의 측량만 마무리하고 티베트로 간 그는 전열을 재정비하여 롭 사막을 다시 찾았다.

조사 결과 고대 인도 문자가 적힌 나무 조각과 한문이 적힌 지편이 발견되었는데, 이 필사본에 나와 있는 기록을 통해 그곳이 고대의 사라진 왕국 누란이라는 사실이 밝혀졌다. 누란인들이 도시를 떠난 후 그곳은 한나라 군대의 둔전지로 사용되었는데, 그들이 남긴 벽돌과 사리탑, 건축용 목재 등이 발견된 것이다. 이외에도 120편의 목간과 비단 조각이 발견되어 사라진 왕국의 비밀을 밝히는 데 중요한 정보를 제공했다. 밝혀진 바에 따르면, 기원후 330년경 롭 노르 호수가 말라 식수를 공급받을 수 없게 된 주민들이 도시를 버리고 떠나자 이곳은 폐허로 남게 되었다고 한다. 누란의 발견은 헤딘의 탐험 이야기가 대부분 그렇듯이, 아주 우연하고도 극적인 방식으로 이루어졌다. 1500년 이상 지구상에서 사라졌던 실크로드상의 왕국은 이렇게 우연한 계기와 한 탐험가의 집념으로 세상에 모습을 드러냈다.

우룸치 신강위구르자치구박물관에 전시되어 있는 누란 미녀.

## 헤딘의 3차 탐험과 『티베트 원정기』

헤딘은 소년 시절 위크Évariste Régis Huc(1813~60) 신부와 프르제발스키의 여행기를 읽고 티베트 탐사를 꿈꾸기 시작했고, 이후 베를린대학에서 지리학, 지질학 등을 공부하며 그 꿈을 키워갔다. 위크 신부는 프랑스 나사로회 출신 수사들과 함께 라싸에서 두 달을 보낸 이야기를 여행기로 써서 티베트를 세상에 알렸다. 중앙아시아 답사 중에도 헤딘의 마음은 항상 티베트에 가 있었다.

헤딘은 1차 탐험 중이던 1896년에 처음 티베트 탐사를 시작했다. 당시 그는 가톨릭 수사들이 그랬던 것처럼 티베트에 잠입하기 위해 라마승으로 변장을 하고, 현지 라마승 셰렙과 부리야트 몽골인 샥두르의 안내를 받았다. 이때는 북부 티베트 고원을 서쪽에서 동쪽으로 횡단했고, 2차 탐험 기간이었던 1900~01년 사이에는 남부 티베트를 거쳐 라싸에 들어가고자 했다. 그러나 라싸에 진입하기 직전에 티베트 경비대에 저지를 당해 인도로 돌아갈 수밖에 없었다.

티베트인들이 강경하게 대응한 이면에는 당시 중앙아시아를 둘러싼 국제 정세가 작용했다. 헤딘의 『티베트 원정기Trans-Himalaya: Discoveries and Adventures in Tibet』에 따르면 당시 영국은 인도를 점령하기 직전이었고, 러시아의 중앙아시아 진출이 가속화되고 있던 시점이었다. 이때 티베트인들은 히말라야 산맥과 곤륜 산맥 사이에 위치한 자신들의 요새가 무장한 백인들에 의해 포위되었다는 현실을 자각하고 있었다. 헤딘이 언급하지는 않았지만, 당시 티베트는 청나라의 영향 아래 있었기 때문에 라싸에는 청나라의 주장대신駐藏大臣(만주어로 '암반Amban')이 주재하고 있었다. 청은 티베트 최고의 수장인 달라이 라마의 영향력을 축소하기 위해 티베트 제2의 도시 시가체의 타쉬룬포 사원의 수장인 판첸 라마를 후원하여 양자 간의 갈등을 조장했다.

라마승 복장을 한 스벤 헤딘(가운데).

2차 탐험에서 라싸 잠입이 좌절됐음에도 불구하고 그는 티베트 탐사를 위해 다시 전열을 가다듬었다. 당시 티베트는 지도상에 '미탐사 지역'으로 남아 있었다. 그는 이 공백 지역을 자신이 직접 탐사한 산, 강, 호수로 채우고자 하는 간절한 욕망이 있었다. 무엇보다도 그는 알렉산드로스 대왕이 2000여 년 전에 발견한 것으로 알려진 인더스강의 수원水源에 선 최초의 백인이 되고 싶었다. 이러한 야망은 그가 험난한 산지와 계곡을 넘어 티베트의 심장부로 들어가는 데 커다란 원동력이 되었다.

3차 탐험은 1905~08년 사이에 진행되었다. 당시 인도를 통해 티베트에 들어가려 한 헤딘의 계획은 영국 정부가 허가서 발급을 거부하는 바람에 수정될 수밖에 없었다. 결국 그는 인도 카쉬미르 지역에서 중국 투르키스탄(지금의 신장위구르자치구)에 이르는 주요 루트를 이용하다가 무인지대에서 몰래 티베트 쪽으로 빠져 나가기로 했다. 그는 인도의 라다크인 스물

헤딘이 그린 시가체의 타쉬룬포 사원.

다섯 명과 말 예순 마리, 그리고 3개월분 식량을 갖춘 탐사대를 꾸렸다. 헤
딘은 카라반을 이끌고 해발 5000미터 이상의 고산지대를 넘나드는 위험에
노출되어 있었지만, 그런 와중에도 지역 탐사와 측량, 지도 제작을 게을리
하지 않았다.

　　헤딘은 목적을 달성하기 위해서라면 수단과 방법을 가리지 않는 탐
험가였다. 특히 중앙아시아 지역을 사이에 둔 각 세력 간의 정치적 역학 관
계를 적절히 활용했다. 그는 티베트 탐사를 관철시키기 위해 인도의 영국인
총독에게 판첸 라마에게 서한을 보내 통행 허가증을 받아달라고 했다. 이렇
게 얻어낸 허가증으로 그들은 막혀 있던 티베트의 주요 도로를 통과할 수

있었다. 그는 트랜스히말라야 산맥을 넘어 시가체에 이르렀다. 그곳에서 자신의 통행을 허가해준 판첸 라마와 회견했다. 마침 시가체의 타쉬룬포 사원에서 티베트의 신년 축제가 열려 그 현장도 목격할 수 있었다.

헤딘은 유럽인 최초로 티베트의 얄룽창포강과 인도의 브라흐마푸트라강의 원류인 금단의 호수에 다다랐다. 얄룽창포는 티베트 서쪽 끝의 성산聖山인 카일라스산에서 발원하여 인도로 이어지는 2900킬로미터의 긴 강이다. 중류 지역에서 브라흐마푸트라강이 되었다가 하류에서 갠지스강과 합쳐져 인도양으로 흐른다. 헤딘은 바로 이 강이 시작되는 카일라스산에 다다른 것이다. 이곳은 티베트 불교와 힌두교 신화가 만나는 곳이자 금단의 땅이었다. 또한 그는 히말라야 산맥과 평행을 이루고 있는 산맥에 '트랜스히말라야'라는 이름을 붙이기도 했다. 헤딘은 이 여정을 통해 그동안 유럽인들이 밟아보지 못한 지역을 탐사하고 그 결과를 지도에 담아내겠다던 자신의 꿈을 이루었고, 더불어 당대 최고의 탐험가라는 명성도 얻었다.


## 헤딘의 4차 탐험과 그 이후

헤딘의 마지막 탐험은 1927~35년에 이루어졌다. 그는 서북중국과학고사단西北中國科學考查團 단장으로 고비 사막과 신강 지역을 조사했다. 원래 독일 항공사의 항로 개척을 위해 독일과 스웨덴 학자들이 지역 조사를 하러 중국에 들어갔는데, 당시 국민당 정부가 단독 조사를 허용하지 않아 합동조사단이 꾸려진 것이었다. 헤딘은 남경에서 장제스蔣介石(1887~1975)를 만났고, 장제스는 그의 열렬한 지지자가 되어 중국-스웨덴 합동조사를 기념하는 우표

중국-스웨덴 합동조사 기념우표.

2만 5000장을 발행하기도 했다. 탐사를 추진할 때마다 늘 그랬듯이, 헤딘은 원활한 답사를 위해 지역 정부 인사를 비롯한 유지들과 직접 협상도 하고 재정 문제도 해결해나갔다. 그 일환으로 그는 조사팀에 분배된 우표 2만 1500장을 팔아 필요한 자금을 확보하기도 했다.

그는 1927년 북경을 출발하여 내몽골의 부구투를 거쳐 고비 사막을 횡단했고, 조사의 종착지인 타림분지의 우룸치에 이르렀다. 그는 조사 지역에서 철, 망간, 기름, 석탄과 아울러 금의 매장지를 확인했는데, 덕분에 중국 정부는 경제적 이익을 얻을 수 있었다. 이 성과로 독일의 베를린지리학협회는 그에게 리히트호펜메달을 수여했다.

1933~34년 그는 중국 국민당 정부를 위해 북경-신강을 연결하는 관개수로망과 북경-카쉬가르로 이어지는 도로 건설에 필요한 측량과 지도 제작을 주관했다. 1933년 신강 지역을 조사할 때는 무슬림 출신 군벌 마중잉馬仲英(1912~37)에게 납치를 당해 감금되기도 했다. 이후 마중잉은 헤딘을 풀어주면서 자신이 타림분지 남부를 장악하고 있으니 이 일대에서는 어려움 없이 조사를 진행할 수 있을 거라 약속했으나, 헤딘의 조사단은 마중잉

수하의 군인들에게 몇 차례 공격을 당했다.

　　롭 노르의 위치를 둘러싼 비밀을 밝히는 것은 헤딘의 오랜 숙원이었다. 마침 우룸치의 총독이 롭 노르 일대의 조사를 요청하자 그는 타림분지의 카이두강에서 롭 노르에 이르는 지역을 면밀히 조사했고, 그 결과 그것이 1500년을 주기로 '이동하는 호수'라는 결론을 내렸다. 아이러니하게도 헤딘의 조사를 기초로 관개수로망과 도로가 확충된 이 지역은 그로부터 채 40년도 지나지 않은 1971년에 호수의 물이 말라버렸고, 중국 정부에 의해 핵실험장이 들어섰다.

　　헤딘은 합동조사단의 성과를 보고하고 훈장을 수여받은 뒤 스웨덴으로 돌아갔다. 조사가 끝날 무렵 재정적인 어려움에 처한 헤딘은 자금 마련을 위해 독일에서만 91개 도시에서 111차례의 강연회를 열었다. 이 와중에 베를린의 한 강연회에서 자신을 열렬히 지지한 히틀러를 만나기도 했다. 귀국 이후 헤딘의 친나치즘적 행보는 그의 명예를 크게 실추시켰다. 그는 유대인 혈통이었음에도 불구하고 독일 나치의 선전 도구로 전락했다. 그는 자신의 저술에 나치를 미화하는 내용을 담았고, 히틀러에게서 훈장을 받기도 했다. 헤딘이 이와 같은 정치적 입장을 갖게 된 것은 그의 반反소비에트적 신념에 기인한다고 전해진다. 헤딘은 당시 서방으로 세력을 확장하던 소비에트 공산주의로부터 스칸디나비아를 지켜줄 수 있는 나라는 독일뿐이라고 믿었다. 하지만 다른 한편으로는 그가 나치당원들과의 친분을 이용해 유대인 구출 활동을 벌였다는 기록도 남아 있다. 그럼에도 불구하고 헤딘의 친나치즘적 행보는 이후 학계에서 용서받지 못했다.

　　헤딘의 네 차례에 걸친 탐험을 통해, 사라졌던 실크로드의 도시가 우리 앞에 다시 모습을 드러냈다. 그런데 한 가지 의문은 이 탐험과 발견은 결국 누구를 위한 것이었는가 하는 점이다. 그의 탐험 동기에는 미지의 땅을 지도상에 그리고, 인더스강의 수원을 밝혀내는 최초의 탐험가가 되겠다는 욕망이 분명히 포함되어 있었다. 그러나 그가 제작한 지도들을 통해 알려진 이 지역의 지리 정보는 이후 중앙아시아를 두고 경쟁하던 중국과 서구 제국주의 세력에 제공되었다. 미지의 땅으로 남아 있던 티베트와 중앙아시아 곳곳이 지도에 그 모습을 드러내면서 외세 격돌의 장이 되어버린 것이다. 실크로드가 다시 부상하고 있는 이 시점에 실크로드의 개척자이자 당대 최고의 탐험가였던 헤딘의 행보를 재평가해보게 되는 이유다.

# 오타니 고즈이와 오타니 탐험대의 수집품

주경미

## 니시혼간지의 22대 문주 오타니 고즈이

국립중앙박물관 3층에 올라가면 아시아관에 중앙아시아실이 있다. 이곳에 소장되어 있는 유물들은 대부분 20세기 초반에 실크로드의 옛길을 따라 중국 신강 일대를 탐사하고 돌아온 일본인들이 수집한 것이다. 이 탐험대를 후원하고 이끌었던 사람이 바로 일본 정토진종의 22대 문주였던 오타니 고즈이이다. 대장 오타니의 이름을 따서 '오타니 탐험대'라고 불린 이들은 1902년부터 1914년까지 12년 동안 세 차례에 걸쳐 실크로드를 탐험하여 수많은 유물을 수집했다. 아쉽게도 이 탐험대가 수집한 유물들은 오타니 고즈이가 문주직을 그만두고 은퇴한 1914년 이후 여러 곳으로 분산되어 전체 규모는 자세히 밝혀지지 않았다. 국립중앙박물관에 소장된 유물은 그중

국립중앙박물관 3층 중앙아시아실 전경. 이곳에는 오타니 탐험대가 수집해온 유물의 일부가 전시되어 있다.

일부로 일제강점기에 조선총독부로 기증된 것이다.

　　오타니 고즈이는 1876년 12월 27일 일본 교토의 유명한 불교 사찰인 니시혼간지의 21대 문주 오타니 코우손大谷光尊(1850~1903)의 장남으로 태어났다. 니시혼간지는 일본 불교 종파 중에서 세력이 비교적 큰 정토진종 혼간지本願寺파의 본산으로, 지금도 교토의 주요 사찰 중 하나다. 니시혼간지의 문주는 문중의 가장 높은 어른으로, 단순한 사찰 주지라기보다는 정토진종을 이끄는 종교적 지도자에 해당한다.

　　정토진종은 가마쿠라 시대 초기 일본 정토종의 개조인 호넨法然(1153~1212)의 제자 신란親鸞(1173~1262)이 호넨의 가르침을 계승하여 만든 새로운 불교 종파로 일향종一向宗 혹은 진종眞宗이라고도 한다. 정토진종은 일본 색채가 두드러지는 종파로서, 출가교단보다는 비승비속非僧非俗을 지

향하여 승려의 결혼과 육식을 허용했다. 문주는 모두 승려로 출가했으나 대부분 결혼을 하고 육식을 하며, 가문 내에서 계승하는 경향이 강하다.

니시혼간지는 일찍부터 교육에 힘써 1639년부터 고등교육기관의 일종인 '학료學寮'를 설립해서 운영해왔다. 오타니 고즈이의 아버지 오타니 코우손은 메이지유신 이후 침체된 불교 교단을 되살리기 위해 서구식 근대 교육을 도입하고자 1879년 학료를 개편하고, 서구식 건축물인 오미야大宮캠퍼스 본관을 비롯한 주요 건물을 새로 준공했다. 이 학교는 1900년에 '불교대학'으로 명칭을 바꾸었고, 이후 지금의 류코쿠대학으로 이어졌다.

오타니 고즈이는 1903년 아버지이자 21대 문주인 오타니 코우손이 사망한 후, 니시혼간지의 22대 문주가 되어 정토진종을 이끌었다. 그는 1885년 9세의 나이에 득도하여 승려가 되었으며, 법명은 '경여鏡如'였다. 출가한 이듬해인 1886년 도쿄로 상경하여 가쿠슈인學習院에서 수학했다. 그러나 도쿄에서의 공부에 적응하지 못하고 퇴학당하여 15세 즈음에 교토로 돌아왔다. 그는 교토의 석학이자 훗날 류코쿠대학 학장이 되는 마에다 에운前田慧雲(1855~1930)에게 개인 교습을 받으며, 동시에 역사, 지리학, 식물학, 농학, 공학, 지질학, 천문학, 해양학 등을 독학했다. 기억력이 좋았던 그는 특히 언어에 능하여 영어, 독일어, 산스크리트어를 잘했다고 한다.

오타니 고즈이는 1898년 22세의 나이로 당시 권세가인 구조 미치타카九条道孝(1839~1906) 공작의 딸 가즈코九条籌子(1882~1911)와 결혼하여 귀족이 되었다. 가즈코의 누이동생 구조 사다코九条節子(1884~1951)는 이후 다이쇼大正 천황과 결혼하여 데이메이貞明 황후가 되었다. 또한 오타니 고즈이의 누이동생은 가즈코의 남동생 구조 요시무네九条良致와 결혼한 뒤 시인

1  승복을 입은 오타니 고즈이.

2  일본 교토의 니시혼간지 전경. 사찰 내에는 국보 비운각飛雲閣을 비롯한 다수의 문화재가 있으나 대부분은 관람객이
　출입할 수 없다. 니시혼간지에서 설립한 류코쿠대학과 대학 박물관이 사찰 맞은편에 있다.

3  1908년 12월 교토 니시혼간지를 방문한 스벤 헤딘과 오타니 고즈이 부부 일행. 중앙의 여성이 오타니 가즈코이다.
　그녀의 오른쪽에 오타니 고즈이가 앉아 있고, 왼쪽에 스벤 헤딘이 앉아 있다. 스벤 헤딘의 왼쪽에 있는 여성은 구조 가
　문으로 시집가기 전의 오타니 다케코이다.

으로 활약했던 구조 다케코九条武子(1887~1928)이다. 오타니 가문과 구조 가문, 그리고 일본 천황가는 결혼을 통해 인맥을 형성하며 20세기 초반 일본을 이끈 권세가들이다. 가즈코는 17세에 오타니 고즈이와 결혼하여 니시혼간지를 함께 이끌었으며, 시누이이자 올케인 구조 다케코와 함께 불교부인회를 창설하여 여성의 불교 활동을 확대해나갔다. 가즈코와의 결혼으로 오타니 고즈이는 천황가와 연결되는 막강한 인맥을 얻게 되었다. 가즈코는 남편과 함께 유럽과 인도 답사를 다녔으며, 1908년 남편이 스웨덴의 스벤 헤딘을 일본으로 초청했을 때 같이 만나기도 했다.

## 오타니 탐험대의 실크로드 탐험

서구식 근대 교육과 해외 불교 선교에 관심이 많았던 부친의 후원으로, 오타니 고즈이는 결혼한 이듬해인 1899년 중국으로 유학을 떠났다. 중국에서 여행과 공부를 한 후에는 싱가포르와 인도를 거쳐 1900년경 유럽으로 건너가 영국 런던에서 유학 생활을 했다. 2년여의 유학 기간 동안 헤딘과 스타인의 중앙아시아 탐사 보고를 접한 오타니는 일본으로 귀환하는 길에 중앙아시아 탐사 계획을 세웠다. 1902년의 1차 탐험은 니시혼간지의 후원으로 진행되었는데, 인도에서 일본에 이르는 '불교동점佛敎東漸'의 길을 답사하여 옛 구법승들의 행적을 밝히고 이슬람에 의한 불교 문화재 피해 현황을 파악하는 것이 목적이었다. 특히 한문 경전을 중심으로 연구해온 일본의 전통 불교계에 새로운 자극을 주기 위해 중앙아시아 현지에 남아 있는 산스크리트어나 팔리어와 같은 옛 원전 자료의 수집에 힘썼다.

1차 탐험대는 오타니 고즈이를 중심으로 그를 수행한 이노우에 고엔井上弘円(1876?~?), 혼다 에류本多惠隆(1876~1944), 와타나베 뎃신渡邊哲信(1874~1957), 호리 켄유堀賢雄(1880~1949) 등 다섯 명으로 구성되었다. 대원 대부분이 20대의 젊은 정토진종 승려들이었다. 이 탐험대는 1902년 8월 16일 런던을 출발하여 러시아의 상트페테르부르크와 카스피해를 경유하여 사마르칸드를 지나 파미르 고원을 넘어서 9월 21일 신강의 카쉬가르에 도착했다. 여기서 조사를 하던 오타니 탐험대는 10월 14일 타쉬쿠르간에서 두 개의 조로 나뉘어 오타니와 이노우에, 혼다는 인도로 내려가고, 와타나베와 호리는 야르칸드를 거쳐 호탄을 조사한 후 쿠차로 올라가 키질 석굴과 쿰트라 석굴을 조사했다. 이후 와타나베와 호리는 투르판과 우룸치를 지나 중국을 거쳐 일본으로 귀국했다.

이때 오타니 고즈이는 남쪽으로 내려가 중인도의 불교 유적들을 조사하고, 라즈기르에서 석가가 설법했다는 영축산을 탐사했다. 오타니의 인도 탐험대는 유럽에서 함께 출발한 대원들 이외에도 유럽 각지에서 유학하던 정토진종 승려들과 일본에서 건너온 대원들이 합류하여 비교적 큰 규모로 움직였다. 합류 대원 중에는 훗날 오타니 탐험대의 답사 기록을 정리해 『신서역기新西域記』를 출간한 우에하라 요시타로上原芳太郎(1870~1945)가 포함되어 있었는데, 그는 일본에서 출항하여 인도로 가는 도중에 일본인 최초로 인도네시아의 보로부두르 사원을 답사하기도 했다. 또한 합류 대원 중 일부는 미얀마와 중국의 운남성, 사천성 등을 답사했는데, 중국에서 당시 일본의 유명 건축가였던 이토 주타伊東忠太(1867~1954)와 만나 교류하기도 했다. 이토 주타는 이때의 인연으로 1908년 오타니의 별장인 니라쿠소二樂

莊의 설계를 맡았다. 한편 1차 탐험이 진행되던 1903년 3월 부친이 사망하자 오타니는 캘커타에서 배를 타고 일본으로 급히 귀국하여 니시혼간지의 문주직을 계승했다.

오타니는 1908년 다시 인도 및 중앙아시아의 불교 유적을 조사하기 위해 2차 탐험대를 조직했다. 오타니의 명령에 따라 2차 탐험을 진행한 대원은 노무라 에이자부로野村榮三郎(1880~1936)와 다치바나 즈이초橘瑞超(1890~1968) 두 사람이었다. 이들은 1908년 6월 16일 북경을 출발하여 장가구張家口를 지나 고비 사막을 건너 몽골의 울란바토르로 들어갔다. 거기에서 다시 몽골의 수도였던 카라코룸으로 건너가 일본인으로서는 처음으로 에르덴조 사원과 인근의 비문들을 조사했다. 이들이 조사한 비문들은 지금은 상당수가 사라지고 없기 때문에, 초기 연구로서 매우 중요한 의의가 있다. 이후 그들은 몽골 쪽에서 알타이 산맥을 넘어 우룸치 쪽으로 건너갔다. 그곳에서 다치바나는 우룸치를 조사한 후 쿠얼러로 내려가고, 노무라는 투르판과 베제클릭 석굴, 셍김, 토육 등을 조사한 후 쿠얼러로 가서 다치바나와 합류했다. 노무라는 다시 서역북로를 따라 카쉬가르 쪽으로 이동하면서 키질 석굴과 쿰트라 석굴, 악수, 툼슉 등을 조사했다. 이때 키질 석굴과 쿰트라 석굴에서 불상과 벽화를 반출했으며, 호탄 지역에서도 불상을 수집했다.

한편 남쪽으로 내려간 다치바나는 스타인이 답사한 누란 유적을 찾아다녔지만, 한동안 정확한 위치를 찾지 못해 헤맸다. 이때 일본에 있던 오타니 고즈이는 헤딘을 교토의 니시혼간지로 초청하여 직접 누란의 위치를 알아낸 다음, 전보로 다치바나에게 누란의 위도와 경도를 알려주었다. 다치

미란 제5사원 비슈반타라 왕자 본생담 벽화의 일부. 다치바나가 떼어내 일본으로 가져간 미란 사원 벽화의 세부로, 스타인이 조사했던 유적의 일부이기도 하다. 붓다의 전생 이야기를 그린 그림으로 알려져 있다(국립중앙박물관 소장).

바나는 그 정보를 가지고 누란과 체르첸, 케리야, 호탄 일대를 탐사할 수 있었다. 누란에서는 유명한 이백문서李柏文書를 발굴하여 4세기 고문자학 연구에 큰 기여를 하기도 했다. 이후 1909년 7월 7일 카쉬가르에서 먼저 와 있던 노무라와 재회한 후, 카라코룸 하이웨이(신강과 파키스탄을 잇는 산맥을 넘어가는 길로 몽골의 카라코룸과는 다른 곳이다)를 넘어 인도로 건너왔다.

　　당시 일본에서 인도로 건너와 여러 대원과 함께 인도 각지의 불교 유적을 답사하던 오타니는 노무라, 다치바나 일행과 합류하였다. 이들은 한동안 캘커타에 체류했는데, 그곳에서 오타니와 다치바나는 일본인 최초로 위구르어를 배워 중앙아시아에서 수집해온 문서들을 판독하기 시작했다. 다치바나는 이후 일본 최초의 위구르어 사전을 펴냈다. 오타니는 당시 일부 탐험대원을 티베트로 파견하고자 했으나, 국제 정세의 변화로 영국 정부

4장　제국주의와 실크로드

에서 허가하지 않아 뜻을 이룰 수 없었다. 티베트를 탐험하겠다는 오타니의 꿈은 1912년 두 명의 일본 승려를 티베트로 파견하면서 이루어지게 된다.

오타니 탐험대의 3차 탐험은 1910년 다치바나의 단독 탐험으로 시작되었다. 다치바나는 러시아의 시베리아를 지나 우룸치로 들어간 다음 투르판과 누란, 미란 등을 조사했다. 그는 당시 약관의 청년으로 오타니의 제자였다. 불교 지식은 있었으나 고고학이나 미술사학에는 문외한이었기 때문에 유물 수집 과정에서 유적이나 유물을 심하게 파괴하여 비난을 받았다. 특히 오렐 스타인이 처음 발굴하여 3~4세기경 초기 불교 벽화가 있었던 곳임을 밝혀낸 미란 유적에서 벽화들을 마구 떼어내 유적을 완전히 훼손해버렸다. 그가 수집한 벽화 편은 현재 일본의 도쿄국립박물관과 서울의 국립중앙박물관에 소장되어 있다. 다치바나는 남쪽에서 타클라마칸 사막을

투르판 아스타나 고분군에서 출토된 〈복희여와도〉(7세기경, 국립중앙박물관 소장). 복희와 여와는 인간의 몸에 하반신은 뱀 모양을 한 창세신의 일종으로 남성신 복희는 왼손에 'ㄱ'자 모양의 곡척曲尺을 들고 있으며, 오른손에는 먹통을 들고 있다. 얼굴에 화장을 한 여성신 여와는 오른손에 컴퍼스 혹은 가위로 보이는 지물을 들고 있다. 두 신은 서로 어깨를 감싸 안은 채 하반신을 함께 꼬아서 한 몸을 이루고 있다.

처음으로 종단하여 체르첸과 쿠차로 갔다가 티베트로 다시 내려가려 시도하다가 실패했다.

이때 교토에서는 다치바나를 지원하기 위해 요시카와 고이치로吉川

니라쿠소 전경. 이 건축물은 인도 양식과 서구의 양식을 혼합한 근대식 건축물로 이토 주타가 설계하여 완공하였다. 오타니 탐험대의 수집품들을 1916년까지 보관하고 전시했으나, 1932년 화재로 소실되어 현재는 남아 있지 않다.

小一郎(1885~1978)를 파견했고, 두 사람은 1912년 1월 돈황에서 합류했다. 이들은 돈황을 조사한 후 하미와 투르판으로 옮겨 갔는데, 최초로 투르판의 아스타나 고분군과 카라호자 고분군을 발견해 조사했다. 이때 무덤에서 미라와 종이, 〈복희여와도伏羲女媧圖〉 같은 그림을 발굴했다. 이후 다치바나는 일본으로 먼저 귀국하고, 요시카와는 서역에 남아 돈황과 서역남로의 유적들을 1914년까지 2년 동안 계속 조사했다. 당시 이들이 수집한 유물은 옮기는 데 낙타 145마리가 필요할 정도로 엄청난 양이었는데, 모두 교토의 니시혼간지로 이송되었다.

　　한편 1914년 5월 교토의 니시혼간지에서 재정 횡령 사건이 일어나 오타니 고즈이는 그에 대한 책임을 지고 문주직에서 물러났다. 오타니 탐험대는 그의 퇴직과 함께 지원금이 끊기며 갑작스럽게 탐험 활동을 중단했다.

세 차례에 걸쳐 수집된 오타니 탐험대의 수집품은 모두 니시혼간지로 옮겨져 조사되었다. 이를 토대로 1915년 『서역고고도보西域考古圖譜』(전 2권)가 출간되었다. 오타니 탐험대의 수집품은 대부분 1910년 고베 교외의 롯코야마六甲山 부근에 세워진 오타니의 별장 니라쿠소에 보관되어 있었는데 한동안 일반인에게 공개 전시되기도 했다. 2차와 3차 탐험에 참여한 다치바나는 정토진종 승려로서 니라쿠소에 보관된 수집품 중에서도 특히 정토종 관련 한역경전 및 위구르어 경전 등을 조사하여 꾸준히 논문으로 발표했다.


## 퇴직 이후 오타니의 활동과 수집품의 향방

1914년 5월 문주직에서 물러난 오타니 고즈이는 승직을 반납하고 환속했다. 같은 해 11월 일본을 떠나 부산과 서울을 거쳐 중국 여순旅順으로 거처를 옮겼다. 이후 그는 여순에 거주했다고 알려져 있지만, 실제로는 중국과 동남아시아 일대를 다니면서 정토진종의 해외 선교 및 재외 일본인을 위한 위무 강연 등을 했다. 그는 1915년 대련을 출발하여 상해와 홍콩을 거쳐 스리랑카와 싱가포르를 답사한 후 인도 유적을 돌아보고 대련으로 돌아왔다. 그해 9월에는 니라쿠소에 있는 수집품 중에서 중요한 문서와 장서들을 대련만철도서관에 기증했다. 이 도서관은 당시 남만주로 진출한 일본의 남만주철도주식회사 소속으로, 일본의 제국주 정책과 직접 관련이 있는 기관이다. 오타니는 대련에 세워진 남만주철도주식회사 본사에서 사원들을 대

상으로 여러 차례 불교 강연회를 개최했으며 중국의 쑨원孫文(1866~1925)과
도 교류했다. 당시 대련으로 옮겨진 유물들은 대련과 여순 일대에 남아 있
다가 이후 국립여순박물관, 대련도서관 분관 일본문헌자료관, 북경의 중국
국가도서관으로 나뉘어 보관되었다.

　　한편 일본 니라쿠소에 남아 있던 유물들은 1916년 11월 구하라 재
벌의 창업자인 구하라 후사노스케久原房之助(1869~1965)가 니라쿠소 건물과
함께 일괄 구입했다. 구하라 후사노스케는 일본에서 구리 광산 개발에 성공
한 재벌로, 어머니가 정토진종의 독실한 신자라 니시혼간지와 인연을 맺었
다. 그는 1914년 7월 니시혼간지의 신도들을 상대로 운영하던 생명보험회
사의 경영을 담당하며 니시혼간지의 재정 문제에 관여했다. 이 회사는 현
도쿄생명보험의 전신이다. 구하라는 니시혼간지로부터 구입한 니라쿠소의
오타니 수집품 중에서 중앙아시아의 주요 벽화를 비롯한 유물 373점을 자
신의 동향 친구이자 조선 초대 총독으로 부임한 데라우치 마사타케寺內正毅
(1852~1919)에게 1916년 5월 기증했다. 이 유물들은 경성의 조선총독부박
물관 전시실, 즉 현재의 경복궁 수정전修政殿으로 옮겨져 일반에 공개되기
도 했다. 이 유물들이 바로 현재의 국립중앙박물관 소장품들이다.

　　당시 구하라가 데라우치에게 유물을 기증한 이유는 확실하지 않으
나, 아마도 자신이 운영하던 구하라광업회사의 한반도 진출을 위해서였을
것이라고 추정된다. 실제로 구하라광업회사는 1917년 평안북도 후창군에
있는 후창광산을 인수하여 황동광을 채굴하기 시작했으며, 이 광산은 2차
세계대전 중에 구리 가격 폭등으로 많은 이윤을 남겼다. 구하라광업회사는
이후 만주국으로 진출하여 만주중공업개발이 되었고, 명칭은 '닛산日山콘

4장 제국주의와 실크로드

경복궁 수정전에 전시되었던 중앙아시아 유물(일제강점기, 유리건판, 국립중앙박물관 소장).

체른'으로 바뀌었다. 이는 현재 일본 재벌 가운데 하나인 닛산의 전신이다. 이와 같은 정황으로 볼 때 오타니와 구하라가 만주에 진출하고, 중앙아시아의 유물을 한국과 중국에 나누어 보관한 것은 대동아공영을 외치던 일본 제국주의 정책의 일환으로, 문화적 제국 경영과 아시아 문화의 공통성 함양을 위한 시도였다고 해석할 수 있다. 구하라 후사노스케는 한반도와 만주로 사업을 확장한 이후, 사업체를 인척에게 넘기고 정계로 뛰어들었다. 그는 태평양전쟁 당시 광범위한 제국주의적 활동을 했던 전범戰犯이다.

　　일본에 남아 있던 오타니의 또 다른 수집품들은 니시혼간지에 있다가 현재 류코쿠대학박물관에서 보관하고 있으며, 일부 유물은 교토국립박물관에 보관되었다가 여러 사람의 손을 거쳐 현재는 도쿄국립박물관에서 관리하고 있다. 그 밖에 개인 소장품으로 흩어진 것들도 있다. 이와 같이 오타니 탐험대의 수집품은 1914년 11월 오타니가 중국으로 떠나면서 일본, 중국, 한국의 여러 곳으로 흩어졌기 때문에, 이들에 대한 종합적인 연구는 아직까지 미진한 편이다.

오타니 고즈이가 여순으로 떠날 당시 그의 나이는 38세에 불과했다. 이후 그는 중국과 동남아시아, 대만, 인도, 유럽, 미국 등을 왕래하면서 지속적으로 해외 포교 및 조사 활동을 했다. 특히 1920년에는 인도네시아 자바섬과 필리핀의 셀레베스섬 등 동남아 여러 지역의 농장을 구입해 일본인들을 이주시키고 고무 농장과 커피 농장을 경영했다. 농장에 별장을 짓고 연중 한두 달 이상을 거주하며 현장 관리와 이주민들의 종교 생활을 지도했다고 한다. 한편 태평양전쟁 기간에는 상해와 대련을 주요 거점으로 내각고문內閣顧問을 담당하며 중국과 동남아에서 일본과 정토진종을 위해 일했다. 특히 대만과 싱가포르에는 정토진종의 분원을 세워 해외 선교와 불교 연구를 지속했다. 또한 여러 차례에 걸쳐 진행한 인도 불교 유적 탐험의 성과를 1942년에『인도지지印度地誌』라는 책으로 간행했다. 1934년에는 관동대지진으로 무너진 도쿄의 쓰키지 혼간지築地 本願寺 본당의 설계를 당시 도쿄제국대학 교수로 있던 이토 주타에게 의뢰하여 인도 불교 성지인 쿠시나가라의 열반당 양식을 따른 독특한 건축물로 재건하기도 했다.

오타니는 1947년 일본으로 귀국하여 규슈의 오이타현 벳푸 온천에 자리를 잡고 이곳을 국제적인 관광지로 개발하는 데 적극적으로 힘썼다. 그는 벳푸의 온천 여관에서 요양하다가 1948년 72세의 나이로 사망했다. 그

이토 주타가 설계하여 1934년에 완공한 도쿄 쓰키지 혼간지 본당 전경.

일본 벳푸 오타니공원의 기념비.

가 사망한 곳은 현재 오타니공원으로 정비되어 기념비가 세워져 있으며, 그의 유품 일부는 벳푸 혼간지의 오타니기념관에 소장되어 있다. 그의 유해는 교토 니시혼간지 본원에서 화장한 후 그곳에 봉안되었으나, 이후 벳푸 혼간지에도 일부 나뉘어 봉안되었다.

## 오타니 탐험대의 숨겨진 목적과 향후 과제

일본인 최초로 인도와 실크로드의 불교 유적을 조사하고 불교 전적류 연구를 적극적으로 후원한 오타니 고즈이는 일본의 인도 및 중앙아시아 연구를 진일보시키는 데 가장 중요한 계기를 만든 인물이다. 그렇지만 그의 탐험대는 고고학이나 미술사학, 역사학 분야의 전문성이 부족하여 유물의 원래 상태를 상당 부분 훼손했고, 수집 이후 출처를 명확히 정리하지 않아 후속 연구를 어렵게 한 것도 사실이다. 오타니는 인도 불교 유적을 직접 답사했지만, 중앙아시아에서는 신강의 카쉬가르 일대만 직접 답사했을 뿐이며, 다른 곳에는 모두 탐험대원들을 보냈다. 그의 탐험대원들은 종교적 열정과 애국심에 들떠 활동하던 젊은 승려들로, 유물을 무차별 수집하는 과정에서 많은 폐해를 남겼고 학문적 성과도 미진한 편이었다.

오타니 탐험대의 중앙아시아 탐험과 유물 수집은 종교적 열정으로 시작되었으나, 곧 세계사적인 흐름에 휩쓸리면서 근대 일본의 정치, 문화계 엘리트들에 의해 경제적, 정치적으로 이용되었다. 그들의 탐험 성과는 제국주의 일본의 식민지 통치 및 대동아공영권 건설에 이용되었으며, 탐험대원들 중에는 이후 안타깝고 슬픈 인생을 살다 간 인물들도 적지 않다.

젊은 시절 중앙아시아 탐사에 적극적이었던 오타니 고즈이가 인생의 후반에 선택한 곳은 '남양南洋'으로 통칭되던 대만, 싱가포르, 말레이시아, 인도네시아 등 동남아시아 해상 국가들이었다. 오타니는 이 지역에서 불교 포교라는 미명 아래 일본인들의 동남아시아 이주를 적극 지원하고, 현지인들에게 일본 불교를 가르쳤다. 또한 농장을 경영하며 식민지 경제를 이끌어갔을 뿐 중앙아시아 탐사 때와 같은 학술적 조사나 연구는 거의 하지 않았다. 오타니의 말년 경력에 비추어 볼 때, 그가 탐험대를 조직하고 운영했던 것은 근대 일본의 제국주의적 팽창의 한 시도였을 뿐이며, 순수한 학술적 활동이었다고 보기는 어렵다.

일제강점기의 복잡한 정세와 인맥에 의해 이 유물들의 일부가 우리나라로 전해져 국립중앙박물관에 소장되기까지의 과정을 살피다 보면, 참으로 복잡 미묘한 감정이 일어난다. 근대 일본의 제국주의 정책의 가슴 아픈 결과물을 어떻게 활용하고, 또 그 과정에서 얻은 상처를 어떻게 극복할지는 지금 이 시간을 살아가는 우리의 몫이다. 오타니 수집품들처럼 정치적, 경제적 지배 논리에 의해 문화유산이 파괴되거나 사라지는 일이 이 시대에는 다시 일어나지 않기를 바랄 뿐이다.

최근 국립중앙박물관에서는 오타니 탐험대의 수집품을 포함해서 중앙아시아 유물들의 현황과 그에 대한 과학적 조사 결과를 바탕으로『국립중앙박물관 소장 중앙아시아 종교 회화』(2013),『국립중앙박물관 소장 중앙아시아 종교 조각』(2013),『국립중앙박물관 소장 로프노르·누란 출토품』(2016) 등 세 권의 책을 출간했다. 이러한 연구 성과들은 현재 유물을 소장하고 있는 우리나라의 학계가 그것이 수집되는 과정에서의 비전문성과 불법성을 극복하고, 세계 문화사 속에서 실크로드를 재조명하는 새로운 길잡이가 되겠다는 의지를 표명한 것이다. 앞으로도 이 유물들에 대한 연구가 국내외 학계의 꾸준한 관심 속에서 개방적으로 활발하고 심도 있게 진행될 수 있기를 기대한다.

# 유라시아로의 시간 여행
새롭게 쓴 실크로드 여행가 열전

2018년 7월 13일 1판 1쇄

**지은이**   임영애·정재훈·김장구·주경미·강인욱·조원

**편집**   이진·이창연
**디자인**   홍경민
**제작**   박흥기
**마케팅**   이병규·양현범·이장열

**인쇄**   천일문화사
**제책**   정문바인텍

**펴낸이**   강맑실
**펴낸곳**   (주)사계절출판사
**등록**   제406-2003-034호
**주소**   (우)10881 경기도 파주시 회동길 252
**전화**   031-955-8588, 8558
**전송**   마케팅부 031-955-8595  편집부 031-955-8596
**홈페이지**   www.sakyejul.net
**전자우편**   skj@sakyejul.co.kr
**블로그**   skjmail.blog.me
**페이스북**   facebook.com/sakyejul
**트위터**   twitter.com/sakyejul

ISBN 979-11-6094-380-1  03910

이 도서의 국립중앙도서관 출판예정도서목록(CIP)은 서지정보유통지원시스템
홈페이지(http://seoji.nl.go.kr)와 국가자료공동목록시스템(http://www.nl.go.kr/kolisnet)에서
이용하실 수 있습니다. (CIP제어번호: CIP2018020897)